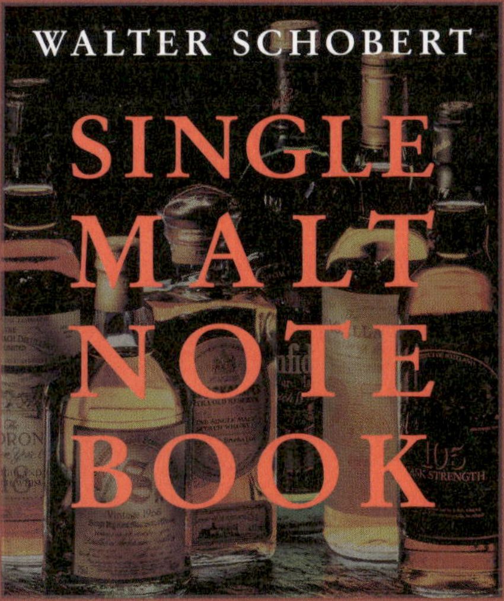
WALTER SCHOBERT
SINGLE MALT NOTE BOOK

Dorothee + Christoph

HÄDECKE

Walter Schobert

Single Malt
Note Book

Impressum

4. aktualisierte Auflage, 2008

Verkostungen: Rüdiger Albert, Wulf Weißbach und Walter Schobert (1996), Rainer Maier, Wulf Weißbach und Walter Schobert (2001), Walter Schobert und Teilnehmer an seinen Tastings (2003 und 2008)

Betreuung: Albrecht Kurbjuhn, Hotel Polar-Stern, Ostseebad Kühlungsborn (1996), Horst Kroll, Whiskymuseum und Restaurant Kyrburg, Kirn (2001)

Vorsatzmotiv: Tom Wolf
Lektorat und Abbildungen auf den Seiten 5, 6, 9, 14, 16, 18, 21 und 24:
Eberhard Rapp, Stuttgart
Umschlaggestaltung und Layout: Julia Graff, Design & Produktion, Düsseldorf
Reproduktion: Pre Press Studio Eckermann, Leonberg
Satz: Harsch & Zieger oHG, Denkendorf
Druck: Stürtz GmbH, Würzburg

Gesetzt aus der Scala, Syntax und der Trajan Pro
Printed in EU 2008

1 2 3 4 | 2011 2010 2009 2008
www.haedecke-verlag.de
ISBN 978-3-7750-0486-2

Inhalt

Zu diesem Buch

Das »Manual« zum »Note Book«, sozusagen

Es gibt viele Bücher über Whisky, auch über Single Malt. Was also unterscheidet dieses von allen anderen?

Zunächst einmal die Entscheidung, sauber und konsequent zu trennen zwischen dem, was man objektiv erfassen, und dem, was man nur subjektiv beschreiben kann. Deshalb weist die Darstellung jeder Destillerie zwei Teile auf: einen, der sich mit ihr selbst, und einen zweiten, der sich mit ihrem Produkt, dem Malt, befasst. Wo Wasser und Malz herkommen, wie der Manager heißt: Das sind objektive Tatsachen. Wie der Malt schmeckt: Das ist subjektive Wertung.

Tasting Notes sind an die Person des Testers gebunden. Was freilich nicht heißt, dass sie willkürlich wären oder nicht nachprüfbar. Ohnehin wurde versucht, das unvermeidbar Subjektive doch zu objektivieren. Die *Distillery Facts* aber sind, das ist der Anspruch, so objektiv, so authentisch wie nur irgend möglich. Bei *Tasting Notes* ist Prosa angemessener als Ziffern oder gar Noten, bei letzteren aber braucht man Fakten und Tatsachen. Zahlen sind dabei wichtiger als Prosa.

Wer kann besser und fehlerfreier solche Zahlen zur Verfügung stellen als die Eigentümer jeder Brennerei selbst? Jede Angabe, von der Postleitzahl über die Telefonnummer und die E-Mail-Adresse bis zur Anzahl und Größe der Brennblasen, der *stills,* entstammt einem Fragebogen, den ich verschickt und tatsächlich von allen Firmen auch ausgefüllt zurückbekommen habe.

Gab es dennoch Zweifel, brachte eine Rücksprache mit den Destillerie-Managern Klärung. Zum Beispiel hat Bob Robertson von Clynelish endlich Klarheit in die verworrene Angelegenheit mit der alten und der neuen Anlage gebracht. Oder John McDougall und Frank McHardy haben verbindlich erklärt, was einen *Springbank* von einem *Longrow* unterscheidet: *Longrow* ist aus stark getorftem Malz gemacht und wird ganz normal nur zweimal destilliert. Beim *Springbank* ist es komplizierter: In der ersten *still* werden die *low wines* gewonnen, sie werden in der zweiten *still* zu *feints* destilliert. In der dritten *still* wird dann eine Mischung von 80 % *feints* aus der zweiten und 20 % *low wines* aus der ersten Destillation gebrannt; daher spricht man beim *Springbank* auch von einer Zweieinhalbfach-Destillation.

Die Anzahl der Destillerien, die noch ihr eigenes Malz herstellen, ist nicht groß

Ziel war es, für jede erhaltene Information immer die beste, zuverlässigste Quelle zu haben. Für die Aussprache des Namens also meine Freunde von der »School of Scottish Studies« von der University of Edinburgh. Für den geschichtlichen Hintergrund oft Michael S. Moss, den ehemaligen Archivar und jetzigen Professor der Universität Glasgow, der in »The Making of Scotch Whisky« und Craigs »The Scotch Whisky Industry Record« die relevanten historischen Daten versammelt und mir darüber hinaus ungedruckte Manuskripte zur Verfügung gestellt hat (Angaben über die beiden Bücher sind der bisher umfangreichsten Bibliographie zu entnehmen, die mein im Fischer Taschenbuchverlag, Frankfurt/Main, erschienenes »Whiskylexikon« enthält).

Schottland und seine Brennereien stehen im Mittelpunkt dieses Buches. Sie werden in alphabetischer Reihenfolge vorgestellt. Was nicht so einfach ist, wie es klingt. Denn manche von ihnen hatten im Laufe ihrer Geschichte zwei Namen wie Glenesk/Hillside. Manche haben erst in jüngster Zeit wieder den Namen gewechselt wie Tobermory/Ledaig oder Braes of Glenlivet, die in Breaval umgetauft wurde. Manche produzierten oder produzieren mit unterschiedlichem Malz oder Equipment verschiedene Whiskies wie

Glenburgie/Glencraig, Miltonduff/Mosstowie, Inverleven/Lomond, Glenflagler/Killyloch oder eben Springbank und Longrow. Ganz bunt treibt es Bruichladdich, die mittlerweile etwa zehn (keine Gewähr!) verschiedene Malts macht, mit unterschiedlichem Namen, von denen zur Zeit allerdings erst zwei, eben der *Bruichladdich* und der *PC (Port Charlotte)*, »veröffentlicht« sind.

Manche tragen einen Namen, der keinen Hinweis auf den Namen ihrer Malts enthält wie Loch Lomond, die den *Inchmurrin* und den *Old Rhosdhu* produziert. Manche haben sich aus kommerziellen Gründen entschlossen, von dem alten Brauch abzuweichen, dass ein Malt den Namen seiner Brennerei trägt. Diese Regel gilt immer noch, aber es gibt auch Ausnahmen wie Knockdhu, deren Whisky zuweilen *An Cnoc,* wie Macduff, deren Malt *Glen Deveron* heißt, oder Auchroisk, deren Malt als *Singleton* verkauft wird. Alle Malts, deren Name nicht mit dem ihrer Brennerei identisch ist, sind in einer Liste enthalten, die auf die Herkunft hinweist und darauf, wo sie im Buch zu finden sind.

Aufgenommen wurden nur Destillerien, deren Malt augenblicklich wirklich zu bekommen ist (wenn auch hin und wieder nur unter Schwierigkeiten). Die legendären Brennereien Ladyburn und Ben Wyvis konnten also aufge-

Nur noch äußerst selten anzutreffen: eine offene »mash tun«.

nommen werden, den einen oder anderen »Zweitwhisky« aus einer Brennerei wie etwa den *Lomond* aus der gleichnamigen Destillerie im Dumbarton-Komplex wird man aber vergeblich suchen. Was nutzt es, wenn zwar der Autor eine Flasche hat, ein absolutes Einzelstück, was nutzt es, wenn es mal für das eine oder andere Festival eine Einzelfassabfüllung gegeben hat, wenn der Leser aber niemals diesen Whisky kosten kann? Andrerseits sind durchaus einige *lost distilleries* zu finden wie Banff, Port Ellen oder St. Magdalene – die Malts sind Raritäten, aber mit Glück auf dem Markt erhältlich.

Außer schottischen Brennereien wurden nur die nordirische Destillerie Old Bushmills und Cooley aus der Republik Irland berücksichtigt, nicht aber die immer zahlreicher werdenden so genannten Exoten (etwa Neuseeland, Japan, Indien, die Bretagne, Schweden oder auch Deutschland, die Schweiz und Österreich) und auch nicht die Isle of Man und Wales. Der Manager von Glen Kella hat in einem Brief eindeutig klargestellt, dass sein berühmter weißer Malt ein *vatted* ist. Auch der »Prince of Wales« fehlt deshalb. Ein *Single Malt* musste es schon sein, wenn eine Brennerei im Buch vorkommen sollte.

Das Schema für jede Brennerei enthält alle wichtigen Informationen, darunter einige, die hier zum ersten Mal veröffentlicht werden. Gleich nach dem Namen kommt die richtige Aussprache. Sie ist in deutscher Lautschrift wiedergegeben und war nicht immer einfach herauszufinden: Mancherorts gibt es mehrere Versionen. Bei der Übersetzung haben mir neben Alan Bruford (†) von der University of Edinburgh, Dr. Michelle MacLeod, der Gründungsdirektorin von »Ionad Chaluim Chille Ile« (Columba Centre Islay), dem Gälisch-College auf Islay, und Mairi Carmichael, Ehefrau des langjährigen Managers von Lagavulin und guter Geist der Gälen auf Islay, auch Mike Dartons »Dictionary of Place Names in Scotland« geholfen.

Wichtig schien mir ein Hinweis auf den Status der Brennerei: in Betrieb, geschlossen, abgebaut, zerstört. Festgehalten ist eine Momentaufnahme aus dem Juli 2008. Denn auch im Augenblick ist wieder viel in Bewegung – allerdings nicht mehr, wie bei früheren Auflagen, wegen der riesigen Probleme mit Überproduktion und Absatzschwierigkeiten, sondern umgekehrt, wegen Neugründungen und geplanten Wiedereröffnungen. Nachdem bis 2005 viele Brennereien geschlossen, einige wie Ardbeg oder Bruichladdich aber auch auferstanden sind, werden Brennereien neu gebaut wie Kilchoman auf Islay oder Ailsa Bay in Girvan oder eine Riesenbrennerei in Roseisle. Nicht geändert hat sich, dass Whiskyfirmen Teil des internationalen Spiels mit Übernahmen und Besitzerwechseln sind: Auch die Liste im Anhang zeigt nur den aktuellen Stand. Auffällig ist freilich, dass immer weniger Brennereien schottische Besitzer oder gar eine Familie oder einen Einzeleigentümer aufweisen.

Ein Textblock umfasst Daten, die vor allem für diejenigen interessant sind, die einen Besuch planen, also Anschrift, Telefonnummer (innerhalb Schottlands; bei Anruf aus dem Ausland muss die jeweilige internationale Vorwahl dazu- und die erste Null unserer Telefonnummer weggenommen werden) und Angaben über ein Visitor Centre, Führungen und dessen Lage. Bis auf sie stammen alle Angaben von den Brennereien selber – was nicht heißt, dass es nicht doch Fehler geben kann, oder Veränderungen. Anders als in früheren Auflagen haben wir diesmal auf die Angabe der Öffnungszeiten verzichtet: Mittlerweile selbst in Schottland lebend haben wir realisiert, dass es hier ein besonderes Verhältnis zur Zeit gibt. Außerdem werden die Öffnungszeiten häufig sehr schnell der eigentlichen Aufgabe einer Brennerei angepasst: der Produktion. Es kann schon vorkommen, dass zur besten Touristenzeit im Juli geschlossen wird, weil die komplette Mannschaft in Urlaub geht oder *maintenance work* angesagt ist. Auch die Eintrittsgebühren, die fast überall erhoben werden (Glenfiddich bleibt eine rühmliche Ausnahme), ändern sich rasch, nach oben natürlich. Wer eine Brennerei besichtigen möchte, tut gut daran, sich vorher noch einmal telefonisch über Öffnungs- und Führungszeiten und Eintrittsgebühren zu informieren – oft kann man nur an den Führungen teilnehmen, wenn man sich angemeldet hat.

Der nächste Block enthält Daten zur Produktion. Wo kommt das Malz her, wo das Wasser? Wie groß ist die Kapazität? Wie viele *mash tuns* gibt es, wieviele *wash backs* und *stills*? Und wie groß sind sie? Ich bin den Managern sehr dankbar, dass sie die Zahlen herausgegeben haben. Schon deshalb habe ich respektiert, wenn sie die durchschnittliche Jahresproduktion nicht immer veröffentlicht haben wollten – obwohl sie aus Quellen wie der alljährlich erscheinenden »Scotch Whisky Industry Review« durchaus zu erheben gewesen wären. Es war übrigens freigestellt, einen Durchschnittswert für die Produktion oder die tatsächliche Kapazität anzugeben. Sie können sehr divergieren. Im Augenblick wird die Produktion fast überall erhöht...

Perfekte Formgebung, entstanden in einer Ära, in der »industrial design« noch ein Fremdwort war.

Für einige Destillerien waren solche Zahlen nicht mehr zu bekommen: Sobald sie geschlossen wurden oder gar abgerissen oder verkauft, ist oft niemand mehr zu finden, der sich erinnert und Auskunft geben kann. Nicht immer hat man das Glück, einen Grant Carmichael zu finden, der nicht nur über Lagavulin Bescheid weiß, sondern auch noch über Port Ellen, einen Mike Webber, der sich noch genau an das Equipment von Ladyburn erinnert, oder einen John Millar, der noch weiß, was in Ben Wyvis stand. Ich arbeite immer daran, die noch vorhandenen Lücken zu schließen – und bin für jeden Hinweis dankbar.

Es gibt eine Schnittstelle zwischen den objektiven Daten, die oben auf den Seiten abgedruckt sind, und den *Tasting Notes,* die darunter stehen und mindestens einen, meist aber zwei Malts aus den Destillerien vorstellen. Die letzte Frage an die Besitzer war immer: »Charakterisieren Sie bitte in wenigen Worten Ihren Whisky, sagen Sie uns, was Sie im Sinn haben, wenn Sie Ihren *Glenfarclas, Glenmorangie, Macallan* produzieren. Mit anderen Worten: Was ist Ihr Hausstil?«

Manche haben darauf nur sparsam, zurückhaltend und ein bisschen nichtssagend, mit einem Wort wie »Speyside« oder »Perthshire Malt« reagiert. Andere mit präziseren Formulierungen. Daran knüpfen dann meine Versuche, die Malts zu beschreiben. Es gab reizvolle Übereinstimmungen zwischen der Richtung, in die von der Brennerei gewiesen wurde, und dem, was ich im Glas fand. Manchmal, und zwar nicht nur dann, wenn es sich um eine »unabhängige« Abfüllung handelte, kam es zu eher noch reizvolleren Divergenzen.

Wenn es irgend ging, wurden jeweils eine »Eigentümer-Abfüllung« und ein Malt von einem »unabhängigen Abfüller« ausgewählt, vor allem um einmal mehr zu demonstrieren, wie wunderbar vielseitig dieses Getränk sein kann. Von allen Malts ist das Label abgebildet und es wird kurz wiedergegeben, was auf diesem Label an wichtigen Informationen über Alter, Zeit der Destillation und der Abfüllung, Stärke und vielleicht sogar Fassart zu lesen sein sollte (leider nicht immer vollständig).

Ich habe mich verschiedentlich sehr kritisch über die (Un-)Möglichkeit geäußert, Geschmacksbewertungen abzugeben. Auch wenn hier viele Malts detailliert beschrieben werden, halte ich grundsätzlich an dieser Skepsis fest. Meine Beschreibungen sind vorsichtige Annäherungen, sind sozusagen das Protokoll davon, was ich bei meiner Probe im Glas zu sehen und zu riechen und dann im Mund zu schmecken bekam. Es sind, noch einmal, keine absoluten Bewertungen. Der gleiche Whisky, das ist und bleibt mein Credo, kann bei anderer Gelegenheit völlig anders schmecken – und er kann, bei gleicher Gelegenheit, einem anderen ganz anders erscheinen.

Noten werden nicht verteilt. Schon deshalb nicht, weil sie zu dem Fehlschluss verleiten könnten, dass ein Malt dem anderen unter- oder überlegen wäre. Solche Benotungen, Zensuren, nützen niemandem (außer der Eitelkeit dessen, der sie verteilt, vielleicht) und schon gar nicht dem, der Gefallen an einem Malt gefunden hat und sich dann sagen lassen muss, dass sein Liebling leider nur 60 oder gar 55 Punkte verdiene.

Für meine Vorbehalte gegen die Oberlehrer und Punkteverteiler habe ich prominente Mitstreiter wie die Weinautoren Michael Broadbent oder Hugh Johnson, der in einem Interview (in Vincent Klinks »Almanach«) hübsch gegen Herrn Parker polemisierte. Was sie in ihren Büchern grundsätzlich und eigentlich abschließend über die Möglichkeit und Brauchbarkeit von Bewertungen geäußert haben, gilt auch für Whisky. Es ist gar kein Widerspruch, dass sie sich keineswegs hindern ließen, Kategorien zu schaffen (für die Klarheit im eigenen Kopf und zur besseren Erinnerung) und eben möglichst sensible und genaue Annäherungen zu versuchen. Um mich nicht nur auf mich verlassen zu müssen (und weil Malt ein kommunikatives, Gemeinschaft stiftendes Getränk ist), habe ich für die beiden ersten Auflagen jeweils zwei Freunde und ausgewiesene Kenner eingeladen, alle vorgestellten Malts (und einige mehr) mit mir zusammen zu probieren. Insgesamt mehr als 250 Whiskies haben wir, Rüdiger Albert, Wulf Weißbach und ich, für die erste Auflage langsam und geduldig, systematisch und professionell verkostet. Wulf Weißbach war auch bei den Verkostungen für die zweite Auflage mit dabei, zusammen mit Rainer Meier und dem Autor. Mittlerweile hat uns das Leben in ziemlich weit voneinander entfernt liegende Länder verschlagen: Wulf lebt in Frankreich, der Autor auf Islay.

Albrecht Kurbjuhn, auch ein Malt-Fan, hat uns 1996 in seinem Hotel »Polar-Stern« im Ostseebad Kühlungsborn Gastfreundschaft geboten – und Zuspruch, Ströme von Quellwasser zum Erfrischen und köstliche, heiße Soljanka. Die frische Meeresluft hat uns gut getan. Denn es war anstrengend, gewiss. Und doch wunderschön. Das war es auch im Juli 2001, als wir uns auf dem Whisky Castle Kyrburg hoch über der Nahe getroffen haben, um unter idealen Bedingungen mehr als 90 Malts zu probieren – meist begleitet vom Hausherrn Horst Kroll, der sich mit seinem Team liebevoll um unser Wohl gekümmert hat. Bei der letzten und dieser, der neuen Auflage, gab es kein solches Verkostungstrio. Dennoch war ich nicht allein: Eingeflossen sind die Sinneseindrücke und Empfindungen der vielen Malt-Fans, mit denen ich bei meinen Tastings neue Whiskies probierte.

Das Procedere ist dabei bei jedem einzelnen Malt das gleiche: Es wird nach einem strengen Ritual vorgegangen. Zuerst wird der Whisky pur und unverdünnt geprüft: seine Farbe, sein Geruch, dann sein Geschmack und sein *finish*. Darauf folgt ein zweiter Durchgang, bei dem mit Wasser gearbeitet wird. In Schottland machen es die Profis, der Master Distiller oder der Master Blender, bei ihren *nosings* und *tastings* ganz genau so: Sie verdünnen jede Probe mit schottischem Quellwasser auf 20 % Alkohol-Volumen, nehmen also bei »normalem«, vierzigprozentigem Whisky den gleichen Anteil Wasser, bei einem *cask strength* entsprechend mehr.

Dass hier beides festgehalten wurde, die Probe ohne und die mit Wasser, geschah zum ersten Mal und ist ein weiterer Unterschied zwischen diesem Buch und anderen. Wir haben uns übrigens viel Zeit genommen, um unsere Eindrücke auszutauschen und ausgiebig zu diskutieren. Die *Tasting Notes* basieren also auf den Eindrücken, Erfahrungen, Meinungen, Bewertungen von anfangs jeweils drei, später von vielen Testern/Tastern. Jeder von ihnen hat wiederum subjektiv formuliert und beurteilt. Was allerdings schließlich im Buch notiert wurde, sind dann doch wieder meine Sinneserfahrungen.

Dieses Verfahren ist, davon bin ich allerdings überzeugt, dennoch ein gutes Stück objektiver als die Position eines Einzelnen – zumal wir uns bei der Arbeit um äußerst behutsame Formulierungen und auch darum sehr bemüht haben, mit nachvollziehbaren Begriffen zu arbeiten und bei der Wiedergabe der Geschmackseindrücke nicht in ein exotisches Vokabular zu verfallen, sondern alles so auszudrücken und auf solche Geschmackserinnerungen zu verweisen, mit denen auch der Leser vertraut sein könnte.

Es gibt hin und wieder noch ein weiteres Feld für *Tasting Notes*. Es ist leer, kann aber vom Benutzer des Buches selbst ausgefüllt werden. Hier kann er Erfahrungen notieren, die er selbst mit einem Whisky gemacht hat, der von mir protokolliert wurde, wobei sich vielleicht ähnliche Kongruenzen oder Divergenzen ergeben wie beim Vergleich mit dem »Hausstil«.

Oder der Leser erweitert die Palette der Whiskies um einen weiteren Malt aus der Brennerei, um eine neue Abfüllung etwa oder eine alte Flasche aus seinem Besitz. Das Buch könnte so auch für ihn zu einem wirklichen »Note Book«, zu einem immer weitergeführten, persönlichen Notiz- und Erinnerungsbuch seiner persönlichen Malt-Erfahrungen werden. Auch in meiner kleinen Zeitschrift »Whisky Watch« werden weiterhin *Tasting Notes* veröffentlicht und so kann der Leser sie ad infinitum erweitern, die Erfahrungen und die Notizen.

Walter Schobert — Tigh-Na-Crois, Islay, Juli 2008

Von der Gerste bis ins Glas

Stationen aus dem Leben des John Barleycorn

John Barleycorn was a hero bold,
Of noble enterprise,
For if you do but taste his blood,
'Twill make your courage rise.

'Twill make a man forget his woe;
'Twill heighten all his joy;
'Twill make his widow's heart to sing,
Tho' the tear were in her eye.

Then let us toast John Barleycorn,
Each man a glass in hand;
And may his great posterity
Ne'er fail in old Scotland!

Robert Burns

Es ist nicht ein Single Malt, den der schottische Nationalbarde hier besingt, diesmal nicht. Burns sprach dem Whisky gerne zu, feierte ihn oft in seinen unsterblichen Gedichten – und lebte für eine kurze Zeit sogar von ihm. Er musste, der Not gehorchend und ganz gewiss nicht dem eigenen Triebe, seinen kargen Lebensunterhalt als Steuereintreiber fristen. Es steckten also eigene leidvolle Erfahrungen dahinter, als er den Teufel selbst mit dem in Schottland äußerst verhassten Beruf in Verbindung brachte und dichtete: *The devil's awa wi'th' exciseman.*

In »John Barleycorn« freilich spricht Burns nur vom Bier. Vom Zweitedelsten also nur, was aus einem Gerstenkorn werden kann.

Einen guten Teil ihres Lebensweges gehen die beiden, das Bier und der Malt Whisky, ja tatsächlich gemeinsam. Whisky, sagt man, sei gebranntes, destilliertes Bier. Das ist gar keine schlechte Definition. Sie lässt sich aber nur mit einigen Einschränkungen aufrechterhalten. Johns Leben beginnt auf einem Feld, irgendwo in Schottland. In den fruchtbaren Borders etwa oder in den weiten Talsenken zwischen dem Deveron und dem Meer östlich der Grampians. Oder auf der Black Isle, die keine Insel ist, sondern eine Landzunge zwischen dem Cromarty Firth und dem Moray Firth. Hier, in Ferintosh übrigens, stand einst die berühmte Brennerei, deren Ende – *Thee, Ferintosh! O sadly lost!* – Burns in seinem Poem »Scotch Drink« beweinte. Schottische Gerste freilich ist es heute längst nicht immer, John kann durchaus auch aus Frankreich oder, horribile dictu, aus England kommen.

Um John Gerstenkorn in Bier oder Whisky zu verwandeln, muss etwas in Gang gesetzt werden, was man nüchtern mit chemischen Begriffen beschrei-

Frisch gebrannter Whisky ist stets klar und farbneutral, seine Farbe erhält er erst im Fass.

ben oder auch poetisch mit nahezu metaphysischen Worten beschwören kann: Der eine sieht also Enzyme am Werk, die die Stärke im Getreide zum Zucker werden lassen, der dann unter Beteiligung von Hefe und Hitze in Alkohol transformiert wird. Der andere schwärmt von den vier Elementen, von Erde, Wasser, Feuer und Luft, die geheimnisvoll zusammenwirken. Beide, die Enzyme und das Wunder der Elemente, führen zu jenem flüssigen Konzentrat, das die Schotten zärtlich und vieldeutig *spirit* nennen.

Zunächst einmal muss aus dem Gerstenkorn ein Malzkorn werden. Als die Herstellung von Whisky noch auf den Farmen oder in kleinen handwerklichen Betrieben geschah und nicht Großindustrie war, wie es heute der Fall ist, besorgte das jede Destillerie selbst. Sie hatten dafür *floor maltings,* hölzerne Tennen, auf denen die vorher eingeweichte und dadurch zum Keimen gebrachte Gerste ausgebreitet wurde. Dabei musste sie immer wieder umgeschaufelt werden, damit sie sich nicht verhakte, gleichmäßig belüftet wurde und gleichmäßig trocknete. Das war sehr arbeitsaufwendig und man sann auf mechanische Abhilfen wie die *Saladin Box.* Heute ist das Geräusch der im Takt bedienten Schaufeln aus den meisten Brennereien längst verschwunden.

Gemälzt wird in modernen, großen Fabriken. Sie haben riesige runde Trommeln, die sich elektrisch drehen und mit *air condition* belüftet werden. Sie können die Brennereien einer ganzen Region versorgen. Das Malz für alle Destillerien auf Islay kommt, bis auf einen kleinen Rest, den Bowmore und Laphroaig noch selbst machen, aus den Port Ellen Maltings. Andere stehen in Muir of Ord, Burghead, Roseisle und Glenesk, in Inverness oder im englischen Berwick. Das moderne Verfahren beeinflusst keineswegs die Qualität des Malzes, es ist nur rationeller und kostengünstiger, wenn auch gewiss weniger romantisch. Selbstverständlich achtet jede Destillerie penibel darauf, dass ihr Malz nach genauen Vorgaben und Rezepturen gemacht wird.

Die nächste Station im Leben unseres Gerstenkornes ist der Feuerofen. Die gekeimte, aber immer noch feuchte Gerste muss getrocknet, ihr Feuchtigkeitsgehalt muss erheblich gesenkt werden, von etwa 46 % auf 4 %. Dazu wird nebenan ein Kohlefeuer entfacht. Ihm wird, nach den Wünschen der bestellenden Destillerie, mehr oder weniger Torf beigemischt. Früher war es komplizierter und schweißtreibender. Die Gerste musste
von der ersten in eine zweite Tenne befördert werden. Sie befand sich in einem Gebäude, das man *Kiln* nennt. *Kiln* heißt Ofen. Die (der?) *Kiln*, das ist das Gebäude mit dem Pagodendach, welches das Erscheinungsbild jeder Brennerei dominiert, ihr Wahrzeichen ist.

Neben dem Wasser (und der Qualität der Gerste natürlich) ist die Menge des verwendeten Torfes das zweite Mittel, mit dem bestimmt wird, welchen Charakter der Whisky später hat. Schwer getorft und rauchig sind die Inselwhiskies, in der Regel jedenfalls, die von Islay besonders. Die Lowlands dagegen sind nur schwach mit Torf behandelt. In Glengoyne, das auf der Grenze zwischen den Lowlands und den Highlands liegt, verzichtet man beim Mälzen überhaupt auf Torf. Neben einer etwas geänderten Brennmethode besteht der Hauptunterschied zwischen dem *Longrow* und dem *Springbank*, die beide in der gleichen Brennerei entstehen, darin, dass beim ersteren *heavily peated*, also heftig getorftes Malz genommen wird.

Aus der Gerste ist nun Malz geworden. Das Korn schmeckt süß, knusprig und krisp. Es wäre ein idealer Bestandteil für das morgendliche Müsli – aber auch ein vorzeitiges Ende für unseren John Barleycorn. Glücklicherweise (vor allem für uns, seine Verehrer) hat ihm ein gnädiges Schicksal ein

Fast schon ein Naturgesetz: Warme Metalltöne wie Kupfer, Messing & Co. ziehen einen immer wieder magisch an.

Weiterleben vorgesehen, ein Weiterleben und eine große Zukunft. Für ihn mag das zunächst gar nicht so aussehen, denn erst einmal wird er schlecht behandelt. Man lese nur beim Experten Burns nach, durch welche Qualen er zu gehen, welche Torturen er zu erleiden hat.

John kommt in die Mühle, wo er gemahlen wird und zerquetscht. Damit nicht genug, wird er gebrüht, ehe man ihm ein paar Stunden Ruhe in einem großen Bottich gönnt. In der Mühle wird das Malz zu *grist* gemahlen, das (der?) eingeweicht, eingemaischt wird. Das heiße Wasser in der *mash tun* wird mehrmals gewechselt. Aus der Stärke wird jetzt Zucker, und der soll herausgewaschen werden. Die dabei entstehende Flüssigkeit nennt man *wort* oder *worts*, Würze also, oder auch *sweetwater*. Es bleiben auch Getreidereste übrig. Sie werden zu Tierfutter verarbeitet und nicht in den Abfall befördert. Was uns nicht nur nachdrücklich darauf aufmerksam macht, dass wir in Schottland sind und die Schotten keineswegs geizig, vielmehr nur klug sind und nichts verkommen lassen. Sondern auch darauf, dass das Herstellen von Maltwhisky ein sehr natürlicher und naturnaher Vorgang ist, der die Umwelt nicht belastet.

John Barleycorn ist bereits flüssig geworden. Die leicht süßliche und zartbraune Brühe wird weiterbefördert, in die *wash backs*, große Bottiche, die meist aus Holz, manchmal aber (und heute immer öfter) auch aus Edelstahl gefertigt sind. Und jetzt wird's spannend. Denn nun wird die Hefe zugesetzt, in genau berechneter Menge und einer Qualität, für die jede Brennerei ihr spezielles und nie verändertes Rezept hat.

In den Kesseln entfalten sich Naturkräfte, es gärt und blubbert und brodelt und schäumt. Würde man die *wash backs* nicht verschließen und verriegeln, die Deckel würden wohl in die Luft fliegen. Der ganze Raum ist von schwerem Duft erfüllt. Hält man den Kopf über eine kleine Öffnung im Deckel, steigt etwas gewaltig in die Nase, füllt die Nebenhöhlen. Sie fühlen sich an wie freigeblasen. Die reinigende Kraft steigt bis ins Gehirn und macht es frei. Wer nicht aufpasst und zuviel abbekommt, kann schnell benommen werden – schon in diesem Stadium der Alkoholwerdung unseres Johns. Jetzt ist er dem Bier sehr ähnlich. Auch an Stärke hat er gewonnen: etwa sieben Prozent Volumen weist das Messgerät aus.

Doch John will noch weiterkommen, er will noch viel größer werden, will heißen: vor allem mächtiger. Dazu muss er sich wieder gewaltig einheizen lassen. Er begibt sich dazu in eine Brennblase. Ein schönes Gerät, aus glänzendem Kupfer. John kann zwischen vielen Formen wählen, aber er muss seine Wahl überlegt treffen. Denn ob sie groß ist oder klein, dick und gedrungen oder lang und schlank, wie eine Birne aussieht oder doch mehr wie eine Zwiebel, ob sie einen Schwanenhals hat oder eine T-förmige Krone: Daran entscheidet sich, wie sich Johns Körper entwickelt, ob er leicht und elegant wird oder eher mächtig und schwer.

Pot still wird die Blase genannt. An ihr liegt es übrigens, ob ein Whisky später einmal das Prädikat Malt bekommt. Whiskies gibt es bekanntlich viele und sie dürfen überall produziert werden. Ein Scotch darf natürlich nur aus Schottland kommen. Aber um ein Malt zu sein, darf er nur aus den drei natürlichen Ausgangsmaterialien Gerstenmalz, Wasser und Hefe hergestellt sein. Und gebrannt werden darf er nur in der *pot still*. Whisk(e)y kann man auch anders produzieren, aus Mais etwa oder Roggen wie in USA oder aus ungemälzter Gerste wie in Irland. Und man kann zum Brennen auch die so genannte *patent-* oder *coffey still* verwenden. Sie erbringt nicht nur größere

Mengen, sondern ergibt auch einen sehr reinen Alkohol. Die Erfindung dieses *grain* genannten Sprits hat die Whiskywelt revolutioniert. Durch sie wurden die *blends* ermöglicht, bei denen ein hoher Anteil von Grain- mit Maltwhiskies gemischt, geblendet wird. Sie waren es, die den Whisky zu einem kommerziellen Erfolg gemacht haben. Sie waren aber auch schuld, dass der Malt, der originale, ursprüngliche Whisky, fast in Vergessenheit geriet.

Jede Destillerie hat ihr eigenes Design, ihre eigene Form für ihre *pot stills.* Auch wenn sie repariert werden, auch wenn sie, weil auch Kupfer im Lauf der Jahre dünn wird, ersetzt werden müssen: die neuen haben die gleiche Form, die gleiche Größe. Genauso ist es, wenn erweitert wird, die Zahl der *stills* erhöht wird. Bloß nicht die Form ändern – sie ist das dritte Mittel, mit dem der Brenner den Charakter von John Barleycorn beeinflusst und formt. Die *stills* treten übrigens meist paarweise auf und nur noch selten in einer Dreier-Figuration. Sie war vor allem in den Lowlands üblich, wo man einen reineren Alkohol mit höherem Volumen erzeugen wollte.

Auch wenn hier längst nicht mehr produziert wird: Die Architektur hat immer noch eine faszinierende Ausstrahlung.

Durch Erhitzen trennen sich die wässrigen von den alkoholischen Bestandteilen. Die Flüssigkeit wird verdampft, Alkohol, der einen niedrigeren Siedepunkt als Wasser hat, steigt als Dampf auf. Beim Durchlauf durch den *worm*, die Kühlschlange, kondensiert er, wird wieder flüssig. Um die 20 % hat er nun und wird *low wines* genannt. Er wird in die nächste, die *spirit-* oder *low wines still* gepumpt und ein zweites Mal destilliert. Nicht alles vom zweiten Destillat ist brauchbar. Der Brennmeister beobachtet es genau, wenn es durch den *spirit safe* fließt. Das ist ein kupferner Kasten mit Glasscheiben, verschlossen und früher sogar mit zwei Schlüsseln gesichert, damit kein Alkohol entfernt werden kann. Den zweiten Schlüssel hatte, ehe Maggie Thatcher personalsparend auf Stichproben und Eigenverantwortung setzte, immer der *excise man*.

Ein Brennmeister muss viel Erfahrung mitbringen, um mit bloßem Auge und mit der Hilfe einiger einfacher Messinstrumente wie einem Thermometer und einem Hygrometer zu erkennen, was Fusel ist und was brauchbarer *spirit*. Den Vorlauf, den *foreshot*, und die *feints*, den Nachlauf, trennt er ab. Beide werden, wir sind doch in Schottland, wieder in die *pot still* zurückbefördert, recycelt sozusagen. Nur der *middle cut* wird ausgewählt. Er hat um die 70 % und ist – nein, immer noch nicht Whisky, sondern *new spirit* oder *new make*. Whisky darf er sich erst später nennen.

Ein bisschen bleich ist er ja, unser John, fast farblos. Eigentlich kein Wunder nach all den Höllenqualen, die er durchzustehen hatte, nach der strengen Erziehung, die man ihm angedeihen ließ. Aber es hat sich gelohnt. Denn jetzt bringt John Barleycorn alles mit, um sich in den vielen Jahren, die man ihn nun reifen lässt, zu entwickeln. Seine Anlagen sind sehr vielversprechend. Vorsichtig berochen gibt er schon einiges von dem frei, lässt er schon erkennen, was ihn später auszeichnen wird. Der Duft verrät, ob man nach zehn, zwölf Jahren entweder einen kräftigen, nach Rauch und Torf schmeckenden oder einen eher eleganten, feine Aromen verströmenden Malt in den Mund bekommt.

Doch wie im Leben immer spielt neben der Vererbung auch die Umgebung eine Rolle, das soziale Umfeld sozusagen, in dem ein junges Lebewesen aufwächst. Bei John werden beide, die engere und die weitere Umwelt, einen großen Einfluss haben: das Fass, in das er, meist mit einem kleinen Schuss

Wasser, gesteckt wird, genauso wie das *warehouse,* die Lagerhalle, in der dieses Fass gelagert wird. Der Zoll übrigens passt all die langen Jahre wieder auf, dass die Ruhe Johns, die Jahre seiner Reifung nicht gestört werden – oder nur selten, wenn sich seine Aufpasser durch Stichproben von seiner Entwicklung überzeugen und sich Aufschluss darüber verschaffen, wann der beste Zeitpunkt erreicht ist, um John auf die Menschheit loszulassen.

Johns Fass ist nur ganz selten aus neuen, ungebrauchten Eichendauben gefertigt. Meist, ja doch, wir sind in Schottland, kommt er in ein gebrauchtes Fass, das in zerlegter Form schon eine lange Reise hinter sich hat und in Schottland von einem Küfer, einem *cooper,* sorgfältig neu gefügt worden ist. Glücklicherweise ist es den amerikanischen Whiskeyfirmen verboten, ihre Bourbonfässer mehr als einmal zu verwenden. Die Schotten nehmen sie ihnen gerne ab. Ob John in einem Bourbonfass war, kann man oft an einem leichten bis intensiven Vanillegeruch erkennen: stark ist er, wenn ein Malt zum ersten Mal in ein solches Fass kam. Ein *refill* gibt natürlich weniger Aroma vom Vorgänger ab, dafür mehr Holz.

Verwendet werden aber auch Fässer, in denen früher Sherry war. Der gehörte einst zu den Lieblings-Getränken auf der Insel und wurde nicht in Flaschen, sondern in Fässern importiert. Seit die EU die Abfüllung am Ursprungsort vorschreibt, kommen die Schotten nicht mehr so leicht und billig an die kostbaren Sherry-*hogsheads* (250 Liter) oder *-butts* (500 Liter). Beliebt sind sie immer noch und viele Firmen lassen sie jetzt selbst in Spanien zuerst mit Sherry füllen. Ob sie dann in Schottland ein- oder zweimal mit Whisky gefüllt worden sind, merkt man an der Farbe. Man schmeckt auch, ob es sich um eher trockene oder süße Sherries, um einen feinen Fino oder einen schweren Oloroso gehandelt hat. Einige Firmen machen mit der Fasswahl eine Art Hauspolitik. Macallan war dafür berühmt, für die selbst und unter eigenem Namen abgefüllten Malts nur Olorosofässer zu verwenden. Glenmorangie nimmt nur Bourbonfässer, wenn es nicht mit Port-, Madeira- oder sogar Rot- oder Weißweinfässern experimentiert. Beide aber kümmern sich um die Qualität ihrer Fässer schon im Ursprungsland.

John bekommt nun Farbe, seine natürlichen Anlagen werden auf das Holz reagieren und sich in höchst angenehmer und willkommener Weise beeinflussen lassen. Aber das Holz ist nur ein Faktor im Reifeprozess. Auch das

Eine spektakuläre Lage am Meer, das ist es, was viele schottische Insel-Destillerien auszeichnet.

Makro- und das Mikroklima spielen eine Rolle. Es macht einen gewichtigen Unterschied, ob John in seinem Fass auf einer Insel ruhen darf oder auf dem Festland, ob in der Nähe des Meeres oder in den Höhen der Highlands. Ob seine Hüter gerne lüften oder eher an verschlossene Räume glauben, wird ihn ebenso prägen. Dass die Inselmalts oft neben ihren schweren Torfnoten auch einen gewissen Medizincharakter haben und manchmal sogar nach einer Brise Meerluft, nach Jod und Salz schmecken, ist also leicht zu erklären. In Bowmore liegen viele Fässer sogar unter Meereshöhe.

Wie alt man John Barleycorn in seinem Fass werden lässt, hängt nicht nur von seiner Qualität ab. Manchmal braucht sein Besitzer Geld und will nicht jahrelang warten, bis sich sein Kapital amortisiert. Dann verkauft er das Fass gleich nach der Abfüllung oder nach den drei Jahren, die für John das gesetzliche Mindestalter sind, um sich Whisky nennen zu dürfen. Nicht immer wird ihn der neue Besitzer gleich in die Flasche füllen. Aber wenn sein Fass nun in anderer Umgebung liegt, kann er sich anders entwickeln als seine Mitgenossen, die zu Hause bleiben durften. Ein *Lagavulin*, der auf dem Festland reifte, wird anders als einer, dem man viele Jahre auf Islay gönnte.

Aber irgendwann ist es soweit: John muss aus dem Fass. Jetzt wird für ihn, der bisher *in bond*, unter Zollverschluss, lagerte, die Steuer fällig. Und es kommt der wichtigste Tag in seinem Leben. Man darf durchaus von einer Schicksalsentscheidung sprechen. Was also wird aus ihm werden? Ein Blend? Ein Vatted Malt? Ein Single Malt? Oder gar ein Single Malt in *cask strength?*

Wird er ein Blend, wird er in einen *bottling plant* gefahren, wo ein *master blender* ihn durch *nosing*, durch Beriechen, prüft. Mit vielen anderen Malts und vor allem Grains und nach genauer Rezeptur wird er in ein großes Fass gekippt, wo man ihm ein paar Tage *marriage* gönnt, ehe er in die Flasche muss. Er ist dann ein Markenwhisky und wird auf »Johnnie Walker«, auf »J & B« oder auf »Famous Grouse« getauft. Er kann aber auch mit anderen Malts zusammengebracht werden. Auf der Flasche steht dann oft »Pure Malt« und drinnen ist etwas, was man nach *vat*, einem anderen Wort für Fass, einen *vatted* nannte, bis die SWA, die Scotch Whisky Association, es sich zur Aufgabe machte, eine neue Terminologie vorzuschlagen und ihn *blended malt* nennen lassen will.

Hat das Schicksal es aber besonders gut mit ihm gemeint, dann wird er ein *Single Malt*. Das ist der Ehrenname für die Malts, die aus einer einzigen, ganz bestimmten Destillerie kommen. Die Flasche trägt meistens auch den Namen dieser Brennerei. Von ihnen gibt es in Schottland etwa 125, aber nicht alle sind in Produktion, manche nur geschlossen *(mothballed)*, manche auch schon abgerissen. Dann muss man aufpassen, weil es einen Malt mit diesem Namen nicht mehr lange geben wird. Aber nicht alle Single Malts werden von den Destillerie-Eigentümern selbst vermarktet. Es gibt auch so genannte »unabhängige Abfüller« wie Gordon & MacPhail, wie Signatory, wie Cadenhead. Sie kaufen Einzelfässer und füllen sie unter ihrem Namen ab.

Normalerweise wird John beim Abfüllen verdünnt, es wird ihm Wasser zugesetzt – so viel, dass er 40 %, 43 % oder 46 % Alkohol hat. Letzteres ist ein gutes Zeichen, weil es darauf hinweist, dass der Whisky vor der Abfüllung nicht kühlgefiltert *(chill-filtered)* wurde, was vermeidet, dass er, wenn er kälter oder weiter verdünnt wird, trübe wird. Ein Malt sollte naturbelassen sein – und deswegen auch ohne Zuckercouleur auskommen, der leider auch beim Single Malt verwendet wird, um die Farbe tiefer zu machen und zwischen den einzelnen Abfüllungen zu vereinheitlichen. Aber immer häufiger wird darauf verzichtet: Man hat erkannt, dass auch die Farbe ein Charakteristikum ist. Und manchmal lässt man John Barleycorn auch ganz unbehandelt und füllt das, was sich nicht als *angel's share* in die schottische Atmosphäre verflüchtigt hat, in der Stärke ab, die es am Ende der Reifezeit im Fass erreicht hatte. Wie stark dieser *highproof* oder *cask strength* dann ist, hängt von seinem Alter ab. Je älter der Malt ist, desto weniger Volumenprozente hat er. Wenn er in einem sehr guten Fass war und in den Highlands lagerte, kann er durchaus noch um die 60 % haben.

Einen so starken Malt muss man selbst verdünnen. Dabei trübt er sich, wie gesagt, leicht ein, wird wolkig – was ein untrügliches Kennzeichen dafür ist, dass er unbehandelt ist. Der Kenner mag es nicht, wenn irgendetwas seinen kostbaren Stoff affektiert. Das *chill-filtering* macht vielleicht die Farbe strahlender, nimmt dem Malt aber ziemlich viele Aromastoffe. Deren Vielfalt freilich macht, dass kein Malt dem anderen gleicht, dass er das individuellste und vielfältigste Getränk ist. Wer ihn liebt, wird also alles vermeiden, was ihn beeinträchtigen könnte. Deshalb wird man ihm auch einen dunklen Platz gönnen. Denn in der Flasche verändert er sich nicht mehr, es sei denn, man setzt sie lange dem Licht aus oder lässt sie, einmal geöffnet, zu lange stehen.

Johns Leben hat sich nun fast erfüllt. Sein Ziel findet er freilich erst im Glas, wenn seine Liebhaber und Verehrer, die männlichen und die weiblichen, ihn ausgiebig beschnuppern, ehe sie genussvoll schmecken, wie er sich im Munde entwickelt und wie er sich dann verabschiedet. Nach den vielen Stürmen, die John in seinem Leben zu überstehen hatte, hätte man ihm eigentlich ein ruhiges und in Andacht begangenes Ende gegönnt. Stattdessen wird er womöglich Zeuge, wie in seiner Gegenwart, ja sogar seinetwegen, heftiger Streit ausbricht.

Er sollte darob nicht traurig sein, sollte es vielmehr als einen Beweis dafür nehmen, dass man ihn doch sehr ernst nimmt. Nicht für etwas, das man einfach so hinunterschluckt, gleichgültig und unaufmerksam. Eher könnte er stolz darauf sein, dass man um ihn solch Aufhebens macht, sich streitet, wie man mit ihm umgeht, ihn behandelt, aus welchem Glas man ihn trinkt

Für Whiskyfreunde der Himmel auf Erden: Loch Fyne Whiskies in Inverary/ Schottland.

und wie. Natürlich könnte er sich auch amüsiert daran zurückerinnern, wie sich die Profis seinerzeit beim *nosing* mit ihm befasst haben.

Von ihnen können wir lernen, die Glaubenskriege nicht gar so ernst zu nehmen, die darüber entbrannt sind, ob man den Single Malt pur trinkt oder mit Wasser. Gut, dass wenigstens darüber (fast) Einigkeit besteht, ihn nicht aus dem Becherglas, dem *tumbler,* zu trinken, sondern aus einem speziellen Glas, das der spanischen Sherry-Copita nahe kommt oder, mit einer Ausstülpung, aussieht wie die Nationalblume der Schotten, die Distel. Aber ob man ihn überhaupt mit Wasser trinken darf und wenn ja, mit wie viel, darüber wird oft leidenschaftlich gestritten. Sprichworte werden genauso ins Feld geführt wie die Zitate von Autoritäten oder Erlebnisse in schottischen Kneipen. Dabei waren es doch die Schotten selbst, die den Malt in Vergessenheit geraten ließen.

Vielleicht hält man sich doch besser an die Profis. Sie verdünnen ihren Malt beim *nosing* immer auf ungefähr 20 % Alkohol. Bei einem normalen Malt nehmen sie also Wasser und Whisky zu gleichen Teilen, bei einem *cask strength* mit 60 % entsprechend zwei Drittel Wasser auf ein Drittel Whisky. Sie, die Profis, sprechen auch davon, dass der Malt durch Wasser aufgeschlossen wird – und sie wissen, dass die Aromen, die ihn doch auszeichnen, erst durch das Verdünnen überhaupt richtig wahrnehmbar werden. Wie man ihn trinkt, das kann jeder und jede selbst entscheiden, wer ihn aber auch richtig riechen will, braucht Wasser. Das sollte natürlich keine Kohlensäure haben, ganz stilles Mineralwasser ist gut, schottisches Quellwasser ideal.

Solange es nicht ausartet und zu Diffamierungen führt und man sich gegenseitig die Kennerschaft abspricht, dogmatisch und apodiktisch wird, kann das Streiten darüber, wie man einen Single Malt am besten genießt, durchaus amüsant sein. Aber es sollte wirklich ums Genießen gehen. Kein Getränk dieser Welt eignet sich weniger für Bevormundungen als Malt. Sein Reichtum erlaubt es jeder und jedem, die Form zu finden, in der er ihm oder ihr am besten schmeckt. Die Krönung im Leben von John Barleycorn ist es, wenn er Menschen gefunden hat, die ihn zu schätzen wissen, die in ihn hineinhorchen, die ihn studieren, sich mit ihm liebevoll beschäftigen.

Es gilt das Motto: Es gibt keinen schlechten Malt. Nur die Kunst, herauszufinden, wann welcher am besten mundet. Vorschriften passen nicht zum Malt. John Barleycorn ist nicht nur *»the king of drinks«* – er ist das Getränk der Freiheit. Wie sagte Robert Burns? *»Freedom and Whisky gang thegither!«* Freiheit und Whisky gehören zusammen. Und Burns fährt fort: *»Tak aff your dram!«*

Die Gläser gefüllt also und erhoben: Auf Schottland und sein Bestes. Auf Robert Burns. Auf John Barleycorn. Sein Ende: unser Glück. Gott sei seiner Seele gnädig!

ABERFELDY

Aber-féldie

Mündung des St. Paldoc

in Betrieb		**www.dewarsworldofwhisky.com**	
Besitzer	Bacardi Corporation, Bermuda		
Lizenz	John Dewar & Sons Ltd.		
Manager	Chris Anderson		
Adresse	Aberfeldy, PH15 2EB	**Telefon**	01887 822 010
E-Mail	worldofwhisky@dewars.com		
Visitor Centre	ja (Dewar's World of Whisky, mit Shop und Café)		
Führungen	ja (Eintrittsgebühr)		
Lage	am östlichen Rand des Dorfes		
Geschichte	Gebaut 1896–98 von John Dewar & Sons. 1925 gekauft von DCL, von ihr 1930 an SMD übertragen. 1972/73 renoviert und erweitert. 1987 von UD übernommen und 1998 an Bacardi weiterverkauft.		

Abfüllung	Eigentümer
Destillation	
Abfüllung	
Alter	12 Jahre
Stärke	40 %
Fassart	
Besonderheit	

✍	**ohne Wasser**	**mit Wasser (auf 20 % verdünnt)**
Farbe	Bernstein (mit Farbstoff)	Bernstein mit blassem Rand
Aroma	malzig, nach Maische, schwach nach Torf und Rauch	ausgeprägter, leichter Vanilleton
Geschmack	eindeutig nach Gerste und Malz, mittelsüß, leichter Holzton	zarte Süße, sanft und rund, angenehme Balance zwischen der Vanille vom Holz und dem Malzton
Nachklang	anfangs süß, dann leicht bitter und trocken	Bitterkeit und Trockenheit überwiegen
Bemerkung		ohne Wasser reizvoller

Malz	von den Glenesk Maltings
Wasser	Pitilie Burn
Mash tuns	1: 6,8 Tonnen (Edelstahl)
Washbacks	8: je 34.000 Liter (sibirische Lärche)
Stills	2 wash stills (je 17.000 Liter) 2 spirit stills (je 14.000 Liter)
Befeuerung	Dampf
Fässer	Bourbon und Sherry, dreimal benutzt
Jahresproduktion	2 Mio. Liter Alkohol
Hausstil	»Leicht torfig mit einem sanften, runden Geschmack.«

✍

The Heart of Dewar's
Aberfeldy
Established 1898
Aged 21 Years
Single Highland Malt
Scotch Whisky

Abfüllung	Eigentümer
Destillation	
Abfüllung	
Alter	21 Jahre
Stärke	40 %
Fassart	
Besonderheit	»Limited Bottling« (Auflage unbekannt)

✍	**ohne Wasser**	**mit Wasser (auf 20 % verdünnt)**
Farbe	dunkler Honig (mit Farbstoff)	goldgelb
Aroma	Heidekraut, Honig, fruchtige Süße, Vanille	leichtes Karamell kommt dazu
Geschmack	voll und cremig, honigsüß, Orangen, einschließlich	immer noch erstaunlich präsent, cremige Süße
Nachklang	... deren leicht bitterem Einschlag	lang und etwas trocken
Bemerkung		

ABERLOUR

[Aberlauer]

Mündung des Lour/des sprechenden Bachs

in Betrieb	**www.aberlour.com**		
Besitzer	Group Pernod Ricard, Frankreich		
Lizenz	Chivas Brothers (bis 2002 Campbell Distillers Ltd.)		
Manager	Hamish Proctor		
Adresse	High Street, Aberlour, AB38 9PJ	**Telefon**	01340 881 249
E-Mail	aberlour.admin@chivas.com		
Visitor Centre	ja, mit Shop		
Führungen	ja (nur mit Anmeldung, Eintrittsgebühr)		
Lage	von Grantown-on-Spey an der A 95 am Ortseingang		
Geschichte	Gebaut 1826 von James Gordon und Peter Weir. 1879/80 erneuert von James Fleming. 1898 nach Feuer wiederaufgebaut. 1945 an Campbell & Sons verkauft. 1973 erweitert und 1974 an Pernod Ricard verkauft.		

Abfüllung	Eigentümer
Destillation	
Abfüllung	
Alter	10 Jahre
Stärke	40 %
Fassart	
Besonderheit	

✍	**ohne Wasser**	**mit Wasser (auf 20 % verdünnt)**
Farbe	mittlerer Bernstein (mit Farbstoff)	kaum verändert
Aroma	üppige Frucht, rund	dezenter, die Frucht kommt wieder, wenn man ihm Zeit lässt
Geschmack	dichte, mundfüllende Süße, getreidig	Süße dominiert eindeutig über die Schärfe
Nachklang	Süße verklingt, Schärfe haftet länger	weniger scharf, süß, lang
Bemerkung		etwas Wasser bekommt ihm

Malz	Optic und Chalice von Bairds in Inverness
Wasser	Quellen am Ben Rinnes (früher St. Drostan's Spring)
Mash tuns	1: 12 Tonnen (Edelstahl)
Washbacks	6: je 70.000 Liter (Edelstahl)
Stills	2 wash stills (je 21.310 Liter) 2 spirit stills (20.000 u. 15.456 Liter)
Befeuerung	Dampf
Fässer	Sherry (25–50 %), Bourbon (50–75 %)
Jahresproduktion	bis 3,5 Mio. Liter Alkohol
Hausstil	»Speyside Malt«

✍

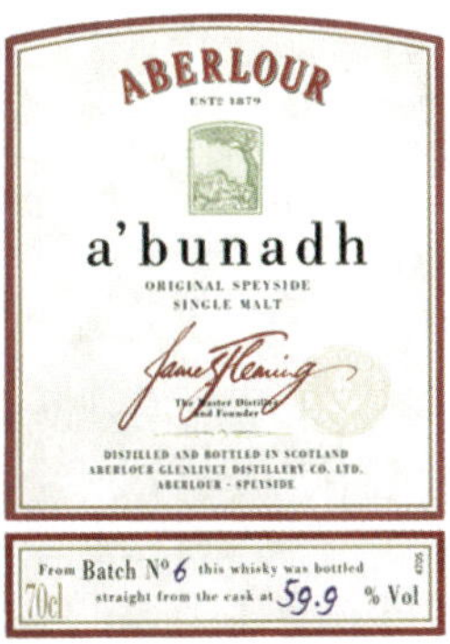

Abfüllung	Eigentümer
Destillation	
Abfüllung	
Alter	ohne Angabe
Stärke	59,9 %
Fassart	
Besonderheit	»batch No. 6«

✍	**ohne Wasser**	**mit Wasser (auf 20 % verdünnt)**
Farbe	dunkles, rotschimmerndes Kupfer	etwas heller
Aroma	stark, süß und deutlich Sherry, Kirschen, Bitterschokolade, Zedernholz, nach einiger Zeit: Wachs	flacher, Gummi überdeckt leichte, feine Aromen
Geschmack	kräftig und alkoholisch, später weiche Süße, Holznoten	enttäuschend, bittere Trockenheit
Nachklang	lang und warm	fast nicht vorhanden
Bemerkung		Langsame, kleine, bedächtige Schlucke, aber pur!

Allt A'Bhainne

[Olt-a-véyn]

Milchbach

in Betrieb			
Besitzer	Group Pernod Ricard, Frankreich		
Lizenz	Chivas Brothers	**Manager**	Hamish Proctor
Adresse	Glenrinnes, Dufftown, AB55 4DB		
Telefon		**E-Mail**	
Visitor Centre	nein		
Führungen	ja (einmal pro Woche, Eintrittsgebühr)		
Lage	einige Meilen südwestlich von Dufftown an der B 9009		
Geschichte	Gebaut 1975 und am 26.8. des gleichen Jahres eröffnet von Chivas Bros. 1979 von zwei auf vier stills (und damit doppelte Kapazität) erweitert. 2001 von Seagram an Pernod Ricard verkauft, die sie ein Jahr später schlossen und zum Verkauf ausschrieben, sich mittlerweile aber umbesonnen haben und sie sowohl behalten wie auch wieder in Betrieb genommen haben.		

Abfüllung	Signatory
Destillation	22.10.1980
Abfüllung	11.08.1999
Alter	18 Jahre
Stärke	43 %
Fassart	Eiche (Fass Nr. 1900/1901)
Besonderheit	468 Flaschen, »natural colour«

✍	**ohne Wasser**	**mit Wasser (auf 20 % verdünnt)**
Farbe	dunkler, reifer Weißwein (ungefärbt)	aufgehellt
Aroma	leichte Süße nach Vanille und Birne	sehr zart
Geschmack	cremige Süße, die schnell verschwindet, scharf werdend	etwas dünn haftender Bourbon-Ton
Nachklang	etwas unharmonisch	sehr kurz
Bemerkung		Braucht Wasser, aber nur einen Spritzer.

Malz	von fremden Mälzereien
Wasser	Scurran und Rowantree Burn
Mash tuns	1: 8,4 Tonnen (Edelstahl)
Washbacks	8: je 44.000 Liter (Edelstahl)
Stills	2 wash stills (22.000 Liter) 2 spirit stills (14.500 Liter)
Befeuerung	Dampf (indirekt)
Fässer	
Jahresproduktion	4 Mio. Liter Alkohol
Hausstil	»Leichter bis mittlerer Körper, sanft und weich mit duftigen Aromen.«

✍

Abfüllung

Destillation

Abfüllung

Alter

Stärke

Fassart

Besonderheit

✍	ohne Wasser	mit Wasser
Farbe		
Aroma		
Geschmack		
Nachklang		
Bemerkung		

ARDBEG

[Ardbég]

kleine Anhöhe

in Betrieb		**www.ardbeg.com**	
Besitzer	LVMH (Moët Hennessy Louis Vuitton), Frankreich		
Lizenz	Glenmorangie Ltd.	**Manager**	Michael Heads
Adresse	Port Ellen, Isle of Islay, PA42 7EA		
Telefon	01496 302 244	**E-Mail**	
Visitor Centre	ja, mit Shop und Café	**Führungen**	ja (Eintrittsgebühr)
Lage	5 km östlich Port Ellen Richtung Ardtalla (und Kildaltonkreuz)		
Geschichte	Gebaut 1815 (1817 [?] als arbeitend dokumentiert) von John McDougall. Im Familienbesitz bis 1959. Firma umbenannt in Ardbeg Distillery Co. 1977 von Hiram Walker übernommen, 1981 nach einem Streik der maltmen geschlossen. 1989 von Allied wiedereröffnet, im Juli 1996 geschlossen, 1997 an Glenmorangie und 2006 von denen an die französische Luxusgüterfirma verkauft. 2000/01 spirit still nach 57 Jahren erneuert.		

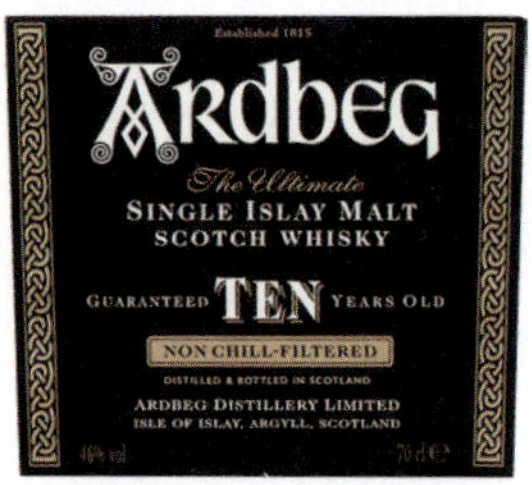

Abfüllung	Eigentümer
Destillation	
Abfüllung	
Alter	10 Jahre
Stärke	46 %
Fassart	
Besonderheit	»non chill-filtered«

✍	**ohne Wasser**	**mit Wasser (auf 20 % verdünnt)**
Farbe	sehr hell, mittlerer Weißwein (ungefärbt)	kaum verändert
Aroma	fantastische Nase, sehr harmonisch, frisch, buttrig, aufkommende »Islay-Medizin«	Leder, Stall, deutliche Süße, kein Islay-Hammer
Geschmack	leichter, süßer Start, dann, mächtig, Phenol, Jod, Meer	sehr verhalten, leichte Süße, zarte Salz- und Torfnoten
Nachklang	leicht, lang und nach Bittermandeln	sehr kurz
Bemerkung		Braucht kein Wasser, obwohl es die Nase reizvoll macht.

Malz	Optic von den UDV-Maltings in Port Ellen
Wasser	Loch Uigeadail und Loch Arigh-Nam-Beist
Mash tuns	1: 4,5 Tonnen (Edelstahl)
Washbacks	6: je 23.500 Liter (3 Lärche, 3 neue Oregon Pine)
Stills	1 wash still (18.279 Liter) 1 spirit still (mit purifier, 16.638 Liter)
Befeuerung	Dampfbeheizte Innenpfannen
Fässer	98 % Bourbon von Jack Daniel, 2 % Sherry
Jahresproduktion	1 Mio. Liter Alkohol
Hausstil	»Der am stärksten getorfte Islay, mit Anklängen an einen sommerlichen Strand, Salz und Ozon-Spuren.«

✍

Abfüllung	Eigentümer
Destillation	1990
Abfüllung	2006
Alter	
Stärke	46 %
Fassart	
Besonderheit	»non chill-filtered«

✍	**ohne Wasser**	**mit Wasser (auf 20 % verdünnt)**
Farbe	torfiges Wasser (ungefärbt)	wird schöner und klarer, gelbgrün
Aroma	frisch, grüner Apfel, Vanille, kaum Torfrauch	würziger Rauch, immer noch frisch, Sommerfrüchte, Rosinen, Duft nach Meer
Geschmack	füllige, ölige Süße, fruchtig, Schokolade, Rauch	wiederkehrender grüner Apfel, kleine Süße, etwas Rauch
Nachklang	relativ kurz, cremig	sehr kurz
Bemerkung		Kein Monster, eher zurückhaltend. Wasser macht ihn, im Mund, nicht besser.

ARDMORE

[Ardmór]

große Anhöhe

in Betrieb			
Besitzer	Fortune Brands, USA		
Lizenz	Beam Global Spirits & Wine, Wm. Teacher & Sons Ltd.		
Manager	Alistair Longwell		
Adresse	Kennethmount, by Huntly, AB54 4NH		
Telefon	01464 831 213	**E-Mail**	
Visitor Centre	nein	**Führungen**	nein
Lage	in der Nähe von Leith Hall an der B 9002		
Geschichte	Gebaut 1898/99 von William Teacher & Sons. 1955 von zwei auf vier, 1974 auf acht stills erweitert. Seit 1976 im Besitz von Allied Breweries, dann von Allied Domecq, die sich 2005 teilweise an Pernod Ricard, teilweise an Fortune Brands verkauften. Ardmore fiel an deren Tochter Jim Beam.		

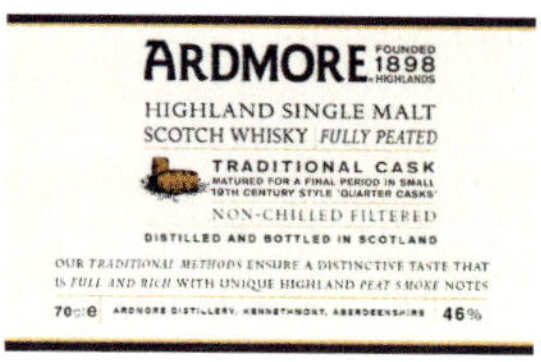

Abfüllung	Eigentümer
Destillation	
Abfüllung	
Alter	ohne Angabe
Stärke	46 %
Fassart	nachgereift im Quarter Cask
Besonderheit	mit 12–14 ppm getorft

✍	**ohne Wasser**	**mit Wasser (auf 20 % verdünnt)**
Farbe	goldgelb (mit Farbstoff)	etwas heller
Aroma	Hauch von Gewürzen, Kokosnuss, Vanille, Torf	verhaltener, sonst kaum verändert
Geschmack	weich, gut ausgewogen: fruchtige Süße und Torf	wirkt frischer, aber etwas flacher, kleiner Rauchton
Nachklang	stabil	ausreichend
Bemerkung		Mit einem Tropfen Wasser am Nachmittag, pur am Abend.

Malz	von Robert Kilgour in Kirkcaldy
Wasser	Quellen am Knockandy Hill
Mash tuns	1: 12 Tonnen (Edelstahl)
Washbacks	14: 4 mit je 60.000 Litern, 10 mit je 30.000 Litern (Oregon Pine)
Stills	4 wash stills (je 15.000 Liter) 4 spirit stills (je 15.000 Liter)
Befeuerung	Kohle und Dampf
Fässer	
Jahresproduktion	3 Mio. Liter Alkohol
Hausstil	»Leichte bis mittlere Torfigkeit, malzig und nach Honig, mit einem buttrigen Charakter.«

✍

Abfüllung	Gordon & MacPhail »Allied«-Reihe
Destillation	1985
Abfüllung	
Alter	
Stärke	40 %
Fassart	
Besonderheit	»Trademark of Proprietors: Wm. Teacher & Sons«

✍	**ohne Wasser**	**mit Wasser (auf 20 % verdünnt)**
Farbe	Gold (gefärbt)	dunkles Stroh
Aroma	zuerst gärendes Obst, dann Klebstoff, später Phenol	wird aufgebrochen, feiner, duftiger, altes Holz, Heublumen
Geschmack	leichte Pfefferschärfe, schwache Süße, umkippend in Bitterkeit	Salmiak, wird bitter, eindimensional und etwas kalkig
Nachklang	bitter, säuerlich und kurz	enttäuschend
Bemerkung		Zum Trinken: no water, please!

AUCHENTOSHAN

[Ochentóschen]

Ecke des Feldes

in Betrieb		**www.auchentoshan.com**	
Besitzer	Suntory Ltd., Japan		
Lizenz	Morrison Bowmore Distillers Ltd.		
Manager	Ian Macallan		
Adresse	Dalmuir, G81 4SJ	**Telefon**	01389 878 561
E-Mail	info@morrisonbowmore.co.uk		
Visitor Centre	ja, mit Shop	**Führungen**	ja (Eintrittsgebühr)
Lage	an der A 82 am westlichen Stadtrand von Glasgow, kurz vor der Erskine Bridge		
Geschichte	Angeblich 1800, sicher 1830/34 gebaut (John Hart). 1837–1878 im Eigentum der Familie Filshie, dann C.H. Curtis, A. Ferguson (1900), George & John Maclachlan (1903), J. & R. Tennent (1960), Bass Charrington, 1969 Eadie Cairns, 1984 von Morrison Bowmore gekauft und renoviert. 1994 ganz an Suntory verkauft. Dreifachdestillation.		

Abfüllung	Eigentümer
Destillation	
Abfüllung	
Alter	12 Jahre
Stärke	40 %
Fassart	
Besonderheit	»triple distilled«

✍	**ohne Wasser**	**mit Wasser (auf 20 % verdünnt)**
Farbe	helles Stroh (mit Farbstoff)	blass
Aroma	sauber und reintönig, frisch und blumig	frisch, sauber, Zitrus, Gras
Geschmack	klar, angenehm, gefällige kleine Süße	angenehm indifferent, eignet sich als Longdrink
Nachklang	eher leicht	wird paradoxerweise länger!
Bemerkung		

Malz	Optic von J P Simpson's und Greencore Maltings
Wasser	neuerdings von Loch Katrine
Mash tuns	1: 7 Tonnen (Edelstahl)
Washbacks	4: je 38.000 Liter (Oregon Pine)
Stills	1 wash still (17.300 Liter), 1 intermediate (8.000) und 1 spirit still (je 11.500 Liter) – Dreifachdestillation
Befeuerung	Dampfpfannen
Fässer	Bourbon und Sherry (Oloroso und Pedro Ximénez)
Jahresproduktion	13 Mio. Liter Alkohol
Hausstil	»Leicht, süß, aromatisch. Sehr delikat mit fruchtigen Noten. Bei höherem Alter überraschend komplex.«

✍

Abfüllung	Eigentümer
Destillation	
Abfüllung	
Alter	21 Jahre
Stärke	43 %
Fassart	
Besonderheit	»triple distilled«

✍	**ohne Wasser**	**mit Wasser (auf 20 % verdünnt)**
Farbe	zwischen Bernstein und Gold (mit Farbstoff)	eher Gold als Bernstein
Aroma	weich und rund, sehr sauber und rein	noch eine Spur weicher
Geschmack	leicht süß, Holztöne spürbar (Alter?), sehr sauber und rein	kaum verändert, höchstens etwas trockener
Nachklang	ziemlich lang, leicht süß	erstaunlich lang, eher trocken als süß
Bemerkung		Vorsichtig mit Wasser!

AUCHROISK

[Och-roisk]

Furt am roten Strom

in Betrieb		**www.malts.com**	
Besitzer	Diageo plc. England		
Lizenz	Diageo plc. (bis 2001 Justerini & Brooks, Scotland, Ltd.)		
Manager	Mike Jappy		
Adresse	Mulben, by Keith, AB55 6XS		
Telefon	01542 885 000	**E-Mail**	
Visitor Centre	nein	**Führungen**	nein
Lage	einige Meilen südwestlich Dufftown an der B 9009		
Geschichte	1974 von IDV gebaut, welche 1975 von Watney Mann und im gleichen Jahr von Grand Metropolitan übernommen wurden. Nach der Fusion mit Guinness zu Diageo seit 1997 Teil von dessen Imperium. Betrieben von Justerini & Brooks.		

Abfüllung	Eigentümer (»Rare Malts Selection«)
Destillation	1974
Abfüllung	April 2003
Alter	28 Jahre
Stärke	56,8 %
Fassart	
Besonderheit	ca. 6.000 Flaschen

✍	**ohne Wasser**	**mit Wasser (auf 20 % verdünnt)**
Farbe	mittlerer Bernstein (gefärbt?)	heller Bernstein
Aroma	leicht nach Lakritz und Toffee	zart nach Karamell
Geschmack	sanft und weich, süß nach Malz, Zimt	sehr weich, rund und schmeichlerisch, malzig-würzige Süße
Nachklang	lang und wärmend	immer noch gut und stabil
Bemerkung		

Malz	von den Diageo-Maltings in Burghead
Wasser	Dorie's Spring
Mash tuns	1: 11,2 Tonnen
Washbacks	8: je 56.000 Liter (Edelstahl)
Stills	4 wash stills (23.940 Liter) 4 spirit stills (16.760 Liter)
Befeuerung	Dampf von ölbeheiztem Boiler
Fässer	Bourbon und Sherry
Jahresproduktion	3,5 Mio. Liter Alkohol
Hausstil	»Mittleres Gewicht, Anflug von Süße, mit einem köstlichen, langen, haftenden Geschmack.«

✍

Abfüllung	Eigentümer
Destillation	1981
Abfüllung	
Alter	10 Jahre
Stärke	43 %
Fassart	
Besonderheit	auf der Flasche »Singleton of Auchroisk« genannt

✍	**ohne Wasser**	**mit Wasser (auf 20 % verdünnt)**
Farbe	dunkler Bernstein, aber strahlend	goldene Töne treten hinzu
Aroma	fruchtig süßlich, unverkennbar Sherry, ganz wenig Rauch	süßliche Getreide-Note, nicht mehr so schön
Geschmack	Süße, die schnell geht, Biss, Rauch	Schärfe wird stärker, Süße sehr schwach
Nachklang	mittel, leicht rauchig	eher bitter
Bemerkung		Eher ohne als mit Wasser!

AULTMORE

[Olt-mór]

großer Bach

in Betrieb			
Besitzer	Bacardi Corporation, Bermuda		
Lizenz	John Dewar & Sons Ltd.	**Manager**	Joseph Cumming
Adresse	Aultmore, by Keith, AB55 6QY		
Telefon	01542 881 800	**E-Mail**	
Visitor Centre	nein	**Führungen**	nein
Lage	An der B 9016 nordwestlich von Keith Richtung Port Gordon/Buckie		
Geschichte	1896 von Alexander Edwards Forres gebaut, 1898 in seine neue Firma Oban & Aultmore-Glenlivet Distilleries eingebracht. 1913 von John Dewar & Sons, 1925 von DCL übernommen. 1970/71 renoviert, von zwei auf vier stills erweitert. 1987 übernahmen UD. 1998 weiterverkauft.		

Abfüllung	ehemaliger Eigentümer (»Fauna & Flora«-Serie)
Destillation	
Abfüllung	
Alter	12 Jahre
Stärke	43 %
Fassart	
Besonderheit	

✍	ohne Wasser	mit Wasser (auf 20 % verdünnt)
Farbe	blass (gefärbt)	sehr blass, fast wässrig
Aroma	frisch und blumig	duftig, frisch, schwach süß
Geschmack	schöne runde Süße, dann blumig und trocken, im Hintergrund etwas Torf	sehr erfrischend, angenehme Süße, Spur von Torf
Nachklang	gute Länge, leicht adstringierend	recht gute Länge, wird trocken
Bemerkung		Mit vor, ohne Wasser nach dem Essen trinken.

Malz	Optic von J P Simpson's in Berwick
Wasser	Auchinderran Burn
Mash tuns	1: 9 Tonnen (Edelstahl)
Washbacks	6: je 46.500 Liter (Lärche)
Stills	2 wash stills (je 15.500 Liter) 2 spirit stills (je 14.859 Liter)
Befeuerung	Dampf
Fässer	
Jahresproduktion	2,2 Mio. Liter Alkohol
Hausstil	»Leicht süße Nase mit einem gut balancierten, milden Geschmack.«

✍

Abfüllung	Signatory
Destillation	9.10.1985
Abfüllung	2.10.1996
Alter	10 Jahre
Stärke	43 %
Fassart	Eiche (Fass Nr. 2905)
Besonderheit	633 Flaschen

✍	**ohne Wasser**	**mit Wasser (auf 20 % verdünnt)**
Farbe	schöner, glänzender Goldton (ungefärbt)	kräftiger Weißwein
Aroma	reizvoll fruchtig (Süßkirsche), karamellig, wunderschönes Parfum-Bouquet	zart, verhalten, sehr fein, nach Weingummi
Geschmack	mundfüllende Süße, Butterscotch, Karamell	sehr weiche verhaltene Süße, gefolgt von Bitterkeit, …
Nachklang	mittellang	… die sehr lange und angenehm stehen bleibt
Bemerkung		mit Wasser ein netter, leichter Aperitif.

BALBLAIR

[Balblär]

Farm, Siedlung in der Ebene

in Betrieb		**www.inverhouse.com**	
Besitzer	Thai Beverages		
Lizenz	Inver House Distillers Ltd.		
Manager	John MacDonald	**Adresse**	Edderton, Tain, IV19 1LB
Telefon	01862 821 273	**E-Mail**	
Visitor Centre	nein		
Führungen	eigentlich nein, aber Besucher sind bei Anmeldung willkommen		
Lage	in Edderton zwischen A 9 und dem Dornoch Firth		
Geschichte	1790 Vorgängerin. 1872 baut A. Ross die heutige Brennerei. 1896–1910 Alex Cowan & Co. Geschlossen von 1915–1947, gekauft von R. Cumming & Son, 1949 wiedereröffnet. Seit 1970 drei stills, damals von Hiram Walker gekauft. Allied stellten 1996 den Betrieb ein und verkauften an Inver House, die dann von den Thailändern übernommen wurden.		

Abfüllung	Eigentümer
Destillation	
Abfüllung	
Alter	10 Jahre
Stärke	40 %
Fassart	
Besonderheit	

✍	**ohne Wasser**	**mit Wasser (auf 20 % verdünnt)**
Farbe	mittleres Gold (gefärbt?)	etwas heller
Aroma	Toffee, Vanille, Eichenholz, Kork	Vanille deutlicher, süße Fruchtigkeit entwickelt sich, runder, angenehmer
Geschmack	zuerst cremig-süß, dann leicht pfeffrig und rauchig	verliert Cremigkeit, Süße nach Birnen, sehr weich und mild
Nachklang	erstaunlich kurz	kürzer als kurz
Bemerkung		Wegen der Nase: mit Wasser!

Malz	Optic, Cellar und Chalice von Robert Kilgour, Kirkcaldy
Wasser	Allt Dearg am Struie Hill
Mash tuns	1: 4,25 Tonnen (Edelstahl)
Washbacks	6: je 21.000 Liter (Oregon Pine)
Stills	1 wash still (18.800 Liter) 2 spirit stills (11.044 und eine unbenutzte mit 8.182 Liter)
Befeuerung	Dampf
Fässer	
Jahresproduktion	1,3 Mio. Liter Alkohol
Hausstil	»Ein aromatischer Stil, mit süßen Anklängen und würzigen Tupfern.«

✍

Abfüllung	Eigentümer
Destillation	
Abfüllung	
Alter	16 Jahre
Stärke	40 %
Fassart	
Besonderheit	

✍	**ohne Wasser**	**mit Wasser (auf 20 % verdünnt)**
Farbe	zwischen Kupfer und Bernstein	dunkleres Gold
Aroma	sehr fein, fast verhalten, heller Sherry, Spur von Salz	Sherry deutlich, Zimt
Geschmack	cremig, wuchtig, etwas Torf, Spur Rauch, schwache Süße	süß, deutliche Holztöne
Nachklang	sehr kurz	sehr kurz
Bemerkung		Höchstens drei, vier Tropfen Wasser.

Balmenach

[Balménach]

die mittlere Farm/Siedlung

in Betrieb			
Besitzer	Thai Beverages		
Lizenz	Inver House Distillers Ltd.		
Manager	Fred Sinclair		
Adresse	Cromdale, Grantown-on-Spey, PH26 3PF		
Telefon	01479 872 569	**E-Mail**	
Visitor Centre	nein	**Führungen**	Nein
Lage	Etwa einen Kilometer südlich der A 95 und von Cromdale		
Geschichte	1824 (?) von James McGregor gegründet, der die Lizenz von 1825–1867 hielt. Im Familienbesitz bis 1897. Verkauft an Balmenach-Glenlivet Distillery. 1930 von SMD gekauft. 1962 auf sechs stills erweitert. 1987 von UD übernommen. 1993 geschlossen, 1997 von Inver House erworben, die dann von den Thailändern gekauft wurden.		

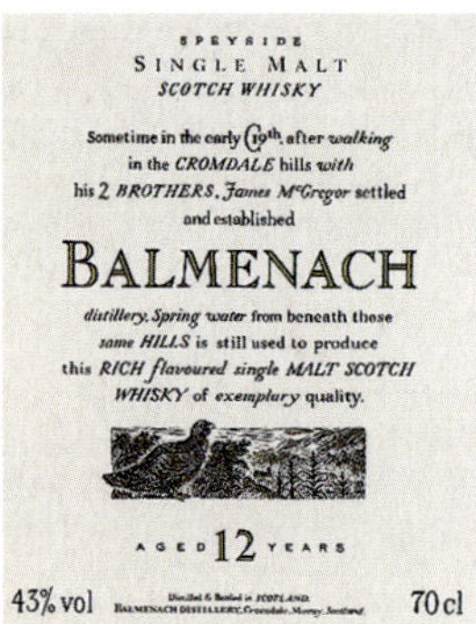

Abfüllung	früherer Eigentümer (Diageo, »Fauna & Flora«-Serie)
Destillation	
Abfüllung	
Alter	12 Jahre
Stärke	43 %
Fassart	
Besonderheit	

✍	**ohne Wasser**	**mit Wasser (auf 20 % verdünnt)**
Farbe	rötlicher Bernstein (gefärbt?)	rotgolden
Aroma	voll, Sherry deutlich, Süße von Heide und zartem Honig	Sherry, leichte Süße, Nuss?
Geschmack	reich, blumig, Hauch von Vanille	Süße nimmt ab, Anklang von Trockenheit
Nachklang	lang und rund	steht gut
Bemerkung		

Malz	von fremden Mälzereien
Wasser	Cromdale Burn
Mash tuns	1: 7,6 Tonnen (Gusseisen)
Washbacks	6: je 40.000 Liter (Oregon Pine)
Stills	3 wash stills (16.000 Liter) 3 spirit stills (10.500 Liter)
Befeuerung	Dampf
Fässer	Sherry
Jahresproduktion	2 Mio. Liter Alkohol
Hausstil	»Voller Körper mit einem langen, nussigen Finish.«

Abfüllung	Gordon & MacPhail
Destillation	19.3.1976
Abfüllung	27.4.2006
Alter	30 Jahre
Stärke	52,9 %
Fassart	Fass Nr. 1765, 1st fill Sherry Hogshead
Besonderheit	230 Flaschen, Jubiläumsabfüllung zum 30. Gründungstag von Kirsch Import, Syke

	ohne Wasser	**mit Wasser (auf etwa 45 % verdünnt)**
Farbe	ostfriesischer Tee, dunkel poliertes Nussbaumholz (ungefärbt)	wird schnell trüb, wie grüner Tee
Aroma	dunkler Sherry, Eichenholz, Nuss, Orangenschale, frisches Karamell, ganz hinten: der Alkohol	wird subtil – frisches Eichenholz, zartes Karamell, Milchschokolade
Geschmack	scharf, etwas betäubend, kaum Aromen freigebend, spät dunkle Schokolade, Espresso	schmelzend-cremig, nussige Süße, frisch karamellisierte Crème brûlée
Nachklang	lang und immer wärmer werdend	schwebend wie ein Hauch
Bemerkung		Wasser zerstört Sherry-Malts (alte Weisheit), aber der wird erst durch einen Teelöffel davon zu einem wahrhaft großen Whisky.

BALVENIE

[Balvénie]

Siedlung des Glücks

in Betrieb		**www.thebalvenie.com**	
Besitzer	William Grant & Sons Ltd		
Lizenz	ebenso	**Manager**	Richard Cotton
Adresse	Glenfiddich, Dufftown, AB55 4DH		
Telefon	01340 820 373	**E-Mail**	
Visitor Centre	ja, zusammen mit Glenfiddich		
Führungen	ja (nur nach Anmeldung, Eintrittsgebühr)		
Lage	Am Nordende von Dufftown an der A 941 Richtung Craigellachie		
Geschichte	1892 von W. & J. Grant mit stills von Lagavulin und Glen Albyn gebaut, 1893 eröffnet. 1965 von fünf auf sieben, 1971 auf neun stills erweitert.		

Abfüllung	Eigentümer
Destillation	
Abfüllung	
Alter	12 Jahre
Stärke	40 %
Fassart	Bourbon zuerst, dann Oloroso-Sherry
Besonderheit	Der »Double Wood« war das erste Finishing.

✍	**ohne Wasser**	**mit Wasser (auf 20 % verdünnt)**
Farbe	Bernstein (mit Farbstoff)	kaum verändert
Aroma	Vanille und Karamell, Honig, sanfter Rauch	schön ausbalanciert und feiner, elegant, weich
Geschmack	weich, malzig, Honigsüße, Anklang von Trockenheit	feiner Sherryton, aber auch Vanille von den Bourbonfässern, zauberhafte Honigsüße
Nachklang	anhaltend	steht angenehm
Bemerkung		Ein Klassiker!

Malz	Chariot und Optic, von der familieneigenen Farm, gemälzt in eigenen floor maltings und fremden Mälzereien
Wasser	Robbie Dubh
Mash tuns	1: 10,2 Tonnen (Edelstahl)
Washbacks	10: je 50.000 Liter (Oregon Douglas Fir)
Stills	4 wash stills (2 zu 9.092, 2 zu 12.729 Litern) 5 spirit stills (je 12.729 Liter)
Befeuerung	innenliegende Dampfspiralen
Fässer	Bourbon, Sherry und Port
Jahresproduktion	Zahlen werden nicht veröffentlicht (geschätzt: 5 Mio. Liter Alkohol)
Hausstil	»Hat rauchiges, aber mildes Aroma, am Gaumen weich und reif mit einem sauberen, trockenen, langen Finish mit einem Hauch von Sherry. Äußerst apparter und delikater Whisky mit Honigtönen.«

✍

Abfüllung	Eigentümer
Destillation	
Abfüllung	
Alter	21 Jahre
Stärke	43 %
Fassart	Bourbon-Fass, zweite Reifung in 30 Jahre alten Port-Pipes
Besonderheit	

✍	**ohne Wasser**	**mit Wasser (auf 20 % verdünnt)**
Farbe	tiefer Bernstein mit rötlichen Tönen (mit Farbstoff)	etwas aufgehellt, ein schöner Anblick
Aroma	weinige, zarte Süße, eleganter Rauchton, frisch und leicht	der Rauch kommt stärker, die Süße auch
Geschmack	eine Geschmacksgranate, dabei elegant und zart wie eine Feder, Süße, Malz, Torf, Vanille; deutlich Port	etwas flacher und bei Weitem nicht mehr so elegant
Nachklang	lange, weich, warm, Süße und sanfte Schokobitterkeit	Bitterkeit stärker, Süße schwächer, etwas kürzer
Bemerkung		Große Eleganz und Komplexität, genüsslich pur oder höchstens mit ein, zwei Tropfen Wasser zu schlürfen.

Banff

Bedeutung ist unsicher

abgerissen	
Besitzer	
Lizenz	ehemals Slater, Rodger & Co. Ltd.
Manager	
Adresse	Inverboyndie, by Banff **Telefon**
E-Mail	
Visitor Centre	**Führungen**
Lage	westlich von Banff in Inverboyndie zwischen A 98 und Nordsee
Geschichte	Gebaut 1863 von James Simpson. 1877 nach einem Feuer neugebaut. 1932 von SMD übernommen. 1983 geschlossen und danach teilweise abgerissen. Die Reste (und der noch vorhandene Whisky) gehören heute zum Diageo-Imperium.

Abfüllung	Gordon & MacPhail »Connoisseurs Choice«-Serie
Destillation	1974
Abfüllung	
Alter	
Stärke	40 %
Fassart	
Besonderheit	

✍	**ohne Wasser**	**mit Wasser (auf 20 % verdünnt)**
Farbe	mittlerer Bernstein (mit Farbstoff)	etwas aufgehellt
Aroma	süß nach Met, (weiße?) Schokolade	Süße weicher, Birne, Holztöne, Schoko bleibt
Geschmack	cremige Süße, leichtes Feuer, Kakao	weich, leicht, Birne und Lakritz
Nachklang	sanft und mittellang	fast keiner
Bemerkung		mit Wasser völlig anders, für Liebhaber des ganz Sanften.

Malz	
Wasser	Boyne Burn in der Fiskaidly Farm
Mash tuns	
Washbacks	
Stills	ehemals 1 wash still ehemals 1 spirit still
Befeuerung	
Fässer	
Jahresproduktion	
Hausstil	

✍

Abfüllung
Destillation
Abfüllung
Alter
Stärke
Fassart
Besonderheit

✍	ohne Wasser	mit Wasser
Farbe		
Aroma		
Geschmack		
Nachklang		
Bemerkung		

Ben Nevis

Schneeberg oder Wolkenberg

in Betrieb	**www.bennevisdistillery.co.uk**
Besitzer	The Nikka Whisky Distilling Co. Ltd., Japan
Lizenz	Ben Nevis Distillery (Fort William) Ltd.
Manager	A. W. (Colin) Ross
Adresse	Lochy Bridge, Fort William, PH33 6TJ
Telefon	01397 700 200, 702 476
E-Mail	colin@bennevisdistillery.com
Visitor Centre	ja, mit Shop und Cafeteria
Führungen	ja (Eintrittsgebühr)
Lage	etwa 3 km nördlich des Ortes an der A 82

Abfüllung	Eigentümer
Destillation	1976
Abfüllung	1995
Alter	19 Jahre
Stärke	58,3 %
Fassart	
Besonderheit	

✍	**ohne Wasser**	**mit Wasser (auf 20 % verdünnt)**
Farbe	relativ dunkles, bräunliches Gold (gefärbt?)	helle Schimmer im dunklen Grundton
Aroma	trotz des Alters unreif, ölig, stechend	etwas harmonischer, fast zu üppige Süße
Geschmack	hart und unharmonisch	wird weicher, Öligkeit bleibt, etwas trocken
Nachklang	kratzig und scharf	milder, lange, Spur von Rauch
Bemerkung		Alt und gleichzeitig unreif – in diesem Fall kein Widerspruch.

Geschichte	Wahrscheinlich 1825 von »Long John« McDonald gebaut. Der Markenname »Long John« wird in den 20ern an Seager Evans (die später Teil von Whitbread werden) verkauft. 1955 von Joseph W. Hobbs gekauft, der Malt und bis 1981 Grain herstellen lässt. 1981 von Whitbread übernommen, 1986 geschlossen und 1989 an Nikka verkauft, die die Malt-Destillerie wiedereröffneten.
Malz	von Mälzereien in Tain und Europa
Wasser	Coire Na Ciste und Coire Leis (am Ben Nevis)
Mash tuns	1: 9,5 Tonnen (Edelstahl)
Washbacks	8: je 50.000 Liter (Edelstahl)
Stills	2 wash stills (je 25.000 Liter) 2 spirit stills (je 20.000 Liter)
Befeuerung	Dampfspiralen
Fässer	Bourbon, Sherry, französische Weinfässer
Jahresproduktion	570.000 Liter Alkohol (2007)
Hausstil	»Erinnert an Heide und Honig.«

Abfüllung	Signatory
Destillation	14.12.1990
Abfüllung	5.4.2000
Alter	9 Jahre
Stärke	43 %
Fassart	Sherry butt (Nr. 1383)
Besonderheit	652 Flaschen, »natural colour«

	ohne Wasser	**mit Wasser (auf 20 % verdünnt)**
Farbe	sehr hell für Sherry, leicht grüner Rand (ungefärbt)	zart gelbes Stroh
Aroma	frisch, elegant, beschwingt, ungeschälte Mandeln	Salzmandeln, frisch
Geschmack	schöne Süße, leicht pfeffrig, Zitrus: sehr elegant und schlank	nicht mehr pfeffrig, schöne Süße, leicht und beschwingt
Nachklang	zart und weich und lang	erstaunlich präsent
Bemerkung		Der Aperitif-Whisky par excellence; schön mit und ohne Wasser.

Ben Wyvis

der eindrucksvolle Berg

Abgebaut	
Besitzer	
Lizenz	ehemals Invergordon Distillers
Manager	
Adresse	Cottage Brae, Invergordon, IV18 OHP
Telefon	01349 852 451 **E-Mail**
Visitor Centre	nein **Führungen**
Lage	innerhalb der Grain-Destillerie in Invergordon
Geschichte	1965 von den damals im Besitz der London Merchant Securities Ltd. befindlichen Invergordon Distillers gegründet und bereits 1977 stillgelegt und dann abgerissen. Die stills sind heute in Glengyle.

Abfüllung	Signatory
Destillation	5.6.1968
Abfüllung	25.2.2000
Alter	31 Jahre
Stärke	50,6 %
Fassart	
Besonderheit	151 Flaschen

✍	**ohne Wasser**	**mit Wasser (auf 20 % verdünnt)**
Farbe	kräftiges Gold (ungefärbt)	kaum verändert, dunkler Weißwein
Aroma	Kräuter (Minze), Vanille, nussig, Eichenholz, auch Alkohol	Minz-Kräuter-Salz-Eichenduft deutlicher, runder; Vanille
Geschmack	stark süß und warm, wird feurig, Minze und Muskatnuss entwickeln sich, wird salzig an den Lippen	sehr sanft, die Aromen sind auch im Mund da, aber doch abgeschwächt, Eiche bringt leichte Trockenheit
Nachklang	unglaublich lang und intensiv	leicht und kurz
Bemerkung		Schöne Nase mit Wasser; ohne Wasser überwältigender Geschmack!

Malz	
Wasser	
Mash tuns	ehemals 1: 2.500 Gallonen (Edelstahl)
Washbacks	ehemals 1: 2.500 Gallonen (Edelstahl)
Stills	ehemals 1 wash still (2.500 Gallonen) ehemals 1 spirit still (2.500 Gallonen)
Befeuerung	
Fässer	
Jahresproduktion	
Hausstil	

✍

Abfüllung
Destillation
Abfüllung
Alter
Stärke
Fassart
Besonderheit

✍	ohne Wasser	mit Wasser
Farbe		
Aroma		
Geschmack		
Nachklang		
Bemerkung		

BENRIACH

[Benríach]

geffleckter Berg

in Betrieb		**www.benriachdistillery.co.uk**	
Besitzer	P R Brands, Billy Walker, Geoff Bell, Wayne Kieswetter		
Lizenz	ebenso	**Manager**	Alan McConnochie
Adresse	Longmorn, by Elgin, Morayshire, IV30 8SJ		
Telefon	01343 862 888 (Büro: 01324 682 220)		
E-Mail	info@benriachdistillery.co.uk		
Visitor Centre	nein	**Führungen**	nein
Lage	siehe Longmorn		
Geschichte	1897/98 gebaut, 1899 von Longmorn Distillery Co Ltd. übernommen. 1900 geschlossen. 1965 von The Glenlivet Distillers Ltd wiedereröffnet. 1977 von Seagram, Kanada, übernommen, die sie 2001 samt Chivas & Glenlivet Group an Pernod Ricard verkauften. Ein Jahr später geschlossen und dann an Billy Walker (ehedem Burn Stewart) und seine beiden südafrikanischen Partner verkauft.		

Abfüllung	Eigentümer
Destillation	
Abfüllung	
Alter	12 Jahre
Stärke	46 %
Fassart	
Besonderheit	

✍	**ohne Wasser**	**mit Wasser (auf 20 % verdünnt)**
Farbe	gelblich (ungefärbt)	zarter Bernstein
Aroma	etwas verhalten, leicht nach Malz, fruchtig, Karamell	vornehm zurückhaltend, gute Mischung von Fruchtigkeit und Malz
Geschmack	überraschende Schärfe, dann leichte, fruchtige Süße, überraschende Frische, malzig	zarte Süße, würzig-fruchtig, Anklang von Hustenbonbons
Nachklang	relativ lang	mittellang
Bemerkung		Ein schöner Alltagsmalt.

Malz	Cellar und Optic von Port Gordon Maltings (2 und 55 ppm)
Wasser	lokale Untergrundquelle
Mash tuns	1: 5,8 Tonnen (Edelstahl)
Washbacks	8: 30.000 Liter (Edelstahl)
Stills	2 wash stills (19.000 Liter) 2 spirit stills (14.000 Liter)
Befeuerung	indirekter Dampf
Fässer	Ex-Bourbon, hogsheads und verschiedene Sherry-Arten
Jahresproduktion	z. Zt. 15,5 Mio. Liter Alkohol
Hausstil	»Klassischer Speyside-Charakter – geschmeidig, süß, komplex, gut balanciert und leicht zu trinken, stark beeinflusst von der amerikanischen Eiche, mit Honig, Vanille und Eichenholz, Früchten, Gewürzen, Schokolade, Toffee und Nüssen. Die getorfte Version ist, mit Rauch, Torf und Phenolen, von ungewöhnlichem Charakter für einen Malt von der Speyside, wobei deren klassische Merkmale durchaus durchscheinen, der Honig, die Vanille, die Früchte, die blumigen Noten und die angenehme Anwesenheit von Eichenholz im Finish.«

✍

Abfüllung	Signatory (»Cask Strength Collection«)
Destillation	22.12.1975
Abfüllung	21.12.2004
Alter	28 Jahre
Stärke	57,1 %
Fassart	Sherry Hogshead
Besonderheit	Flasche 169 von 219

✍	**ohne Wasser**	**mit Wasser (auf 20 % verdünnt)**
Farbe	Messing, mit Patina (ungefärbt)	Messing, frisch poliert
Aroma	fruchtig, reife Äpfel, Apfelkompott, erstaunlich kräftiger Rauch	strahlend klarer Birnenduft mit einem rauchigen Akzent
Geschmack	purer Nektar – an der Zungenspitze Pfeffer, sonst im Mund nur eine wohlige, fruchtige Süße, …	kleine, etwas dünne Süße, …
Nachklang	… die sehr lange stehen bleibt	… die aber gut spürbar bleibt
Bemerkung		Ein großer Digestif, der schon zum Dessert passt.

BENRINNES

[Benrínnes]

spitzer Berg

in Betrieb		**www.malts.com**	
Besitzer	Diageo plc., England		
Lizenz	Diageo plc. (bis 1992 A. & A. Crawford Ltd.)		
Manager	Steve McGingle		
Adresse	Aberlour, AB38 9WN	**Telefon**	01340 871 215
E-Mail			
Visitor Centre	nein	**Führungen**	nein
Lage	zwischen A 95 und B 9009 nahe Milltown of Edinvillie		
Geschichte	Als Lyne of Ruthrie 1834 von John Innes gegründet. 1838 umgetauft, von William Smith & Co. übernommen. 1922 von John Dewar & Sons gekauft. 1925 an DCL, die sie 1930 an SMD übertrugen. 1955/56 renoviert und 1966 auf sechs stills erweitert, mit denen eine partielle Dreifachdestillation praktiziert wird. 1987 von UD (die 1997 zu Diageo mutierten) übernommen.		

Abfüllung	Signatory
Destillation	13.9.1989
Abfüllung	21.9.1999
Alter	10 Jahre
Stärke	43 %
Fassart	Eiche (Fass Nr. 2412)
Besonderheit	830 Flaschen, »natural colour«

✍	**ohne Wasser**	**mit Wasser (auf 20 % verdünnt)**
Farbe	kräftiges Gold (ungefärbt)	etwas aufgehellt
Aroma	Sherry, Azeton , Sauerteigbrot, etwas Torf	säuerlich herb, getreidig, blumig (Veilchen?)
Geschmack	deutlich Sherry, pfeffrig-würzig, kaum süß, leicht säuerlich gegen Ende	von Anfang an herb und trocken, sehr angenehm, ziemlich einmalig
Nachklang	sehr lang	sehr lang und appetitanregend
Bemerkung		Wasser macht ihn sehr harmonisch in Nase und Mund.

Malz	Decanter von den Diageo-Maltings in Roseisle und Burghead
Wasser	Rowan Tree Burn, Scurran Burn, Benrinnes Spring
Mash tuns	1: 8,6 Tonnen (Edelstahl)
Washbacks	8: je 41.500 Liter (Lärche)
Stills	2 wash stills (je 20.943 Liter) 2 intermediate stills (je 5.243 Liter) 2 spirit stills (je 7.099 Liter)
Befeuerung	Dampf
Fässer	Bourbon
Jahresproduktion	1,9 Mio. Liter Alkohol
Hausstil	»Mittel-süße Nase mit einem runden, honigartigen Geschmack.«

✍

Abfüllung	Gordon & MacPhail »Centenary Reserve«
Destillation	1978
Abfüllung	1995
Alter	
Stärke	40 %
Fassart	
Besonderheit	Jubiläumsabfüllung zum 100-jährigen von G&M

✍	**ohne Wasser**	**mit Wasser (auf 20 % verdünnt)**
Farbe	mittleres Gold (ungefärbt)	etwas aufgehellt
Aroma	fruchtig und frisch	verschließt sich etwas
Geschmack	delikat und rund, beginnt weich, wird intensiver	gewinnt an Intensität, wird runder und verliert jede Schärfe
Nachklang	passabel	wird richtig schön lang
Bemerkung		Unbedingt und nicht zu sparsam Wasser zugeben!

BENROMACH

[Benrómach]

zotteliger, struppiger Berg

in Betrieb		www.benromach.com	
Besitzer	Gordon & MacPhail Ltd.		
Lizenz	ebenso	**Manager**	Keith Cruickshank
Adresse	Inverness Road, Forres, IV36 3EB		
Telefon	01309 675 968		
E-Mail	info@gordonandmacphail.com		
Visitor Centre	ja, mit Shop	**Führungen**	ja (Eintrittsgebühr)
Lage	in Forres, nördlich der Bahnlinie		
Geschichte	1898–1900 gebaut und gleich wieder geschlossen. Produzierte 1907–1910 und 1918–1931. Ab 1938 im Besitz von National Distillers of America. 1953 gekauft von DCL. 1966 und 1974 renoviert. 1983 geschlossen, teilweise abgerissen. 1987 von UD übernommen, 1992 an G&M verkauft, 1998 wiedereröffnet. Zwei Malt-Stile: einer wenig (8 ppm), einer medium (30 ppm) getorft.		

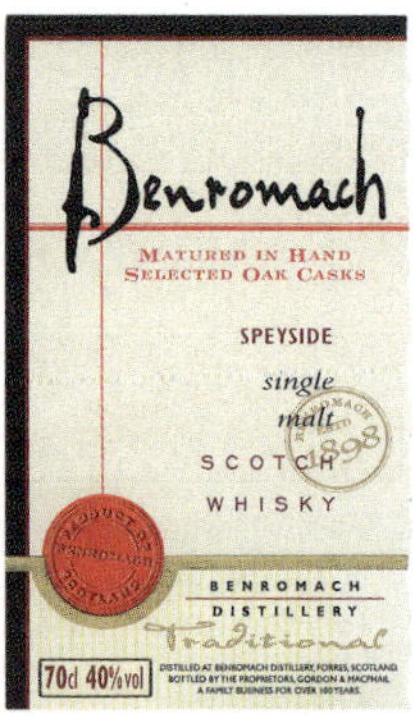

Abfüllung	Eigentümer
Destillation	
Abfüllung	
Alter	ohne Angabe, ca. 6 Jahre
Stärke	40 %
Fassart	80 % Bourbon, 20 % Sherry
Besonderheit	

✍	**ohne Wasser**	**mit Wasser (auf 20 % verdünnt)**
Farbe	gelbes Stroh (ungefärbt)	heller
Aroma	frisch, Zitrus, Honig, torfig-malzig	süß, karamellig, blumig, Rauch im Hintergrund
Geschmack	getreidig-malzig, blumig, etwas pfeffrig	schöne Süße, blumig-fruchtig-würzig, Vanille
Nachklang	kleine Schärfe im Hals	spürbar kürzer
Bemerkung		

Malz	Chariot, Golden Promise, Optic, u. a. von Moray Firth Maltings
Wasser	Chapeltown Spring in den Romach Hills
Mash tuns	1: 1,5 Tonnen (Edelstahl)
Washbacks	4: 11.000 Liter (Schottische Lärche)
Stills	1 wash still (7.500 Liter) 1 spirit still (5.000 Liter)
Befeuerung	dampfbeheizte Platten
Fässer	Oloroso Sherry, Fässer von Jack Daniel
Jahresproduktion	150.000–250.000 Liter Alkohol
Hausstil	»Wir wollen einen volleren, traditionelleren Speyside-Stil – viele fruchtige, blumige Aromen, aber mehr als nur eine Andeutung von Rauch. Er wird während der langen Reifung noch mehr Charakter und Komplexität entwickeln.«

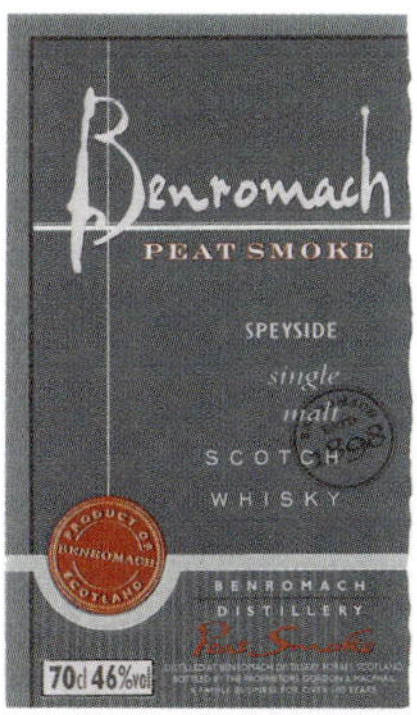

Abfüllung	Eigentümer
Destillation	
Abfüllung	
Alter	ohne Angabe, ca. 7 Jahre
Stärke	46 %
Fassart	first fill Bourbon
Besonderheit	

	ohne Wasser	**mit Wasser (auf 20 % verdünnt)**
Farbe	helles Stroh (ungefärbt)	fast bleich
Aroma	Röstaromen, fruchtig (grüne Äpfel)	Rauch wird deutlicher, auch »medizinische« Akzente, malzig
Geschmack	würzig, phenolig, Torfrauch, malzig	toffeeartige Süße, eingemachte Früchte, Torfrauch
Nachklang	gute, stabile Länge, sanfte Rauchigkeit	schöne Mischung von Süße und Rauchigkeit
Bemerkung		Ein rauchiger Malt für den Sommerabend.

BLADNOCH

[Bladnóch]

blumiger Platz

zeitweise in Betrieb	www.bladnoch.co.uk		
Besitzer	Co-ordinated Development Services Ltd. (R. Armstrong)		
Lizenz	Raymond Armstrong	**Manager**	ebenso
Adresse	Bladnoch Bridge, Wigtown, DG8 9AB		
Telefon	01988 402 605		
E-Mail	enquiries@bladnoch.co.uk		
Visitor Centre	ja, mit Shop	**Führungen**	ja (Eintrittsgebühr)
Lage	an der A 714 südwestlich von Wigtown		
Geschichte	Gegründet 1817 (oder 1814) von Thomas McClelland. Im Familienbesitz bis 1938. Mehrere Besitzer. 1966 auf vier stills erweitert. 1973 von Inver House, 1983 von Arthur Bell & Sons gekauft. 1985 mit Bell zu UD. Seit 1993 geschlossen. 1995 von UD verkauft. Produziert periodisch.		

Abfüllung	Eigentümer
Destillation	
Abfüllung	
Alter	15 Jahre
Stärke	55 %
Fassart	
Besonderheit	

✍	ohne Wasser	mit Wasser (auf 20 % verdünnt)
Farbe	dunkler Bernstein (ungefärbt)	leicht aufgehellt
Aroma	reiche und üppige Süße, mächtig	etwas flacher, dabei fruchtiger, Anklänge von Rauch
Geschmack	unglaublich intensiv, mundfüllende, cremige, malzige Süße mit Röst- und Kakao-Tönen gegen Ende	immer noch sehr mächtig mit einer zauberhaften Balance von Süße und allmählich sich entwickelnden dunklen Schoko-Tönen
Nachklang	trocken und sehr lang, bei, paradox, aufkommender Fruchtigkeit	sehr gute Länge, weich und warm
Bemerkung		Ein mächtiger Lowland von erstaunlicher Intensität

Malz	von J P Simpson's & Co. in Berwick
Wasser	River Bladnoch
Mash tuns	1: 8 Tonnen (z. Zt. 5 Tonnen, Edelstahl)
Washbacks	6 (2 benutzt): je 40.000 Liter (Oregon Pine)
Stills	1 wash still (13.500 Liter) 1 spirit still (10.000 Liter)
Befeuerung	Dampfpfannen
Fässer	Bourbon und Sherry
Jahresproduktion	100.000 Liter Alkohol (früher: 1.000.000 Liter)
Hausstil	»Überraschend komplex für einen Lowland, delikat und frisch mit gutem Gewicht, einige Gras- und Zitrusnoten; langes Finish mit einer Andeutung von Torf.«

✍

Abfüllung	Signatory
Destillation	18.3.1988
Abfüllung	November 1996
Alter	8 Jahre
Stärke	43 %
Fassart	Eiche (Fass Nr. 816, 817)
Besonderheit	730 Flaschen

✍	**ohne Wasser**	**mit Wasser (auf 20 % verdünnt)**
Farbe	firniger Riesling (ungefärbt)	bleicher Bernstein
Aroma	zuerst säuerlich, dann Getreide, Bittermandel, schimmeliges Holz	zart und weich, schwache Süße nach Fruchtdrops
Geschmack	Gewürztöne, scharf auf der Zunge, etwas seifig und hart	Dropsgeschmack (Birne) sehr deutlich, leichte Süße, sanft
Nachklang	mittel haftende Seife	kurz und etwas bitter
Bemerkung		Wasser macht ihn zart und reizvoll. Für den Vormittag.

BLAIR ATHOL

[Blär Aßoll]

Ebene oder Moor von Atholl

in Betrieb		**www.malts.com**	
Besitzer	Diageo plc., England		
Lizenz	Diageo plc. (Arthur Bell & Sons)		
Manager	Alan Rae		
Adresse	Perth Road, Pitlochry, PH16 5LY		
Telefon	01796 482 003	**E-Mail**	
Visitor Centre	ja, mit Shop und Cafeteria		
Führungen	ja (Eintrittsgebühr)		
Lage	am südlichen Ortseingang von Pitlochry		
Geschichte	1798 von John Stewart und Robert Robertson gegründet. 1862 von P. Mackenzie gekauft, 1897 mit Dufftown Distillery vereinigt. 1932 geschlossen. 1933 von Arthur Bell & Sons gekauft. 1949 renoviert und wiedereröffnet. 1973 von zwei auf vier stills erweitert. 1985 von UD übernommen, aus denen nach verschiedenen Fusionen Diageo wurde.		

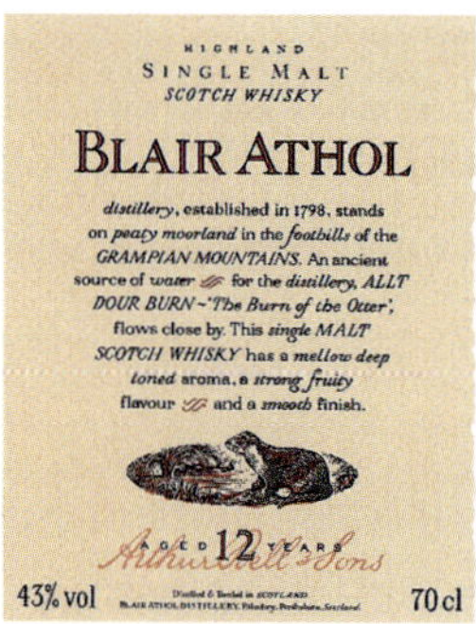

Abfüllung	Eigentümer (»Fauna & Flora«-Serie)
Destillation	
Abfüllung	
Alter	12 Jahre
Stärke	43 %
Fassart	
Besonderheit	

✍	**ohne Wasser**	**mit Wasser (auf 20 % verdünnt)**
Farbe	heller Bernstein (gefärbt?)	blasser Bernstein
Aroma	leichte Süße, frisch, Hauch von Rauch	angenehm ausbalanciert
Geschmack	süß und erstaunlich rauchig, mundwärmend	zartsüß, ausgewogen mit Torf
Nachklang	gute Länge, Süße steht	schön verklingende Süße
Bemerkung		

Malz	Prisma und Chariot von firmeneigenen Maltings
Wasser	Allt Dour Burn (Otterbach)
Mash tuns	1: 8 Tonnen (Edelstahl)
Washbacks	8: je 40.000 Liter (4 Lärche, 4 Edelstahl)
Stills	2 wash stills (je 13.000 Liter) 2 spirit stills (je 11.500 Liter)
Befeuerung	Dampf
Fässer	Bourbon
Jahresproduktion	1,5 Mio. Liter Alkohol
Hausstil	»Mittelsüß mit einem vollen, leicht scharfen Geschmack.«

✍

Abfüllung	Douglas Laing für Ermuri (»Fine Malt Collection«)
Destillation	Juli 1995
Abfüllung	Juni 2007
Alter	11 Jahre
Stärke	46 %
Fassart	Sherry butt Nr. 3549
Besonderheit	

✍	**ohne Wasser**	**mit Wasser (auf 20 % verdünnt)**
Farbe	Bronze (ungefärbt)	obwohl nicht kühlgefiltert, fast unverändert
Aroma	getrocknete Bananen, Nüsse, leicht karamellig, sanfter Rauch, Apfelkompott	elegant und fein, leichte Zitrusnoten, birnig, zarte Eiche
Geschmack	Sherry deutlich ohne zu dominieren, kleines Feuerchen, ausgewogen	verliert erheblich, wird unelegant, flach und etwas trocken
Nachklang	ziemlich stabil, Zufriedenheit stiftend	verabschiedet sich, Gott sei Dank, schnell
Bemerkung		Sherry nicht hammerhaft, sondern eingebunden: ein schöner Alltags-Digestif – und dann ohne Wasser.

BOWMORE

[Boumór]

großes Riff

in Betrieb	**www.morrisonbowmore.co.uk**
Besitzer	Suntory Ltd.
Lizenz	Morrison Bowmore Distillers Ltd.
Manager	Eddy McAffer
Adresse	School Street, Bowmore, Isle of Islay, PA43 7JS
Telefon	01496 810 671
E-Mail	info@morrisonbowmore.co.uk
Visitor Centre	ja, mit Shop, Museum und Ferienhäusern
Führungen	ja (Eintrittsgebühr)
Lage	mitten in der Insel-»Hauptstadt« und am Loch Indaal gelegen
Geschichte	Angeblich 1779, sicher 1816 von John Sim(p)son gegründet. 1852 von William & James Mutter, 1925 von Sheriff's Bowmore Distillery, 1950 von William Grigor & Son übernommen und 1963 an Stanley P. Morrison Ltd verkauft. Seit 1.8.1994 im Besitz des japanischen Konzerns.

Abfüllung	Eigentümer
Destillation	
Abfüllung	
Alter	ohne Angabe (etwa 8 Jahre)
Stärke	40 %
Fassart	
Besonderheit	

✍	**ohne Wasser**	**mit Wasser (auf 20 % verdünnt)**
Farbe	Altgold (mit Farbstoff)	nahezu unverändert
Aroma	Islay »gebremst«: Räucherschinken, Hauch von Jod	abgemildert, aber unverkennbar rauchig
Geschmack	rauchige, zarte Süße, Heidekraut	Süße wird verhalten, dafür Bitterschokolade und mehr Rauch
Nachklang	hält eine angenehme Länge	stark rauchig
Bemerkung		Wasser verstärkt Rauch-Komponente, raubt die anderen.

Malz	45 % von eigenen floor maltings, 55 % von Port Ellen
Wasser	River Laggan
Mash tuns	1 : 8 Tonnen (Edelstahl)
Washbacks	6: je 40.000 Liter (Oregon Pine)
Stills	2 wash stills (je 20.000 Liter) 2 spirit stills (je ca. 14.500 Liter)
Befeuerung	Dampfpfannen
Fässer	z. Zt. Barrels (ca. 70 %), Hogsheads (15 %), Sherry butts
Jahresproduktion	1,7 Mio. Liter Alkohol
Hausstil	»Gut ausgewogener Islay-Malt ohne Extreme. Der Torfgeschmack wird konterkariert durch eine delikate Süße und exotische Fruchtigkeit, besonders bei den älteren Whiskies.«

✍

Abfüllung	Signatory (The Un-Chillfiltered Collection)
Destillation	15.12.1988
Abfüllung	30.06.2005
Alter	16 Jahre
Stärke	46 %
Fassart	Hogshead (Fass Nr. 42509)
Besonderheit	417 Flaschen

✍	**ohne Wasser**	**mit Wasser (auf 20 % verdünnt)**
Farbe	sehr helles Stroh (ungefärbt)	anfangs kaum verändert, dann etwas eingetrübt
Aroma	phenolig-torfig, Räucherkammer, dahinter dann der echte fruchtig-firnige Bowmore-Duft	fruchtige Süße nach Birnen und tropischer Frucht (Maracuja?), die Phenole sehr zart
Geschmack	verblüffend süß, dann rauchig und, spät, ein leichter Meeresgeschmack	leicht, gut ausgewogen, schwacher Rauch, sanft nach Meer
Nachklang	stark, dabei leicht rauchig	zart, aber schön stabil
Bemerkung		Ein perfekter Bowmore!

BRAEVAL (ehemals Braes of Glenlivet)

[Bräwal]

oberes Ende des Hanges

geschlossen			
Besitzer	Group Pernod Ricard, Frankreich		
Lizenz	Chivas Brothers	**Manager**	Hamish Proctor
Adresse	Chapeltown of Glenlivet, by Ballindalloch, AB37 9JS		
Telefon		**E-Mail**	
Visitor Centre	nein	**Führungen**	nein
Lage	zwischen Tomintoul und Glenlivet, nahe dem Örtchen (nicht der Brennerei) Knockando an der B 9008		
Geschichte	1973/74 von Chivas Bros. als Braes of Glenlivet gebaut. 1975 von drei auf fünf, 1978 auf sechs stills erweitert. 1995 umbenannt, um Verwechslungen mit dem Whisky der älteren Schwester Glenlivet zu vermeiden. 2001 an Pernod verkauft, die sie ein Jahr später schlossen.		

Abfüllung	Signatory
Destillation	19.11.1979
Abfüllung	23.4.1999
Alter	19 Jahre
Stärke	58,1 %
Fassart	Eiche (Fass Nr. 9294)
Besonderheit	658 Flaschen

✍	**ohne Wasser**	**mit Wasser (auf 20 % verdünnt)**
Farbe	warm, goldgelbes Olivenöl (ungefärbt)	kaum verändert
Aroma	Süße von frischen Brötchen, Kokosflocken, Marzipan	duftig nach Sommerobst, leicht Bittermandeln, Aprikosen
Geschmack	runde Süße nach Aprikosen, Marzipan, Waffeln, Brioches	behält alles, wird aber gegen Ende sanft bitter
Nachklang	sehr schön lang und anhaltend	wird kürzer
Bemerkung		Durch Wasser reizvoller und viel subtiler.

Malz	von fremden Mälzereien
Wasser	lokale Quellen
Mash tuns	1: 8,4 Tonnen (Edelstahl)
Washbacks	15: je 44.000 Liter (Edelstahl)
Stills	2 wash stills (22.000 Liter) 4 spirit stills (10.000 Liter)
Befeuerung	indirekter Dampf
Fässer	
Jahresproduktion	ca. 4 Mio. Liter Alkohol
Hausstil	»Mittlerer Körper, ausgewogene Aromen mit cremiger Fruchtigkeit.«

✍

Abfüllung
Destillation
Abfüllung
Alter
Stärke
Fassart
Besonderheit

✍	ohne Wasser	mit Wasser
Farbe		
Aroma		
Geschmack		
Nachklang		
Bemerkung		

Brora

Flussbrücke

geschlossen	
Besitzer	Diageo plc., England
Lizenz	ehemals Ainslie & Heilbron (Distillers) Ltd
Manager	
Adresse	Brora, KW9 6LR **Telefon**
E-Mail	
Visitor Centre	nein (siehe Clynelish, am gleichen Ort)
Führungen	nein
Lage	nahe der A 9 nördlich von Dunrobin Castle
Geschichte	1819 als Clynelish vom Marquis von Stafford (Duke of Sutherland) gegründet. Nach verschiedenen Pächtern 1896 von Ainslie gekauft, gehörte dann John Risk und der DCL. Geschlossen 1931–1939,

Abfüllung	Eigentümer (»Super Premium Releases«)
Destillation	
Abfüllung	2004
Alter	30 Jahre
Stärke	56,6 %
Fassart	
Besonderheit	

✍	**ohne Wasser**	**mit Wasser (auf 20 % verdünnt)**
Farbe	dunkles Gold (gefärbt?)	goldgelb
Aroma	Vanille, Rauch und Jod und Salz – wie ein Islay mit mittlerem Phenolgehalt, sanft und elegant	die Verwandtschaft mit Islay wird ausgeprägter – schöne entwickelte Räucheraromen
Geschmack	fast sahnige Süße, dunkle Rauch- und Rösttöne, sympathische kleine Schärfe auf Lippen und Zunge	cremig-sahnige Süße, wunderbar subtil mit einem rauchig-torfigen Schwänzchen
Nachklang	lang und stabil	sehr lang, sogar ein bisschen Pfeffer kommt auf
Bemerkung		Nachmittags mit Wasser, abends ohne!

	1941–1945. Nach Bau einer neuen Destillerie, die heute Clynelish heißt, 1968 umbenannt in Brora. Produzierte unter diesem Namen zeitweilig bis 1983 einen heftig getorften Malt. Seitdem geschlossen.
Malz	
Wasser	ehemals Clynemilton Burn
Mash tuns	ehemals 1: 6,8 Tonnen
Washbacks	ehemals 6: je ca. 20.000 Liter
Stills	ehemals 1 wash still (13.500 Liter) ehemals 1 spirit still (13.500 Liter)
Befeuerung	Dampf
Fässer	
Jahresproduktion	ehemals ca. 1 Mio. Liter Alkohol
Hausstil	»Brora wurde aus heftig getorftem Malz gemacht.«

Abfüllung	Eigentümer (»Rare Malts Selection«)
Destillation	1982
Abfüllung	2003
Alter	20 Jahre
Stärke	58,1 %
Fassart	
Besonderheit	

	ohne Wasser	**mit Wasser (auf 20 % verdünnt)**
Farbe	Messing (gefärbt?)	poliertes Messing
Aroma	etwas stechend, dahinter Frische, Salz und Jod	zitrusartige Frische – und ein Gruß vom Nordseestrand
Geschmack	ölig, die Pfeffrigkeit überdeckt malzige Süße …	weicher; schöne Süße weicht sanfter Bitterkeit
Nachklang	… und bleibt lange spürbar	sehr kurz
Bemerkung		Brora einmal (fast) ohne Rauch

BRUICHLADDICH

[Bruchláddich/Bruikladdie]

Abhang an der Küste/erhobener Strand

in Betrieb		**www.bruichladdich.com**	
Besitzer	Bruichladdich Distillery Co. Ltd.		
Lizenz	ebenso		
Manager	Jim McEwan (Direktor), Duncan McGillivray		
Adresse	Bruichladdich, Isle of Islay, PA49 7UN		
Telefon	01496 850 221	**E-Mail**	mary@bruichladdich.com
Visitor Centre	ja, mit Shop	**Führungen**	ja (Eintrittsgebühr)
Lage	an der A 874 zwischen Bridgend und Port Charlotte		
Geschichte	1881 von der Familie Gourlay Harvey gebaut. Geschlossen von 1929–1937. Dann im Besitz von National Distillers of America. 1952 an Ross & Coulter, 1960 an A. B. Grant, 1968 an Invergordon verkauft. 1975 erweitert auf vier stills. 1994 von Jim Beam gekauft und geschlossen. 2000 von Murray McDavid erworben und am 29.5.2001 wiedereröffnet. Produziert heute sehr viele unterschiedliche Malts: 2-mal, 3-mal und 4-mal destilliert, 2 ppm (Bruichladdich), ca. 50 ppm PC (Port Charlotte) und 80 ppm (Octomore), Gerste von lokalen Farmen, auch Bio-Gerste, usw.		

Abfüllung	Eigentümer
Destillation	
Abfüllung	
Alter	10 Jahre
Stärke	46 %
Fassart	
Besonderheit	

✍	**ohne Wasser**	**mit Wasser (auf 20 % verdünnt)**
Farbe	goldgelb (ungefärbt)	nur leicht heller
Aroma	feintorfig und zartsüß – die subtile Islay-Variante	unverändert
Geschmack	Süße und Malz, zarter Rauch, frisch und harmonisch, etwas kräftiger als die alten Invergordon-Abfüllungen	wird noch harmonischer
Nachklang	unglaublich lang	tolle Länge
Bemerkung		Mit und ohne Wasser ein Genuss!

Malz	Optic und Chalice von Baird in Inverness und Port Ellen Maltings
Wasser	torfig aus kleinem Reservoir zum Maischen, klar zum Abfüllen
Mash tuns	1: 6,24 Tonnen (Gusseisen)
Washbacks	6: je 35.000 Liter (Oregon Pine)
Stills	2 wash stills (je 17.275 Liter) 2 spirit stills (je 12.274 Liter)
Befeuerung	Dampf
Fässer	first fill Bourbon, für Finishings viele Spitzenweinfässer
Jahresproduktion	2 Mio. Liter Alkohol, z. Zt. 320.000 Liter
Hausstil	»Delikate und komplexe Nase, mit Salztönen, die am Gaumen reflektiert werden, ohne die stechende Schärfe, die für andere Islays typisch ist. Voll und aromatisch, rauchig und trocken.«

✍

Abfüllung	Eigentümer
Destillation	2001
Abfüllung	2006
Alter	5 Jahre
Stärke	63,5 %
Fassart	
Besonderheit	»First Limited Release« (6038 Flaschen), 50 ppm

✍	**ohne Wasser**	**mit Wasser (auf 20 % verdünnt)**
Farbe	erstaunlich tief für 5 Jahre: angelaufenes Messing (ungefärbt)	Messing, frisch geputzt
Aroma	wie ein torfgeheiztes Wohnzimmer, Speckschwarte, dahinter blumig-süße Noten, Islay nach einem Sturm	Islay at its best: Ammoniak, Teer, Räucherkammer – dann plötzlich eine sanfte Brise. Und Blumenduft, Vanille und Toffee …
Geschmack	zuerst die Süße, dann mächtig Torfrauch und dann, auftrumpfend, heftiges Feuer	eine grandiose Mischung aus Blumenhonig und Geräuchertem
Nachklang	lang und wärmend	lang, rauchig und frisch zugleich
Bemerkung		Nichts für Angsthasen, und gefährlich trinkbar.

Bunnahabhain

[Búnnahaven oder Bonahéven]

Mündung des Flusses

in Betrieb		**www.burnstewartdistillers.com** und **www.blackbottle.com**	
Besitzer	CL Financial		
Lizenz	Burn Stewart Distillers	**Manager**	John MacLellan
Adresse	Port Askaig, Isle of Islay, PA46 7RP		
Telefon	01496 840 646	**E-Mail**	
Visitor Centre	ja, mit Shop und Ferienhäusern		
Führungen	ja (Eintrittsgebühr)		
Lage	im Nordosten der Insel, über eine Seitenstraße der A 846 von Port Askaig nach Bridgend erreichbar		
Geschichte	1880/81 gebaut. Die Gründer nannten sich ab 1882 Islay Distillery Co, fusionierten 1887 mit W. Grant (von Glenrothes) und bildeten die Highland Distilleries, die 1999 von Edrington gekauft wurden. 1963		

Abfüllung	Eigentümer
Destillation	
Abfüllung	
Alter	12 Jahre
Stärke	40 %
Fassart	
Besonderheit	

	ohne Wasser	mit Wasser (auf 20 % verdünnt)
Farbe	goldener Bernstein (mit Farbstoff)	bleibt gleich
Aroma	frisch, sauber, hauchdünner Rauch, sanfte Brise von Seeluft	leicht und blumig
Geschmack	hält im Mund, was die Nase verspricht, entwickelt Süße und bleibt dennoch krisp	bleibt unverwechselbar, wird noch leichter trinkbar, weich
Nachklang	lange und erfrischend	traumhaft weich
Bemerkung		Bekömmlich und ohne Kanten, ein Allrounder!

	von zwei auf vier stills erweitert. Am 10. April 2003 verkauft an die Holding aus Trinidad, die auch Angostura besitzt. Verwendet einige Monate im Jahr getorftes Malz.
Malz	Optic von Port Ellen Maltings und Simpson's in Berwick
Wasser	Margadale River in den Margadale Hills
Mash tuns	1: 12,6 Tonnen (seit 1999 Edelstahl)
Washbacks	6: je 66.500 Liter (Oregon Pine)
Stills	2 wash stills (je 35.386 Liter) 2 spirit stills (je 15.546 Liter)
Befeuerung	indirekt durch Dampfkessel innerhalb der stills
Fässer	90 % Bourbon, 10 % Sherry first und second fill
Jahresproduktion	ca. 2 Mio. Liter Alkohol, davon 10 % getorft
Hausstil	»Ein goldener Whisky mit leichtem bis mittlerem Körper und echtem Seeluft-Aroma.«

✍

Abfüllung	Signatory
Destillation	01.12.1997
Abfüllung	01.02.2007
Alter	9 Jahre
Stärke	59,1 %
Fassart	refill butt
Besonderheit	Cask Nr. 5273, 579 Flaschen

✍	**ohne Wasser**	**mit Wasser (auf 20 % verdünnt)**
Farbe	helles Stroh (ungefärbt)	sehr helles Gold mit leichtem Schleier
Aroma	Phenole sind schnell da, sonst scharf und alkoholisch	feine Kräuter in einer Räucher-kammer
Geschmack	vollmundig, pfeffrig, rauchig und leicht salzig	Rauch, Torf, Salz, alles schön ein-gebunden
Nachklang	lang, warm, rauchig	immer noch lang, etwas trocken
Bemerkung		Ein Bunnahabhain, der nicht gegen gale force hilft, aber gegen eine steife Brise schon.

Caol Ila

[Kall-íela]

Sund von Islay

in Betrieb	**www.malts.com**
Besitzer	Diageo plc., England
Lizenz	Diageo plc. (bis 1992 Bulloch, Lade & Co. Ltd.)
Manager	Billy Stitchell
Adresse	Port Askaig, Isle of Islay, PA 46 7RL
Telefon	01496 302 760
E-Mail	
Visitor Centre	ja, mit Shop
Führungen	ja (Eintrittsgebühr, vorherige Anmeldung empfehlenswert)
Lage	nördlich der A 846 nahe Port Askaig an einer beschilderten Stichstraße
Geschichte	1846 von Hector Henderson gebaut. Bulloch, Lade & Co., Besitzer seit 1863, bauen 1879 neu und größer. 1920 von Robertson & Baxter Ltd., 1927 von der DCL gekauft, die sie von 1930 bis 1937 schlossen. Neubau 1972/73 und Erweiterung von zwei auf sechs stills. 1987 von UD übernommen, die nach mehreren Fusionen zu Diageo wurden.

Abfüllung	Eigentümer
Destillation	
Abfüllung	
Alter	12 Jahre
Stärke	43 %
Fassart	
Besonderheit	

✍	**ohne Wasser**	**mit Wasser (auf 20 % verdünnt)**
Farbe	heller Bernstein (mit Farbstoff)	hell mit grünen Reflexen
Aroma	leicht speckig, Torfrauch im Hintergrund, Jod	fein und eher zart für einen Islay, Anklänge an geräucherte Würste, Lagerfeuer, Seeluft
Geschmack	kräftig, dennoch weich, Feuer mit Rauch, Seetang	sehr trinkbar: rauchige Süße, trocken, metallisch werdend
Nachklang	lang und anhaltend, leicht salzig werdend	sanft und charmant
Bemerkung		Islay für die Übergangszeit – für Frühlingsfeste und im Herbst.

Malz	von den firmeneigenen Maltings in Port Ellen
Wasser	Loch nam Ban
Mash tuns	1: 11,5 Tonnen (Gusseisen)
Washbacks	8: 57.000 Liter (Lärche)
Stills	3 wash stills (je 19.000 Liter) 3 spirit stills (je 12.500 Liter)
Befeuerung	Dampf
Fässer	second und third fill Bourbon
Jahresproduktion	3,5 Mio. Liter Alkohol
Hausstil	»Eine leicht getorfte Nase mit einem reichen, runden Aroma«.

✍

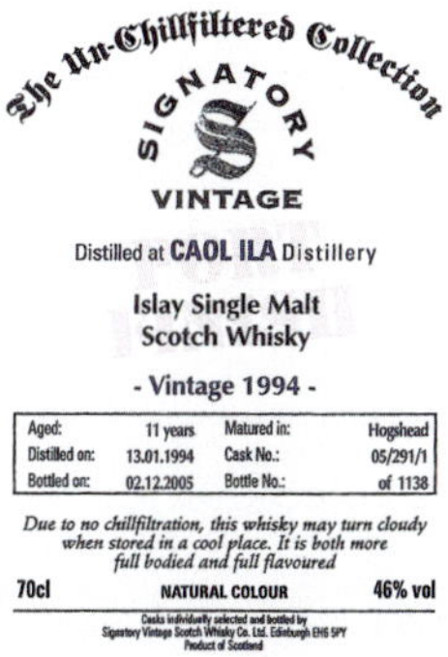

Abfüllung	Signatory (»The Un-Chillfiltered Collection«)
Destillation	13.1.1994
Abfüllung	2.12.2005
Alter	11 Jahre
Stärke	46 %
Fassart	Hogshead Nr. 05/291/1
Besonderheit	1138 Flaschen, Finishing im Portfass

✍	**ohne Wasser**	**mit Wasser (auf 20 % verdünnt)**
Farbe	kleine rötliche Schimmer im Gold (ungefärbt)	der Rot-Ton verschwindet
Aroma	Räucherkammer, weniger Torf- als Holzrauch, weicher und süßer als andere Caol Ilas	jetzt eindeutig Caol Ila: geräucherter Schinken, Jod und Salz
Geschmack	schöne kräftige Süße, später deutlich rauchig	wird doch zu dünn, verliert Kraft und Saft
Nachklang	sehr lang, ganz spät und unerwartet ein kleines Feuer	sehr verhalten
Bemerkung		Caol Ila, diesmal etwas runder und süßer. Kein Wasser!

CAPERDONICH

[Kaperdónich]

die geheime Quelle

geschlossen	
Besitzer	Group Pernod Ricard, Frankreich
Lizenz	Chivas Brothers
Manager	
Adresse	Rothes, AB38 7BS
Telefon	01542 783 300
E-Mail	
Visitor Centre	nein
Führungen	nein
Lage	im Ort gegenüber von Glen Grant
Geschichte	1897/98 als Glen Grant No 2 gebaut von J. & J. Grant. 1900 geschlossen. 1965 von Glenlivet Distillers Ltd. renoviert. Die Firma wurde 1977 von Seagram, Kanada, übernommen. 1967 von zwei auf vier stills erweitert. 2001 von Pernod Ricard übernommen, die sie ein Jahr später schlossen und zum Verkauf ausschrieben.

Abfüllung	Gordon & MacPhail »Connoisseurs Choice«-Serie 1980
Destillation	1980
Abfüllung	
Alter	
Stärke	40 %
Fassart	
Besonderheit	

✍	**ohne Wasser**	**mit Wasser (auf 20 % verdünnt)**
Farbe	mittlerer Bernstein (mit Farbstoff)	Altgold
Aroma	üppig und schwer, Toffee und Kakao, fruchtig, Spur Rauch	Kaffee auch in der Nase, sonst etwas schwächlich
Geschmack	fleischig und von einer phantastischen Süße, fast wie ein Kaffee-Likör	Süße, die fast belanglos ist
Nachklang	lang, kräftig und süß	nur kurz
Bemerkung		Eine Entdeckung – pur wunderbar zum (Schoko-) Dessert.

Malz	von fremden Mälzereien
Wasser	lokale Quellen (Caperdonich Well)
Mash tuns	1: 4,6 Tonnen (Edelstahl)
Washbacks	8: 23.000 Liter (Edelstahl)
Stills	2 wash stills (je 11.500 Liter) 2 spirit stills (je 7.000 Liter)
Befeuerung	indirekter Dampf
Fässer	Bourbon und Sherry
Jahresproduktion	2 Mio. Liter Alkohol
Hausstil	»Leichter bis mittlerer Körper, trockene Aromen mit leicht-duftigen Tönen.«

✍

Abfüllung
Destillation
Abfüllung
Alter
Stärke
Fassart
Besonderheit

✍ **ohne Wasser** **mit Wasser**

Farbe
Aroma
Geschmack
Nachklang
Bemerkung

CARDHU

[Kardú]

schwarzer Fels

in Betrieb	**www.malts.com**
Besitzer	Diageo plc., England
Lizenz	Diageo plc. (bis 1992 John Walker & Sons Ltd.)
Manager	Andy Cant
Adresse	Knockando, Aberlour, AB38 7RY
Telefon	01340 872 555 **E-Mail**
Visitor Centre	ja, mit Shop und Garten **Führungen** ja (Eintrittsgebühr)
Lage	zwischen Upper Knockando und Cardow an der B 9102 nördlich des Spey
Geschichte	1824 als Cardow von John Cumming gegründet, Schwiegertochter Elisabeth übernimmt 1872, baut 1874 an der heutigen Stelle neu, erweitert 1887. 1893 von John Walker & Sons übernommen, 1925 von DCL; 1930 zu SMD. 1960/61 erneut Umbau und Erweiterung von vier auf sechs stills. 1975 umbenannt in Cardhu. 1987 übernommen von UD/UDV, die später zu Diageo wurden. Eine Zeitlang wegen hoher

Abfüllung	Eigentümer
Destillation	
Abfüllung	
Alter	12 Jahre
Stärke	40 %
Fassart	
Besonderheit	

✍	**ohne Wasser**	**mit Wasser (auf 20 % verdünnt)**
Farbe	dunkleres Gold (mit Farbstoff)	mittleres Gold
Aroma	zart und leicht, frisch mit einem Hauch von Rauch	fein und vielversprechend
Geschmack	rund und harmonisch, malzige Süße und Rauch schön eingebunden	noch weicher, schmeichlerisch am Gaumen
Nachklang	lang, zartsüß und sanft torfig	steht lang
Bemerkung		Ein Gaumenschmeichler!

Nachfrage in Spanien als – hier ausnahmsweise vorgestellter – Vatted Malt abgefüllt, was einen Sturm der Entrüstung auslöste und zu einer Neudefinition der Whiskybegriffe führte.

Malz	Von den firmeneigenen Maltings in Burghead und Roseisle
Wasser	Mannoch Spring oder Lyne Burn
Mash tuns	1: 7,2 Tonnen (Edelstahl)
Washbacks	8: je 37.000 Liter (Schottische Lärche)
Stills	3 wash stills (je 12.000 Liter) 3 spirit stills (je 10.500 Liter)
Befeuerung	Dampf
Fässer	Bourbon (bis zu 5-mal benutzt) für Single Malt, Sherry für Blends
Jahresproduktion	19 Mio. Liter Alkohol
Hausstil	»Rund, mild, leicht süß mit delikater Torfigkeit.«

✍

Abfüllung	Eigentümer
Destillation	
Abfüllung	2003 (Kaufdatum)
Alter	12 Jahre
Stärke	40 %
Fassart	
Besonderheit	Die »neue« Version als Vatted Malt (Cardhu?, Glendullan?, andere?), die 2003 – für kurze Zeit – den Single Malt ersetzen sollte.

✍	**ohne Wasser**	**mit Wasser (auf 20 % verdünnt)**
Farbe	dunkleres Gold (mit Farbstoff)	etwas heller
Aroma	frisch, nussig, karamellig, Hauch von Rauch	frisch nach Birnendrops, Honig
Geschmack	kräftige Süße, Honig und Malz, aufkommende Wärme	rund, weich, schmeichelt dem Gaumen durch schöne Süße
Nachklang	gute Länge, zart torfig	etwas kürzer
Bemerkung		Durchaus gut gelungene Cuvée. Schöner Allrounder.

CLYNELISH

[Klein-líesch]

steiler Berg/Garten am Hang

in Betrieb		**www.malts.com**	
Besitzer	Diageo plc., England		
Lizenz	Diageo plc. (bis 1990 Ainslie & Heilbron Ltd.)		
Manager	Mike Tough		
Adresse	Brora, KW9 6LR	**Telefon**	01408 623 000
E-Mail			
Visitor Centre	ja, mit Shop	**Führungen**	ja (Eintrittsgebühr).
Lage	nordöstlich von Dunrobin Castle an der A 9		
Geschichte	1967 von SMD gebaut – neben einer Destillerie, die Clynelish hieß und dann 1968 in Brora umbenannt wurde. Für eine kurze Zeit hieß der Whisky beider Brennereien »Clynelish«, ab 1968 nur der der neuen, der der alten wird »Brora« genannt. 1987 zu UD/UDV/Diageo, auf		

Abfüllung	Eigentümer
Destillation	
Abfüllung	
Alter	14 Jahre
Stärke	46 %
Fassart	
Besonderheit	ein »Coastal Malt« als Zuwachs der »Classic Malts«

✍	ohne Wasser	mit Wasser (auf 20 % verdünnt)
Farbe	goldgelbes Stroh (mit Farbstoff)	helles Gold
Aroma	duftig, fruchtig, leicht rauchig mit einem Gruß vom Meer	frisch, leicht fruchtig und salzig
Geschmack	würzig und cremig, sanft rauchig, fruchtig, aber eher nach dem Öl von Orangenschalen	wirkt etwas blasser, leichter – gut gegen den Durst
Nachklang	gute Länge, Süße haftet	verabschiedet sich schnell
Bemerkung		Verträgt nur einen halben Teelöffel Wasser.

	die 1990 die Lizenz von Ainslie & Heilbron (Distillers) Ltd. übertragen wurde.
Malz	Chalice und Optic von den Diageo-Maltings in Muir of Ord
Wasser	Clynemilton Burn
Mash tuns	1: 12 Tonnen (Edelstahl)
Washbacks	8: je 60.000 Liter (Lärche)
Stills	3 wash stills (je 25.000 Liter) 3 spirit stills (je 17.000 Liter)
Befeuerung	Dampf
Fässer	refill Bourbon und Sherry
Jahresproduktion	3,5 Mio. Liter Alkohol
Hausstil	»Leichte Meerwasser-Nase mit einem reichen, vollen Aroma.«

Abfüllung	Signatory
Destillation	17.5.1989
Abfüllung	10.1.2001
Alter	11 Jahre
Stärke	43 %
Fassart	South African Sherry butt (Fass Nr. 3234)
Besonderheit	835 Flaschen, »natural colour«

	ohne Wasser	**mit Wasser (auf 20 % verdünnt)**
Farbe	strohiges Gold (ungefärbt)	etwas stumpfes (weil ungefiltert) helles Gold
Aroma	fruchtige Süße (Birne), leicht nach Toffee, Vanille, Zimt	fein aromatisch nach Birne und Eichenholz
Geschmack	sehr cremige, mundwärmende Süße, leichter Schokoton	zarte, schmelzende Süße, die später sanft bitter wird
Nachklang	lang, süß, warm	etwas kürzer
Bemerkung		Verträgt einen (kleinen) Schuss Wasser, gewinnt in der Nase, sehr filigran im Mund.

COLEBURN
[Kohlbörn]

Eckbach, Bach an der Ecke

geschlossen	
Besitzer	Diageo plc., England
Lizenz	J. & G. Stewart (1992 von UD gelöscht)
Manager	
Adresse	Longmorn, Elgin, Morayshire
Telefon	
E-Mail	
Visitor Centre	nein
Führungen	
Lage	an der A 941 zwischen Rothes und Elgin
Geschichte	1897 von John Robertson & Son gebaut. 1916 von Clynelish Distillery Co Ltd gekauft, die dem DCL, John Walker & Sons Ltd und John Risk gehörte. 1930 ganz von DCL übernommen und an SMD übergeben. 1985 geschlossen. 1987 von UD übernommen, die die Lizenz 1992 zurückgaben, also nicht mehr wiedereröffnen wollen.

Abfüllung	Gordon & MacPhail »Connoisseurs Choice«-Serie 1972
Destillation	1972
Abfüllung	
Alter	
Stärke	40 %
Fassart	
Besonderheit	

✍	**ohne Wasser**	**mit Wasser (auf 20 % verdünnt)**
Farbe	G&M-Farbe (mit Farbstoff)	siehe links
Aroma	Bittermandel, leicht alkoholisch	seifig, metallisch, erdig
Geschmack	unerwartet anders, würzige Süße, Cocktailkirsche, dann wieder Bittermandel, keksig	unharmonisch, säuerlich und seifig
Nachklang	enttäuschend flach	praktisch nicht vorhanden
Bemerkung		Wasser ruiniert ihn völlig.

Malz	
Wasser	Quelle in Glen of Rothes
Mash tuns	
Washbacks	
Stills	1 wash still 1 spirit still
Befeuerung	
Jahresproduktion	
Hausstil	

✍

Abfüllung
Destillation
Abfüllung
Alter
Stärke
Fassart
Besonderheit

✍	ohne Wasser	mit Wasser
Farbe		
Aroma		
Geschmack		
Nachklang		
Bemerkung		

Convalmore

[Konvalmór]

Groß-Conval

geschlossen			
Besitzer	William Grant & Sons Ltd.		
Lizenz	W. P. Lowrie & Co. Ltd. (bis 1990)		
Manager			
Adresse	Dufftown	**Telefon**	
E-Mail			
Visitor Centre	nein	**Führungen**	Nein
Lage	nördlich Dufftown, nahe der A 941, nördlich Glenfiddich		
Geschichte	1894 gebaut, 1905 von W. P. Lowrie & Co. Ltd. gekauft. 1909/10 Neubau, Großfeuer. Die von James Buchanan & Co. Ltd. 1906 übernommene Brennerei ging 1925 an die DCL. 1964 von zwei auf vier stills erweitert. 1985 geschlossen. 1987 von UD übernommen, die sie, vollkommen leergeräumt, an William Grant & Sons verkauften, die nur die warehouses nutzen.		

Abfüllung	ehemaliger Eigentümer (Diageo, »Rare Malts Selection«)
Destillation	1978
Abfüllung	2003
Alter	24 Jahre
Stärke	59,4 %
Fassart	
Besonderheit	

✍	**ohne Wasser**	**mit Wasser (auf 20 % verdünnt)**
Farbe	helles Gold (gefärbt?)	Weißwein aus dem Holzfass
Aroma	Alkohol lässt dezent Gewürze (Ingwer) und Sahnebonbons anklingen	ganzes Bündel von Kräutern und Gewürzen, aber auch birnenartige Fruchtigkeit
Geschmack	cremig und unerwartet sanft, süß und kräuterig	fruchtig und nach weißer Schokolade
Nachklang	lang, süß und sahnig	erstaunlich stabil
Bemerkung		Mit und ohne Wasser schön.

- ☐ Bitte nehmen Sie mich in Ihren Newsletter-Verteiler auf! (Versand per E-Mail)
- ☐ Bitte informieren Sie mich über folgende Verlagsthemen:

☐ Essen & Trinken ☐ Gesundheit

Name

Straße

PLZ, Ort

E-Mail (für Newsletter)

Diese Karte entnahm ich dem Buch

HÄDECKE

Walter Hädecke Verlag
Tel: +49 (0)70 33 – 1 38 08-0
Fax: +49 (0)70 33 – 1 38 08-13
info@haedecke-verlag.de
www.haedecke-verlag.de

Bitte freimachen

Antwort

An den
Walter Hädecke Verlag
Postfach 1203
71256 Weil der Stadt
Deutschland

Malz	
Wasser	Quellen in den Conval Hills
Mash tuns	
Washbacks	
Stills	ehemals 2 wash stills ehemals 2 spirit stills
Befeuerung	
Fässer	
Jahresproduktion	
Hausstil	

Abfüllung	Gordon & MacPhail »Connoisseurs Choice«-Serie
Destillation	1981
Abfüllung	
Alter	
Stärke	40 %
Fassart	
Besonderheit	

	ohne Wasser	**mit Wasser (auf 20 % verdünnt)**
Farbe	mittlerer Bernstein	strohiges Gold
Aroma	frisch und sauber, Zitronenmelisse, blumig, schön	fein, frisch, appetitlich, würzig, tropische Frucht (Mango)
Geschmack	deutlich Zitrus, runde, karamellige Süße, Rosmarin	zart, angenehm, leicht würzig und fruchtig
Nachklang	lang, warm, würzig	passabel
Bemerkung		Wer's sehr leicht mag: Schuss Wasser.

Cragganmore

[Kråggen-mór]

großer Felsen

in Betrieb	**www.malts.com** und **www.classic-malts.de**
Besitzer	Diageo plc., England
Lizenz	Diageo plc. und MacDonald Greenlees Ltd. (seit 1992)
Manager	Andy Cant
Adresse	Ballindalloch, AB37 9AB **Telefon** 01479 874 700
E-Mail	
Visitor Centre	ja, aber nur für die »Friends of the Classic Malts« und Gäste der Firma
Führungen	ja (Eintrittsgebühr)
Lage	am Ende der B 9137 (geht bei Bridge of Avon von der A95 ab)
Geschichte	1870 von John Smith gebaut. 1902 Renovierung. Ab 1923 im Besitz von Ballindalloch Estate und White Horse Distillers Ltd., 1927 an DCL verkauft. 1964 von zwei auf vier stills erweitert. 1966 im Alleinbesitz von DCL. 1987 von UD übernommen, die 1992 die Lizenz von D. & J. McCallum Ltd an eine neue Firma übertrugen.

Abfüllung	Eigentümer (»Classic Malts«)
Destillation	
Abfüllung	
Alter	12 Jahre
Stärke	40 %
Fassart	
Besonderheit	

✍	**ohne Wasser**	**mit Wasser (auf 20 % verdünnt)**
Farbe	tiefer Gelbton (mit Farbstoff)	goldener Bernstein
Aroma	Frische und Fruchtigkeit, Hauch von Torf und Rauch, süß und dennoch etwas trocken	nichts dominiert, alle Elemente sind wundervoll eingebunden
Geschmack	sehr komplex, reich, würzig, angenehm rauchig	Wasser bestätigt die Eindrücke
Nachklang	erst spät; unaufdringliche Süße, sehr, sehr lang, wunderbar klar	lange und frisch
Bemerkung		Ein großer, eleganter Malt!

Malz	von den Diageo-Maltings in Roseisle
Wasser	vom Cragganmore Hill
Mash tuns	1: 6,6 Tonnen (Edelstahl)
Washbacks	6: je 30.000 Liter (Oregon Pine)
Stills	2 wash stills (je 8.725 Liter), 2 spirit stills (je 6.600 Liter). T-Form!
Befeuerung	Dampf
Fässer	refill Sherry für den Single Malt
Jahresproduktion	1,2 Mio. Liter Alkohol
Hausstil	»Eine blumige Nase mit einem sehr komplexen Geschmack. Leicht rauchig, leicht nussig, leicht torfig. Ein Whisky zum Schlürfen.«

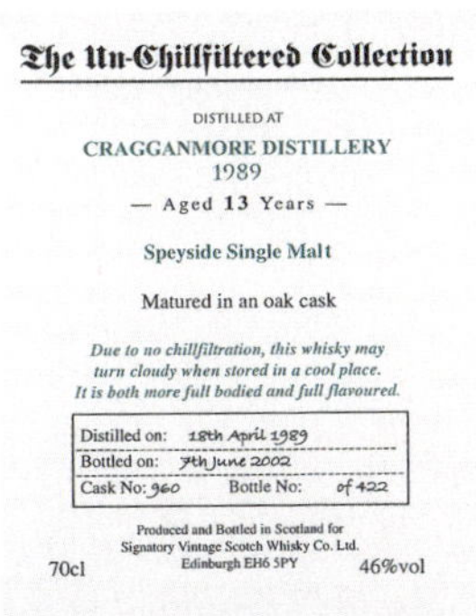

Abfüllung	Signatory (»The Un-Chillfiltered Collection«)
Destillation	18.4.1989
Abfüllung	7.6.2002
Alter	13 Jahre
Stärke	46 %
Fassart	Oak cask Nr. 960
Besonderheit	422 Flaschen

	ohne Wasser	**mit Wasser (auf 20 % verdünnt)**
Farbe	helles Stroh (ungefärbt)	grüner Veltliner
Aroma	Eiche, Vanille, Heu, Sommerwiese, Rauchschleier	sanft und zart, frisch nach Kräutern (Minze)
Geschmack	Honigsüße, Pfeffersoße, Torfrauch	erstaunlich cremig und zuerst von sahniger Süße, sanft, dann eine zarte, hübsche Bitterkeit
Nachklang	sehr lang, weich und warm	etwas kürzer
Bemerkung		Wunderschön, genau das, was man sich von einem Malt aus der Speyside erträumt.

CRAIGELLACHIE

[Kreg-éllachie]

in Betrieb			
Besitzer	Bacardi Corporation, Bermuda		
Lizenz	John Dewar & Sons Ltd.		
Manager	Archie Ness		
Adresse	Craigellachie, by Aberlour, AB38 9ST		
Telefon	01340 872 971	**E-Mail**	
Visitor Centre	nein	**Führungen**	
Lage	am Südausgang des Ortes Richtung Dufftown		
Geschichte	1891 von einer Gruppe von Investoren gebaut. 1916 von Mackie & Co (Distillers) Ltd, den Besitzern von White Horse, gekauft. Diese Firma wurde 1925 Teil der DCL und übertrug die Brennerei an SMD. 1964/65 renoviert und von zwei auf vier stills erweitert. 1987 von UD übernommen und 1998 an Bacardi weiterverkauft.		

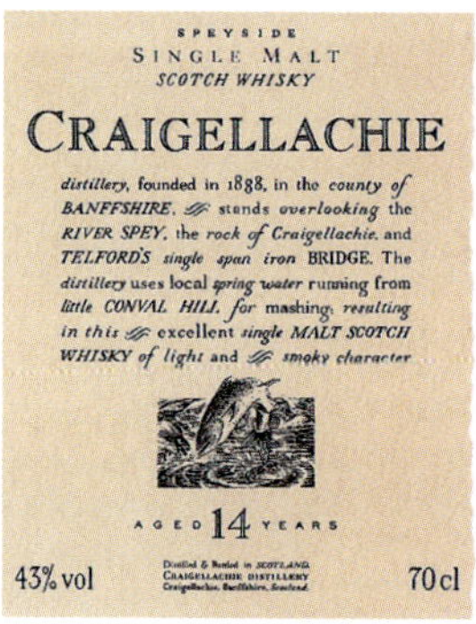

Abfüllung	ehemaliger Eigentümer (Diageo »Fauna & Flora«-Serie)
Destillation	
Abfüllung	
Alter	14 Jahre
Stärke	43 %
Fassart	
Besonderheit	

✍	**ohne Wasser**	**mit Wasser (auf 20 % verdünnt)**
Farbe	Strohgold (mit Farbstoff)	helles Stroh
Aroma	sehr süß, getreidig-malzig, ganz leicht rauchig	süß nach Gerste und Malz, sehr zarte Spur von Rauch
Geschmack	malzige Süße, aber auch Fruchttöne, leicht bitter werdend	die Bitterkeit kommt stärker heraus, die Süße weniger: schön
Nachklang	warm und lang, Hauch von Rauch	mild und lang
Bemerkung		

Malz	Decanter, von den Glenesk Maltings
Wasser	Quelle am Blue Hill (früher Little Conval Hill)
Mash tuns	1: 9,5 Tonnen (Edelstahl)
Washbacks	8: je 60.000 Liter (Lärche)
Stills	2 wash stills (je 28.185 Liter)
	2 spirit stills (je 28.185 Liter)
Befeuerung	Dampf
Fässer	
Jahresproduktion	2,8 Mio. Liter Alkohol
Hausstil	»Ein frisches Aroma mit einem langen süßen, leicht würzigen Finish.«

✍

Abfüllung	Signatory
Destillation	6.5.1981
Abfüllung	3.3.2000
Alter	18 Jahre
Stärke	43 %
Fassart	Eiche (Fass Nr. 2185)
Besonderheit	390 Flaschen, »natural colour«

✍	**ohne Wasser**	**mit Wasser (auf 20 % verdünnt)**
Farbe	helles Stroh (ungefärbt)	sehr hell
Aroma	frisch und (18 Jahre!) jung, nasses	sanfte Milchschoko-Süße, fruchtig
	Gras, leicht nussig	und mit feiner Säure (Johannisbeere)
Geschmack	verblüffend (nach dieser Farbe und	cremig, leichter Anklang von Islay,
	dem Duft), kräftig, nussartig, viel	aber frisch
	Feuer und Süße, kaum Holz	
Nachklang	lang und nachhaltig, süßlich	sehr schön
Bemerkung		Wasser holt Rauchigkeit und Torfig-
		keit heraus.

DAILUAINE

[Da-jú-nje]

grünes Tal oder lange grüne Wiese

in Betrieb		**www.malts.com**	
Besitzer	Diageo plc., England		
Lizenz	Diageo plc. (seit 1992)		
Manager	Steve McGingle		
Adresse	Carron, by Aberlour AB38 7RE		
Telefon	01340 810 361	**E-Mail**	
Visitor Centre	nein	**Führungen**	
Lage	zwischen der A 95 und Carron, südlich des Spey		
Geschichte	1854 von einem Mr. Mackenzie gegründet und im Besitz der Familie bis 1869. 1877–1884 neu gebaut. Seit 1890 im Besitz einer Firma, die sich ab 1898 Dailuaine-Talisker Distilleries Co. Ltd. nannte und in der DCL aufging. Nach einem Feuer 1917 wiederaufgebaut, 1959/60 renoviert und von vier auf sechs stills erweitert. 1987 von UD übernommen.		

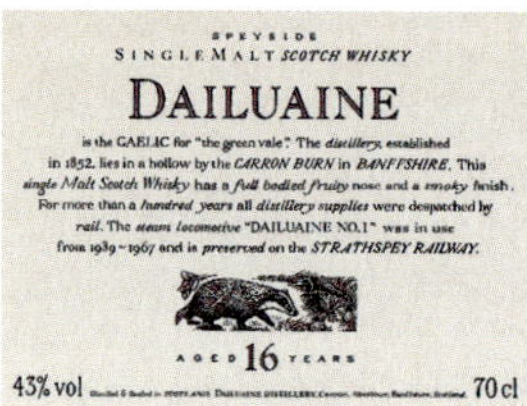

Abfüllung	Eigentümer (»Fauna & Flora«-Serie)
Destillation	
Abfüllung	
Alter	16 Jahre
Stärke	43 %
Fassart	
Besonderheit	

✍	**ohne Wasser**	**mit Wasser (auf 20 % verdünnt)**
Farbe	rötlicher Bernstein (mit Farbstoff)	goldroter Bernstein
Aroma	eindeutig Sherry, duftig und etwas trocken	Hauch von Sherry, Gummiton?
Geschmack	malzig, Sherry und Gummi, etwas adstringierend	süßer, Anklang von Nüssen, immer noch trocken
Nachklang	weich und ziemlich lang	weich, warm und sehr sanft
Bemerkung		Ein paar Tropfen Wasser tun ihm gut.

Malz	Chariot und Optic von den Diageo-Maltings in Burghead
Wasser	Balliemullich und Green Burn
Mash tuns	1: 11,5 Tonnen (Edelstahl)
Washbacks	8: je 56.000 Liter (Lärche)
Stills	3 wash stills (je 18.700 Liter) 3 spirit stills (je 20.500 Liter)
Befeuerung	Dampf
Fässer	amerikanische und europäische Eiche
Jahresproduktion	2,75 Mio. Liter Alkohol
Hausstil	»Rauchig mit einem vollen, lange anhaltenden Geschmack.«

✍

Abfüllung	Gordon & MacPhail »Connoisseurs Choice«-Serie
Destillation	1974
Abfüllung	
Alter	
Stärke	40 %
Fassart	
Besonderheit	

✍	**ohne Wasser**	**mit Wasser (auf 20 % verdünnt)**
Farbe	dunkler Bernstein (mit Farbstoff)	fast gleich
Aroma	sehr malzig, kräftig Karamell, Eichenholztöne, Lakritz	zusätzlich Andeutungen von Gartenkräutern
Geschmack	Toffeesüße, aufkommende leichte Schärfe, Lakritz, rund	alles bleibt, ist etwas sanfter, weicher – zum Schluss trocken
Nachklang	sehr lang und süß	ziemlich schnell am Ende
Bemerkung		mit Wasser weicher, ohne ausgeprägter und kräftiger.

Dallas Dhu

[Dallas Dú]

Tal des schwarzen Wassers/der schwarzen Wiese

Museum	**www.historic-scotland.gov.uk**
Besitzer	Diageo plc., England
Lizenz	Benmore Distilleries Ltd. (bis 1992)
Manager	
Adresse	Mannachie Road, Forres, IV36 2RR
Telefon	01309 676 548
E-Mail	
Visitor Centre	ja, mit Museums-Shop von Historic Scotland
Führungen	nein (Rundgang mit Audioguide, Eintrittsgebühr)
Lage	südlich von Forres, zu erreichen über die A 940, beschildert
Geschichte	1899 von Alexander Edward gebaut. Mehrere Zwischenbesitzer. 1921 kaufen Benmore Distilleries, 1929 an DCL verkauft, 1930 an SMD übertragen. Geschlossen 1930–1936. 1939 Neubau des stillhouse nach einem Feuer. 1983 geschlossen. 1987 von UD übernommen und Historic Scotland als Museum überlassen. 1992 Löschung der Lizenz.

Abfüllung	Gordon & MacPhail
Destillation	
Abfüllung	
Alter	12 Jahre
Stärke	40 %
Fassart	
Besonderheit	

	ohne Wasser	**mit Wasser (auf 20 % verdünnt)**
Farbe	Bernstein (mit Farbstoff)	zwischen Bernstein und Gold
Aroma	Zitrustöne, phenolig und leicht säuerlich	etwas zurückgenommener, erinnert an Dieselkraftstoff
Geschmack	eindeutiger Malzton, Anklang von Apfel, kaum Feuer	verliert sehr, übrig bleibt nur ein breiter Malzgeschmack
Nachklang	relativ kurz	länger (leider)
Bemerkung		Etwas unharmonisch, ohne Wasser sicher interessanter!

Malz	ehemals von fremden Mälzereien
Wasser	ehemals Altyre Burn
Mash tuns	1: 3,32 Tonnen (Gusseisen)
Washbacks	6: je 45.000 Liter (Oregon Pine)
Stills	1 wash still (6.377 Liter) 1 spirit still (5.623 Liter)
Befeuerung	Dampf
Fässer	
Jahresproduktion	
Hausstil	»Reiches, komplexes Aroma mit vollem Vanille-Geschmack.«

✍

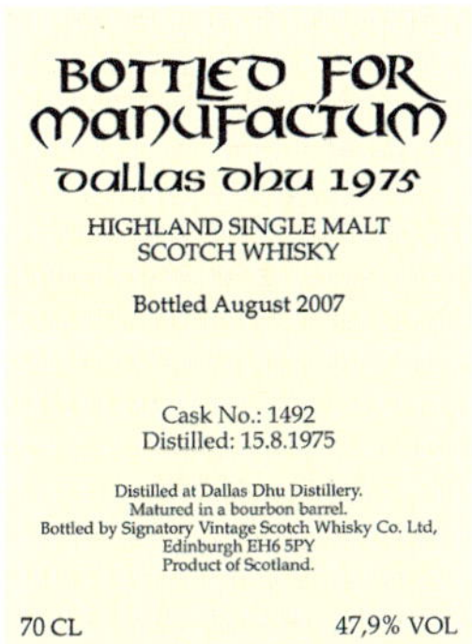

Abfüllung	Signatory für Manufactum
Destillation	15.8.1975
Abfüllung	August 2007
Alter	32 Jahre
Stärke	47,9 %
Fassart	
Besonderheit	

✍	**ohne Wasser**	**mit Wasser (auf 20 % verdünnt)**
Farbe	flüssiger Honig (ungefärbt)	immer noch Honig, aber etwas bleicher
Aroma	typische Sherrynoten, aber eher frisch, würzig, Eichenholz, etwas spitze Obertöne	sehr zurückhaltend, frische Gewürze und Holznoten
Geschmack	wunderschöner Gesamteindruck mit bestechender Süße als Leitmotiv, dann lösen sich Einzelstimmen aus dem Orchester: Honig, kandierte Früchte, ein wenig Rauch, gebremste Kraft	wird natürlich glatter, bleibt aber schön, harmonisch und ausgewogen und immer noch sehr präsent bei feiner Süße
Nachklang	kräftig und rund	zum Hinhören!
Bemerkung		Noch im besten Alter, ohne Gebrechen …

DALMORE

[Dalmór]

großes Tal

in Betrieb		**www.thedalmore.com**	
Besitzer	United Breweries of India		
Lizenz	Whyte & Mackay Ltd.	**Manager**	Andrew Scott
Adresse	Dalmore, Alness, IV17 0UT		
Telefon	01349 882 362		
E-Mail	andrew.scott@whyteandmackay.co.uk		
Visitor Centre	ja	**Führungen**	ja (Eintritt frei)
Lage	zwischen Alness und Invergordon an der B 817		

Geschichte Angeblich schon 1839 erbaut. Gesichert ist, dass sie von 1878–1960 im Besitz von Mackenzie Bros. war, die mit Whyte & Mackay Distillers Ltd fusionierten. Diese wurden 1990 von American (später Fortune) Brands übernommen und umbenannt in JBB (Greater Europe). 1966 von vier auf acht stills erweitert. 2001 vom Management übernommen,

Abfüllung	Eigentümer
Destillation	
Alter	15 Jahre
Stärke	40 %
Fassart	100 % Sherry-Fässer (Oloroso, Matusalem, Aposteles, Amoroso)
Besonderheit	

✍	**ohne Wasser**	**mit Wasser (auf 20 % verdünnt)**
Farbe	Kupfer (mit Farbstoff)	Kupfer, ein wenig angelaufen
Aroma	Karamell, Rosinen, warme Gewürznoten (Nelken, Zimt), Limetten	Fudge, nussig, sanfte Sherrynote
Geschmack	konzentrierte Süße nach karamellisiertem Zucker, rund	sehr zart und weich, dennoch schöne Süße, die sich …
Nachklang	lang, weich, süß	… gut hält
Bemerkung		

	Kyndal genannt, weiterverkauft an Vivian Immerman und wieder Whyte & Mackay genannt. 2007 weiterverkauft an die indische Firma.
Malz	von Baird's in Inverness
Wasser	River Alness
Mash tuns	1: 9,2 Tonnen (Edelstahl)
Washbacks	8: je 60.000 Liter (Oregon Pine)
Stills	4 wash stills (2 mit 13.500, 2 mit 30.000 Litern) 4 spirit stills (2 mit 9.000, 2 mit 19.000 Litern)
Befeuerung	Dampf
Fässer	
Jahresproduktion	3,5 Mio. Liter Alkohol
Hausstil	»Eine komplexe, intensive Nase mit einer Andeutung von Oloroso Sherry im Hintergrund. Auch der reiche, volle Geschmack lässt die Reifung im Oloroso-Fass anklingen. Voller Nachklang.«

✍

Abfüllung	Eigentümer
Destillation	
Abfüllung	
Alter	12 Jahre
Stärke	40 %
Fassart	
Besonderheit	die frühere Abfüllung des Eigentümers

✍	**ohne Wasser**	**mit Wasser (auf 20 % verdünnt)**
Farbe	schönes tiefes Gold (mit Farbstoff)	firniger Weißwein
Aroma	frische Brise vom Meer, fruchtig und ganz entfernt Süße	etwas zarter, Süße deutlicher
Geschmack	hat Tiefe, runde, volle Süße, leichter Rauchton	kräftig und dennoch weich, schön abgerundet, Heidekraut, leichter Rauch
Nachklang	lang und sanft	mittellang
Bemerkung		Eine Überraschung!

DALWHINNIE

[Dal-wínnie]

Treffpunkt

in Betrieb			**www.malts.com** und **www.classic-malts.de**
Besitzer	Diageo plc., England		
Lizenz	Diageo plc. (früher James Buchanan & Co. Ltd.)		
Manager	Alan Rae		
Adresse	Dalwhinnie, PH19 1AB	**Telefon**	01540 672 219
Visitor Centre	ja, mit Shop	**Führungen**	ja (Eintrittsgebühr)
Lage	nahe Abzweigung A 889 (Richtung Fort William) von der A 9		
Geschichte	1897/98 als Strathspey gebaut. Nach Liquidation an die amerikanische Firma Cook & Bernheimer verkauft. 1920 von Sir James Calder zurückgekauft und 1926 an die DCL verkauft, die sie an J. & G. Stewart Ltd. und 1930 an die SMD übertrugen. Nach Großfeuer 1934 erst 1938 wiedereröffnet. 1987 von UD/UDV übernommen, also heute Teil des Diageo-Imperiums.		

Abfüllung	Eigentümer (»Classic Malts«)
Destillation	
Abfüllung	
Alter	15 Jahre
Stärke	43 %
Fassart	
Besonderheit	

✍	**ohne Wasser**	**mit Wasser (auf 20 % verdünnt)**
Farbe	strohgelb (mit Farbstoff)	helles Stroh
Aroma	dezent und frisch, angenehm, leicht pikant	Vanille, zarte Süße, etwas eindimensionaler
Geschmack	frech und pikant, leichte Süße wie Heidehonig, Spur von Malz und Torf	wird süßer und noch weicher
Nachklang	verblüffend lang mit zarter Süße	bleibt lange
Bemerkung		Ohne Wasser beschnuppern, mit Wasser trinken!

Malz	von den Diageo-Maltings in Burghead und Roseisle
Wasser	Allt an t'Sluic Spring
Mash tuns	1: 6,8 Tonnen (Edelstahl)
Washbacks	6: je 34.000 Liter (Oregon Pine)
Stills	1 wash still (17.000 Liter) 1 spirit still (14.000 Liter)
Befeuerung	Dampf
Fässer	vor allem Bourbon, Sherry für die Distillers Edition
Jahresproduktion	1,2 Mio. Liter Alkohol
Hausstil	»Ein sanfter, aromatischer Malt, leicht fruchtig, nach Heidehonig schmeckend und mit einem delikaten Finish. Die ideale Alternative zu einem Likör.«

✍

Abfüllung	Eigentümer (»Classic Malts, Distillers Edition«)
Destillation	1985
Abfüllung	
Alter	
Stärke	43 %
Fassart	Finishing in Oloroso-Fässern
Besonderheit	

✍	**ohne Wasser**	**mit Wasser (auf 20 % verdünnt)**
Farbe	Gold (mit Farbstoff)	immer noch: Gold
Aroma	süßlicher Duft, der Heidehonig des »Originals« ist da, aber überlagert	karamellige, eichige Noten, im Hintergrund die Honigsüße
Geschmack	honigsüß, aber auch rote Früchte, Karamell, weinig	etwas flach und unbefriedigend
Nachklang	schön lang, üppig und süß	relativ kurz
Bemerkung		Wasser bekommt ihm höchstens tröpfchenweise.

Deanston

[Dienst'n]

Feste auf dem Hügel

in Betrieb	**www.burnstewartdistillers.com**
Besitzer	CL Financial, Trinidad & Tobago
Lizenz	Burn Stewart Distillers
Manager	Ian MacMillan
Adresse	Deanston, by Doune, FK16 6AG
Telefon	01786 841 422
E-Mail	enquiries@burnstewartdistillers.com
Visitor Centre	nein
Führungen	nein
Lage	Stichstraße von der A 84 unmittelbar südlich der Brücke über den Teith
Geschichte	1956/57 wandelt die Deanston Distillery Co. Ltd. eine 1784/85 gebaute Baumwoll-Mühle um. 1972 von Invergordon Distillers Ltd übernommen und 1982 geschlossen. 1990 von Burn Stewart gekauft und wiedereröffnet. Die Firma gehört seit 2003 der Holding aus Trinidad.

Abfüllung	Eigentümer
Destillation	
Abfüllung	
Alter	12 Jahre
Stärke	40 %
Fassart	
Besonderheit	

✍	**ohne Wasser**	**mit Wasser (auf 20 % verdünnt)**
Farbe	helles Stroh (mit Farbstoff)	fast weißes Stroh
Aroma	fruchtig (Pflaume?), Malz	etwas flacher
Geschmack	leichte Schärfe, dann Süße, fruchtig	Pflaume jetzt eindeutig, leichter Heuton, mild, Hauch von Pfeffer und Getreide
Nachklang	Süße bleibt	relativ lange
Bemerkung		

Malz	von fremden Mälzereien, nur schottische Gerste
Wasser	River Teith
Mash tuns	1: 10,5 Tonnen (Gusseisen)
Washbacks	8: je 60.000 Liter (Edelstahl)
Stills	2 wash stills (je 10.000 Liter) 2 spirit stills (je 8.500 Liter)
Befeuerung	Dampfspiralen
Fässer	
Jahresproduktion	3 Mio. Liter Alkohol
Hausstil	»Perthshire Highland Malt.«

✍

Abfüllung	Eigentümer
Destillation	
Abfüllung	
Alter	25 Jahre
Stärke	40 %
Fassart	
Besonderheit	

✍	**ohne Wasser**	**mit Wasser (auf 20 % verdünnt)**
Farbe	zwischen Gold und Bernstein (mit Farbstoff)	eher Gold als Bernstein
Aroma	klarer Vanille-Ton vom Holz, süß und leicht torfig	Torf betonter, üppige Süße, Holz
Geschmack	cremige Süße am Anfang, trockener werdend, Holz macht sich bemerkbar	deutlicher Alterston, adstringierend, dennoch Fülle
Nachklang	lang und sehr mild	gute Länge, mild
Bemerkung		Nur vorsichtig Wasser nehmen, Dosierung probieren!

DUFFTOWN

[Dáfft'n]

James Duffs (Gründer von Dufftown) Stadt

in Betrieb		**www.malts.com**	
Besitzer	Diageo, plc., England		
Lizenz	Diageo plc. (bis 1992 Arthur Bell & Sons)		
Manager	Sean Phillips		
Adresse	Dufftown, AB55 4BR	**Telefon**	01340 820 224
E-Mail			
Visitor Centre	nein	**Führungen**	
Lage	südlich Dufftown in Kirktown of Mortlach am Dullan Water		
Geschichte	1896 bauen Dufftown-Glenlivet Distillery Co. eine ehemalige Getreide-Mühle um. 1897 von P. Mackenzie & Co. gekauft (Besitzer von Blair Athol), 1933 von Arthur Bell & Sons Ltd. übernommen. 1967 von zwei auf vier, 1979 auf sechs stills erweitert. 1985 von UD gekauft, aus denen zwischenzeitlich Diageo geworden ist.		

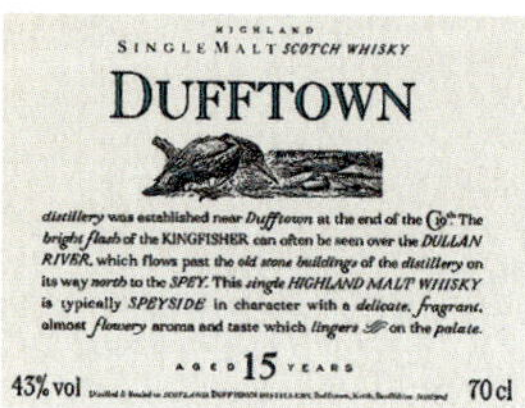

Abfüllung	Eigentümer (»Fauna & Flora«-Serie)
Destillation	
Abfüllung	
Alter	15 Jahre
Stärke	43 %
Fassart	
Besonderheit	

✍	**ohne Wasser**	**mit Wasser (auf 20 % verdünnt)**
Farbe	blasses Gold (mit Farbstoff)	fast weißes Gold
Aroma	aromatisch, blumig	leicht süß und blumig
Geschmack	malzig mit einer Spur Torf	süßlich und erstaunlich frisch
Nachklang	ziemlich lang, aber sehr leicht	etwas schneller weg
Bemerkung		

Malz	von den Diageo-Maltings in Burghead
Wasser	Jock's Well
Mash tuns	1: 10,6 Tonnen (Edelstahl)
Washbacks	12: je ca. 53.000 Liter (Edelstahl)
Stills	3 wash stills (je 13.100 Liter) 3 spirit stills (je 15.300 Liter)
Befeuerung	Dampf
Fässer	Bourbon
Jahresproduktion	3,5 Mio. Liter Alkohol
Hausstil	»Leicht, mit einem mittelsüßen, leicht fruchtigen Geschmack.«

✍

Abfüllung	Eigentümer
Destillation	
Abfüllung	
Alter	12 Jahre
Stärke	40 %
Fassart	Bourbon, dann Sherry
Besonderheit	

✍	**ohne Wasser**	**mit Wasser (auf 20 % verdünnt)**
Farbe	polierter Bernstein (mit Farbstoff)	sehr stabil
Aroma	fruchtig, aber eher nach Zitrus als nach Äpfeln oder Birnen, Lakritz	erinnert fast an Lowlander: etwas grasig, Zitrus
Geschmack	eher leicht und samtig, süßlich, Beerenfrüchte, etwas bitter gegen …	nette Kombination von Frische und Süße
Nachklang	… Ende, schöne Wärme	etwas kurz
Bemerkung		mit Wasser etwas gegen den Durst …

EDRADOUR

[Edradáuer]

zwischen zwei Wassern

in Betrieb		**www.edradour.com**	
Besitzer	Andrew Symington, Signatory Vintage Scotch Whisky Co. Ltd., Scotl.		
Lizenz	ebenso	**Manager**	Andrew Symington
Adresse	Milton of Edradour, Pitlochry, Perthshire PH16 5JP		
Telefon	01796 472 095	**E-Mail**	
Visitor Centre	ja, mit Shop	**Führungen**	ja (kostenlos)
Lage	in Pitlochry A 924 nehmen, in Moulin scharf rechts wenden		
Geschichte	Zeitweilig auch Glenforres genannt. 1837 (?) gegründet. 1886–1933 im Besitz von John McIntosh & Co., danach von William Whitely & Co. Ltd., die damals im Besitz der amerikanischen J G Turner & Sons waren. 1983 Campbell Distillers, die von Pernod Ricard übernommen wurden. 2002 an Andrew Symingtons Signatory verkauft. Produziert zwei Malts:		

Abfüllung	Eigentümer (Signatory »Straight from the Cask«)
Destillation	10. Mai 1994
Abfüllung	9. Januar 2006
Alter	11 Jahre
Stärke	57 %
Fassart	Fass Nr. 05/657/1
Besonderheit	459 Halbliterflaschen, Finishing in einem Barolo-Fass von Gaja

✍	**ohne Wasser**	**mit Wasser (auf 20 % verdünnt)**
Farbe	rotes Kupfer, wie ein Rosé aus Südfrankreich (ungefärbt)	nun wie ein Rosé aus dem Breisgau
Aroma	schwer, füllig, köstlich nach Kräutern und tropischen Früchten	feine, schöne fruchtige (kaugummiartige) Süße
Geschmack	voll, üppige, mundfüllende Süße, dann kommt kräftige Schärfe auf, ehe er etwas trocken wird	erstaunlich – erträgt das viele Wasser, wird elegant und verspielt
Nachklang	lang, süß, warm	leider etwas kurz
Bemerkung		Der süßeste Edradour seit langem: ein wunderbarer Genuss nach einem sehr guten Abendessen, zur Zigarre.

	Edradour und den rauchigen Ballechin, der nach einer längst geschlossenen Destillerie in Perthshire benannt ist.
Malz	Optic von Bairds in Edinburgh
Wasser	von einer Quelle im Moulin Moor
Mash tuns	1: 1,25 Tonnen (Gusseisen)
Washbacks	2: je 1.000 Liter (Oregon Pine)
Stills	1 wash still (4.218 Liter) 1 spirit still (2.182 Liter)
Befeuerung	Dampf
Fässer	seit 1995 90 % Bourbon, 10 % Oloroso Sherry, verschiedene Typen für das Finishing
Jahresproduktion	ca. 90.000 Liter Alkohol
Hausstil	»Ein wirklich handgemachter Malt. Golden im Glas hat er ein köstliches Aroma von gezuckerten Mandeln und einem Anklang von Oloroso Sherry. Sanft, cremig, leicht malzig im Geschmack mit einem weichen, wärmenden Finish.«

✍

Abfüllung	Eigentümer
Destillation	2002
Abfüllung	2006
Alter	
Stärke	46 %
Fassart	ausschließlich in Burgunder-Fässern
Besonderheit	heavily peated, 6000 Flaschen

✍	**ohne Wasser**	**mit Wasser (auf 20 % verdünnt)**
Farbe	dunkler, rötlich-brauner Honig (ungefärbt)	kaum verändert
Aroma	mächtige Rauchdecke, dahinter Malz, Mandeln, Espresso	Zimtsterne, Lebkuchengewürze, Rauch
Geschmack	gewaltige süße, rauchige Pfeffrigkeit, dunkle Schokolade	wunderschön – wie flüssiges, würziges Weihnachtsgebäck
Nachklang	lang, süß und gleichzeitig zartbitter	man hofft, dass er nie aufhört
Bemerkung		Nachmittags zum Kaffee, für lange Winterabende.

FETTERCAIRN

[Fettercärn]

bewaldeter Abhang

in Betrieb		**www.whyteandmackay.co.uk**	
Besitzer	United Breweries of India		
Lizenz	Whyte & Mackay Ltd.	**Manager**	David Doig
Adresse	Distillery Road, Fettercairn, Laurencekirk, AB30 1YE		
Telefon	01561 340 244		
E-Mail			
Visitor Centre	ja, mit Shop	**Führungen**	ja (kostenlos)
Lage	nahe der Ortschaft an der B 974		
Geschichte	1824, sicher 1825 gegründet. 1887/90 nach Feuer neu gebaut. 1926–1939 geschlossen, dann im Besitz von National Distillers of America, dann von Tom Scott Sutherland. 1966 von zwei auf vier stills erweitert. 1971 an Tomintoul-Glenlivet Distillery. 1973 an Scottish & Universal verkauft, den Eigentümern von Whyte & Mackay. Weitere Geschichte siehe Dalmore.		

Abfüllung	Eigentümer
Destillation	
Abfüllung	
Alter	10 Jahre
Stärke	43 %
Fassart	
Besonderheit	»Old Fettercairn« genannt

✍	**ohne Wasser**	**mit Wasser (auf 20 % verdünnt)**
Farbe	zwischen Gold und Stroh (mit Farbstoff)	tendiert zu Stroh
Aroma	leicht süß (Sherry?), nussig, Andeutung von Torf	schwach süß, nach Nüssen, Torf ist weg
Geschmack	leichte Süße verbindet sich mit Trockenheit	die beiden Komponenten gut ausgewogen
Nachklang	passabel, leicht süß	wärmend, ausreichend
Bemerkung		

Malz	von verschiedenen fremden Mälzereien
Wasser	Quellwasser aus den Grampian Mountains
Mash tuns	1: 4,64 Tonnen (Gusseisen)
Washbacks	8: je 25.600 Liter (Oregon Pine)
Stills	2 wash stills (je 12.800 Liter) 2 spirit stills (je 12.800 Liter)
Befeuerung	Dampf
Fässer	Bourbon und Sherry
Jahresproduktion	bis zu 1,5 Mio. Liter Alkohol
Hausstil	»Stechende Nase. Milder, voller Geschmack mit einem üppigen, eleganten Finish.«

Abfüllung	Eigentümer
Destillation	
Abfüllung	
Alter	12 Jahre
Stärke	40 %
Fassart	
Besonderheit	

	ohne Wasser	**mit Wasser (auf 20 % verdünnt)**
Farbe	dunkler Bernstein (mit Farbstoff)	tiefes Gold
Aroma	verblüffend leicht, Vanille, Muskatnuss, Crème brûlée	deutlicher Gewürze wie Muskatnuss, Gewürznelken
Geschmack	nussige, toffeeartige Süße, cremig und weich	sehr samtig und von einer Süße, die an Milchschokolade oder Karamell erinnert
Nachklang	gut, süß und sahnig	gut und schwach süßlich
Bemerkung		Passt gut zu einer nicht zu erdigen Zigarre.

Glen Albyn
[Glen Albin]

Tal von Schottland

abgerissen			
Besitzer			
Lizenz	ehemals SMD	**Manager**	
Adresse	Great North Road, Inverness		
Telefon		**E-Mail**	
Visitor Centre		**Führungen**	
Lage	ehedem im Norden der Stadt, wo die Straße den Caledonian Canal überquert		
Geschichte	1846 (?) gegründet. 1866 zur Getreide-Mühle, 1884 wieder zur Brennerei umgebaut. 1920 von Mackinlays & Birnie Ltd. gekauft. 1972 an DCL verkauft, die die Lizenz auf die SMD übertrugen. 1983 geschlossen. 1988 abgerissen, um einem Einkaufszentrum Platz zu machen. Restliche Whisky-Bestände gehören heute Diageo.		

Abfüllung	Signatory
Destillation	19.4.1974
Abfüllung	14.2.2001
Alter	26 Jahre
Stärke	58 %
Fassart	Eiche (Fass Nr. 1595)
Besonderheit	225 Flaschen, »natural colour«

✍	**ohne Wasser**	**mit Wasser (auf 20 % verdünnt)**
Farbe	goldenes Stroh	gelblich-grünes Stroh
Aroma	ausgeprägt: Vanille, zart duftende Kräuter, jugendlich, weich	Vanille, süßlich frische Gartenkräuter (z. B. Liebstöckel), frisch geschlagenes Holz
Geschmack	zuerst kräftig und süß, dann alles übertönende Schärfe	subtile Süße (Rosinen), Trockenfrüchte, sehr aromatisch
Nachklang	lang, kräftig, feurig	erstaunlich lang
Bemerkung		verblüffend für sein Alter, viel Wasser nehmen.

Malz	ehemals eigene floor maltings und eigene Saladin-Anlage
Wasser	wahrscheinlich aus Loch Ness
Mash tuns	
Washbacks	
Stills	ehemals 1 wash still ehemals 1 spirit still
Befeuerung	
Fässer	
Jahresproduktion	
Hausstil	

✍

Abfüllung	Eigentümer (»Rare Malts Selection«)
Destillation	1975
Abfüllung	
Alter	26 Jahre
Stärke	54,8 %
Fassart	
Besonderheit	

✍	**ohne Wasser**	**mit Wasser (auf 20 % verdünnt)**
Farbe	hell, fast zitronengelb (gefärbt?)	sehr hell
Aroma	leicht, etwas verschlossen, blumig-fruchtig	Malz und Torf tauchen auf, würzig-fruchtig
Geschmack	malzige Süße, Wechselspiel von Äpfel und Birnen	sanft, malzig, birnenartige Fruchtigkeit
Nachklang	eher mittelprächtig, leicht torfig und trocken	kurz, trocken
Bemerkung		Ein Schuss Wasser (50:50) macht ihn noch gefälliger.

Glen Elgin

[Glen Elgin]

Tal von Elgin (alter keltischer Name für Irland?)

in Betrieb		**www.malts.com**	
Besitzer	Diageo plc., England		
Lizenz	Diageo plc. (ehemals White Horse Distillers Ltd.)		
Manager	Donald Ross		
Adresse	Longmorn, by Elgin, IV30 3SL		
Telefon	01343 862 100	**E-Mail**	
Visitor Centre	nein	**Führungen**	
Lage	ca. 4 km südlich Elgin an der A 941 (nahe Millbuies Country Park)		
Geschichte	1898–1900 von William Simpson und James Carle gebaut. Die 1901 gegründete Glen Elgin-Glenlivet Distillery Co. Ltd. wurde 1907 von John J. Blanche gekauft und 1930 von SMD erworben. 1964 renoviert und von zwei auf sechs stills erweitert. 1987 von UD/UDV übernommen, heute also im Besitz von Diageo.		

Abfüllung	Eigentümer (»Fauna & Flora«-Serie)
Destillation	
Abfüllung	
Alter	12 Jahre
Stärke	43 %
Fassart	
Besonderheit	

✍	**ohne Wasser**	**mit Wasser (auf 20 % verdünnt)**
Farbe	Bernstein mit wasserklarem Rand (mit Farbstoff)	hell mit goldenem Kern
Aroma	stark, schleimhaut-kitzelnd, Honig, Karamell, Birne	kräuterig, milde Süße, leichter Torf, Malz
Geschmack	fruchtige Honigsüße weicht feurigem Glühen und torfigrauchigen Nuancen	hübsche Mischung von honigartiger Süße, mit torfiger Bitterkeit in guter Balance
Nachklang	warm und trocken	relativ kurz
Bemerkung		Nett und sympathisch, unkompliziert.

Malz	Derkado von den Diageo-Maltings in Burghead und Roseisle
Wasser	Millbuies Springs
Mash tuns	1: 8,2 Tonnen (Edelstahl)
Washbacks	6: je 40.000 Liter (Lärche)
Stills	3 wash stills (je 7.000 Liter) 3 spirit stills (je 8.000 Liter)
Befeuerung	Dampf
Fässer	amerikanische und europäische Eiche
Jahresproduktion	1,87 Mio. Liter Alkohol
Hausstil	»Leicht süß mit voller Goldfarbe und mittlerem Körper.«

✍

Abfüllung	Murray McDavid für Ermuri
Destillation	1991
Abfüllung	2004
Alter	
Stärke	46 %
Fassart	refill Sherry cask
Besonderheit	»Smooth Cigar Malt«

✍	**ohne Wasser**	**mit Wasser (auf 20 % verdünnt)**
Farbe	Heidehonig mit wasserhellem Rand	zuerst heller, wird aber, da naturbelassen, leicht trüb
Aroma	Rund und sanft nach einer Mischung von Malz, (tropischen) Früchten, Honig, Crème caramel und etwas Rauch	duftig fruchtig, leicht nach Eiche und ein wenig Rauch
Geschmack	sehr harmonisch und von einer weichen, cremigen, fruchtigen Süße	runde, weiche, samtige Süße, die dann einem ganz zarten Anklang von Rauch und Kaffeebohnen weicht
Nachklang	lang und sehr sanft und samtig	schmeichelnd und lang
Bemerkung		Sehr schön als Aperitif, zu einer 20-Minuten-Zigarre.

GLEN GARIOCH

[Glen Gírie]

Tal des rauen Grundes

in Betrieb		www.morrisonbowmore.co.uk	
Besitzer	Suntory Ltd., Japan		
Lizenz	Morrison Bowmore Distillers Ltd.		
Manager	Kenny Grant		
Adresse	Distillery Road, Oldmeldrum, AB51 0ES		
Telefon	01651 873 450		
E-Mail	info@morrisonbowmore.co.uk		
Visitor Centre	ja, mit Shop	**Führungen**	ja (Eintrittsgebühr)
Lage	mitten im Ort gelegen		
Geschichte	1798 von Thomas Simpson gegründet. Viele Besitzerwechsel (u. a. 1908 William Sanderson, 1933 Booth's Distilleries Ltd, 1937 SMD). 1968 geschlossen. 1970 von Stanley Morrison gekauft. 1978 von zwei auf vier stills erweitert. Morrison Bowmore, seit 1.8.1994 ganz im Besitz von Suntory, hat Verkaufspläne rückgängig gemacht und produziert weiter.		

Abfüllung	Eigentümer
Destillation	1984
Abfüllung	
Alter	ohne Angabe
Stärke	55 %
Fassart	
Besonderheit	

✍	**ohne Wasser**	**mit Wasser (auf 20 % verdünnt)**
Farbe	mittlerer Bernstein (mit Farbstoff)	etwas heller
Aroma	etwas grob, Heutöne, leicht torfig	sehr verhalten, Spur von Jod
Geschmack	viele Andeutungen, aber nichts Eindeutiges	schwach und flach, Hauch von Rauch, leichte Süße
Nachklang	passabel	eher kurz
Bemerkung		Zu jung und unreif? Auf jeden Fall Wasser nehmen.

Malz	Optic, von J P Simpson's in Berwick
Wasser	früher Quellen in den Percock Hills, heute Tiefbrunnen
Mash tuns	1: 5,4 Tonnen (Edelstahl)
Washbacks	8: je 27.500 Liter (Edelstahl)
Stills	1 wash still (25.000 Liter), 2 spirit stills (14.000 und 12.000 Liter; die kleine wird nicht benutzt)
Befeuerung	direkt befeuerte Dampfpfannen
Fässer	Bourbon und Sherry
Jahresproduktion	700.000 Liter Alkohol
Hausstil	»Kein typischer Highland Malt, tendiert dieser Whisky zu einem blumigen Bukett, vermischt mit Torfigkeit und einer haftenden Süße.«

✍

Abfüllung	Eigentümer
Destillation	
Abfüllung	
Alter	15 Jahre
Stärke	43 %
Fassart	
Besonderheit	

✍	**ohne Wasser**	**mit Wasser (auf 20 % verdünnt)**
Farbe	heller Bernstein (mit Farbstoff)	strohfarbener Bernstein
Aroma	Malz und eine ziemlich intensive rauchige Torfigkeit herrschen vor	verfeinert, aber wieder Malz, Torf, Rauch
Geschmack	weich und voll, malzig-süß und rauchig	richtig zärtlich auf der Zunge, süß und torfig, gegen Ende etwas trockener
Nachklang	lang und feurig, schwach rauchig	mittellang
Bemerkung		Verträgt Wasser, aber nicht zu viel.

GLEN GRANT

[Glen Gránt]

Tal der Grants

in Betrieb			
Besitzer	Gruppo Campari, Italien		
Lizenz	Gruppo Campari	**Manager**	Dennis Malcolm
Adresse	Elgin Road, Rothes, AB38 7BS		
Telefon	01340 832 118		
E-Mail	visitorcentre@glengrant.com		
Visitor Centre	ja, mit Shop und Garten	**Führungen**	ja (kostenlos)
Lage	am nördlichen Ortsausgang von Rothes (am Kreisverkehr)		
Geschichte	1840 von John u. James Grant gegründet. 1953 mit Glenlivet fusioniert zu The Glenlivet & Glen Grant Distilleries, dann 1970 mit Longmorn-Glenlivet Distilleries und Hill, Thompson & Co weiter zu The Glenlivet Distillers Ltd. verschmolzen. Diese werden 1977 von der kanadischen Seagram übernommen und 2001 weiterverkauft an Pernod Ricard, die		

Abfüllung	Eigentümer
Destillation	
Abfüllung	
Alter	10 Jahre
Stärke	40 %
Fassart	
Besonderheit	

✍	**ohne Wasser**	**mit Wasser (auf 20 % verdünnt)**
Farbe	helles Stroh (gefärbt)	Stroh mit weißem Rand
Aroma	leicht, etwas spritig und adstringierend	leicht und trocken
Geschmack	bitter und spritig, trocken und alkoholisch	sehr dünn und unreif, adstringierend
Nachklang	gute Länge	passabel mit einer Spur von Süße
Bemerkung		Weit entfernt vom Potential reiferer Glen Grants!

	sie der Firma aus Italien überließen, wo Glen Grant der meistverkaufte Malt ist.
Malz	Optic von Paul's in Buckie
Wasser	The Caperdonich Well
Mash tuns	1: 12,28 Tonnen (Edelstahl)
Washbacks	10: je 60.000 Liter (Oregon Pine)
Stills	4 wash stills (15.000 Liter) 4 spirit stills (10.000 Liter)
Befeuerung	Dampf
Fässer	Bourbon und Sherry
Jahresproduktion	5,75 Mio. Liter Alkohol
Hausstil	»Mittlerer Körper, frisch, trockene Aromen mit einer leichten Fruchtigkeit.«

✍

Abfüllung	Signatory für Dieter Kirsch Import (Abfüllung zum 25. Firmenjubiläum)
Destillation	19.3.1976
Abfüllung	6.8.2001
Alter	25 Jahre
Stärke	43 %
Fassart	Sherry (Fass Nr. 2888)
Besonderheit	610 Flaschen

✍	**ohne Wasser**	**mit Wasser (auf 20 % verdünnt)**
Farbe	dunkel, rötliches Kupfer (ungefärbt)	unwesentlich heller
Aroma	üppig, schwelgerisch, nussig, zartwürzig, feine Eiche	die Würzigkeit nimmt zu, der Sherryduft auch
Geschmack	überwältigend, fleischig, Süße mit einem kleinen pfeffrigen Schwanz, aufkommendes Tannin	flacher, weicher, etwas zarter – und nicht mehr ganz so mächtig
Nachklang	gewaltig	leicht, etwas kurz
Bemerkung		Nur ein paar Tropfen Wasser nehmen – aber die braucht er!

Glen Keith
[Glen Kieß]

Tal des/von Keith

geschlossen			
Besitzer	Group Pernod Ricard, Frankreich		
Lizenz	Chivas Brothers	**Manager**	
Adresse	Station Road, Keith, AB55 3BS		
Telefon	01542 783 044		
E-Mail			
Visitor Centre	nein	**Führungen**	
Lage	direkt im Ort gelegen, die Station Road geht von der Hauptstraße ab		
Geschichte	1957–1960 von Chivas Bros. gebaut, die damals schon im Besitz der kanadischen Distillers Corporation Seagrams Ltd. of Canada war. Die drei stills, mit denen damals dreifach destilliert wurde, wurden 1970 auf fünf, später auf sechs erweitert. 1970 erste gasbeheizte still in Schottland. 2001 weiterverkauft an Pernod Ricard.		

Abfüllung	ehemaliger Eigentümer (Seagram »Heritage«-Range)
Destillation	vor 1983
Abfüllung	
Alter	ohne Angabe
Stärke	43 %
Fassart	
Besonderheit	

✍	**ohne Wasser**	**mit Wasser (auf 20 % verdünnt)**
Farbe	reifer Weißwein (mit Farbstoff)	blass
Aroma	leichter Bourbonton, getreidig, torfig	verliert, wird indifferenter
Geschmack	deutliche Schärfe auf Zunge, die schnell vergeht; hält nicht, was der Duft verspricht	gewinnt im Geschmack, leichte Schokonote kommt ins Spiel
Nachklang	sehr schnell weg	schnell
Bemerkung		

Malz	von fremden Mälzereien
Wasser	Balloch Hill Springs
Mash tuns	1: 8,4 Tonnen (Edelstahl)
Washbacks	9: je 44.500 Liter (Oregon Pine)
Stills	3 wash stills (15.300 Liter) 3 spirit stills (11.100 Liter)
Befeuerung	indirekter Dampf
Fässer	
Jahresproduktion	4 Mio. Liter Alkohol
Hausstil	»Mittlerer Körper, sanfte Fruchtigkeit mit einer aromatischen, eichigen Süße.«

Abfüllung	Gordon & MacPhail »Connoisseurs Choice«-Serie
Destillation	1967
Abfüllung	
Alter	
Stärke	40 %
Fassart	
Besonderheit	

	ohne Wasser	**mit Wasser (auf 20 % verdünnt)**
Farbe	tiefes Gold (mit Farbstoff)	mittelgolden
Aroma	klarer Vanilleton, Gewürze (Zimt?), Blumenbouquet, fein und elegant	Blumen, Toffee, (leise) Gewürze, phantastisch rund, zart
Geschmack	wunderschöne schlanke Süße, würzig und sanft feurig	bis aufs Feuer fast unverändert, würzig
Nachklang	allmählich und schön verglühend	erstaunlich lang
Bemerkung		Die kleine Entdeckung.

Glen Mhor

[Glen Vór]

Das große Tal

abgerissen			
Besitzer			
Lizenz	ehemals SMD	**Manager**	
Adresse	Great North Road, Inverness		
Telefon			
E-Mail			
Visitor Centre	**Führungen**		
Lage	ehedem im Norden der Stadt, wo die Straße den Caledonian Canal überquert		
Geschichte	1892 gebaut von John Birnie und John Mackinlay (s. Glen Albyn). 1906 übernahm John Walker & Co. einen Teil der Aktien. 1972		

Abfüllung	vom Fass
Destillation	
Abfüllung	
Alter	40 Jahre
Stärke	57,8 %
Fassart	
Besonderheit	offener Whisky zum Selbstabfüllen

✍	**ohne Wasser**	**mit Wasser (auf 20 % verdünnt)**
Farbe	Mahagonibraun (ungefärbt)	immer noch Mahagoni, aber jetzt auf Hochglanz poliert
Aroma	kräftiger Duft von Eichenholz, Karamell, alter Sherry, Gewürze, leichter Rauch	fällt etwas auseinander, Holznoten: ein faszinierendes Bukett
Geschmack	beginnt weich und füllig, wird dann mächtig und sehr warm, mit dunklen Rösttönen	gewinnt erheblich, wird plötzlich sehr ausgewogen, schöne, volle karamellige Süße
Nachklang	sehr lang mit einer Erinnerung an den Rauch	wunderschön und lang, aber sehr behutsam
Bemerkung		Ein Teelöffel Wasser und aus einem schönen wird ein großer und wunderschöner Whisky – ideal zu oder anstatt Schokolade.

	von DCL übernommen und von SMD geführt. 1983 geschlossen und 1988 abgerissen, um einem Einkaufszentrum Platz zu machen. Restliche Whisky-Bestände gehören heute Diageo.
Malz	ehemals von eigener Saladin-Anlage
Wasser	ehemals aus dem Loch Ness
Mash tuns	
Washbacks	
Stills	ehemals 1 wash still ehemals 1 spirit still
Befeuerung	
Fässer	
Jahresproduktion	
Hausstil	

✍

Abfüllung	Signatory
Destillation	4.3.1980
Abfüllung	30.1.2001
Alter	20 Jahre
Stärke	43 %
Fassart	Sherry butt (Nr. 879)
Besonderheit	842 Flaschen

✍	**ohne Wasser (ungefärbt)**	**mit Wasser (auf 20 % verdünnt)**
Farbe	sehr dunkel, Kupfergold	etwas stumpfer
Aroma	zuerst würzig (Kümmel), dann Nuss, Schokolade, Röstaromen, (Teak-) Holz	zusätzlich: leichte Ledernuancen
Geschmack	toastig, süße Kräuter (Minze), wird herb-süß	behält Kraft und alle Aromen, Süße weicht einer Herbheit
Nachklang	schön, aber nicht besonders lang	verhalten
Bemerkung		Nur ein paar Tropfen Wasser, wenn überhaupt.

Glen Moray

[Glen Mórăi]

Tal der Siedlung am Meer

in Betrieb		**www.glenmoray.com**	
Besitzer	LVMH (Moët Hennessy Louis Vuitton), Frankreich		
Lizenz	Glenmorangie Ltd.	**Manager**	Graham Coul
Adresse	Bruceland Road, Elgin, 1V30 1YE		
Telefon	01349 542 577		
E-Mail			
Visitor Centre	ja, mit Shop und Café	**Führungen**	ja (Eintrittsgebühr)
Lage	am westlichen Stadtrand von Elgin, am Lossie		
Geschichte	1897 baut die Glen Moray Glenlivet Distillery Co. Ltd. eine Brauerei in die Brennerei um. 1910 geschlossen. 1923 von Macdonald & Muir gekauft, die ihre Familienfirma Glenmorangie 2006 an die französische Luxusgüterfirma verkauften. 1958 von zwei auf vier stills erweitert.		

Abfüllung	Eigentümer
Destillation	
Abfüllung	
Alter	12 Jahre
Stärke	40 %
Fassart	
Besonderheit	

✍	**ohne Wasser**	**mit Wasser (auf 20 % verdünnt)**
Farbe	helles Gold (mit Farbstoff)	sehr hell
Aroma	frisch und sauber, Heu und Getreide	ein deutlicher Jodton tritt dazu
Geschmack	herzhafter Biss bei zarter Frucht und sanfter Süße	leichte Glut, unaufdringliche malzige Süße
Nachklang	passabel, weich	mittellang
Bemerkung		

Malz	von Paul's in Buckie und Simpson's in Berwick
Wasser	River Lossie
Mash tuns	1: 7,5 Tonnen (Edelstahl)
Washbacks	5: je 39.600 Liter (Edelstahl)
Stills	2 wash stills (je 9.900 Liter) 2 spirit stills (je 5.800 Liter)
Befeuerung	Dampf
Fässer	Bourbon und Sherry
Jahrsproduktion	1,85 Mio. Liter Alkohol
Hausstil	»Leichter, gut ausbalancierter Malt, mundwärmend mit einem angenehmen trockenen Abgang.«

✍

Abfüllung	Eigentümer
Destillation	
Abfüllung	
Alter	ohne Angabe
Stärke	40 %
Fassart	Eiche
Besonderheit	zweite Reifung im Chardonnay-Fass

✍	**ohne Wasser**	**mit Wasser (auf 20 % verdünnt)**
Farbe	Gold (mit Farbstoff)	mittlerer Weißwein
Aroma	etwas alkoholisch, fruchtig, Birnen, deutlicher Weingeschmack, feurig	wunderschön, zart süßsäuerlich wie Fruchtdrops, Eiche
Geschmack	mundwärmend, schwachsüßlich	sanfte Malztöne, schwach süß, etwas flach
Nachklang	gegen Ende etwas bitter, kaum Nachhall	kurz
Bemerkung		Ein bisschen Wasser hilft dem Aroma mehr als dem Geschmack.

Glen Ord

[Glen órd]

Tal des runden Hügels

in Betrieb		**www.malts.com**	
Besitzer	Diageo plc., England		
Lizenz	Diageo plc. (früher: John Dewar & Sons Ltd.)		
Manager	Eric Walker		
Adresse	Muir of Ord, IV6 7UJ	**E-Mail**	
Telefon	01463 870 004		
Visitor Centre	ja, mit Shop	**Führungen**	ja (Eintrittsgebühr)
Lage	an der A 832 am nördlichen Rand der Ortschaft		
Geschichte	Zeitweilig nur Ord genannt. Als Ord Distillery Co. 1883 gegründet. Viele Besitzerwechsel, 1923 kaufen John Dewar & Sons, die 1925 in der DCL aufgingen. 1966 renoviert und von zwei auf sechs stills erweitert. 1968 Errichtung einer großen Mälzerei. 1987 von UD übernommen. Der Whisky wurde auch als Glenordie und Ord verkauft.		

Abfüllung	Eigentümer
Destillation	
Abfüllung	
Alter	12 Jahre
Stärke	40 %
Fassart	
Besonderheit	

✍	**ohne Wasser**	**mit Wasser (auf 20 % verdünnt)**
Farbe	leicht rötliches Gold (mit Farbstoff)	Bernstein
Aroma	robust und kräftig, Malztöne, Rauch	Sherry kommt dazu, auch Teer und Medizin
Geschmack	geht kräftig an die Zunge, Sherrysüße, Malz und Torf gut ausgewogen, pfeffrig	behält Charakter, wird aber runder und sanfter und eine Spur trockener
Nachklang	steht gut, frisch und reich	sehr schön, gute Länge
Bemerkung		Braucht ein wenig Wasser. Ein Charakter-Malt.

Malz	von den hauseigenen Drum-Maltings
Wasser	Loch nam Bonnach und Loch nam Euan
Mash tuns	1: 12 Tonnen (Gusseisen)
Washbacks	8: je 60.000 Liter (Oregon Pine)
Stills	3 wash stills (je 17.000 Liter) 3 spirit stills (je 16.000 Liter)
Befeuerung	Dampf
Fässer	refill Bourbon und Sherry
Jahresproduktion	3 Mio. Liter Alkohol
Hausstil	»Eine trockene Nase mit einem weichen, leicht torfigen Geschmack und einem lange anhaltenden, reichen Nachklang.«

✍

Abfüllung
Destillation
Abfüllung
Alter
Stärke
Fassart
Besonderheit

✍	ohne Wasser	mit Wasser
Farbe		
Aroma		
Geschmack		
Nachklang		
Bemerkung		

GLEN SCOTIA

[Glen Scotia]

Tal von Schottland/der Schotten

geschlossen

Besitzer	Loch Lomond Distillery Co Ltd (A. Bulloch Agencies)		
Lizenz	A. Gillies & Co	**Manager**	John Peterson
Adresse	12 High Street, Campbeltown, Argyll PA28 6DS		
Telefon	01586 – 552 288	**E-Mail**	
Visitor Centre	nein	**Führungen**	
Lage	ziemlich in der Stadtmitte gelegen		
Geschichte	1832 von Stewart, Galbraith & Co. gegründet. Sehr unübersichtliche Besitzer-Geschichte – bis heute. 1928–1933 geschlossen. Hiram Walker & Sons verkauften 1955 an A. Gillies & Co (seit 1970 Teil der Amalgated Distilled Products). Renovierung von 1982–1989. Schließung. 1990 übernahmen Gibson International. 1994 Bankrott. Konkursmasse übernommen von A. Bulloch.		

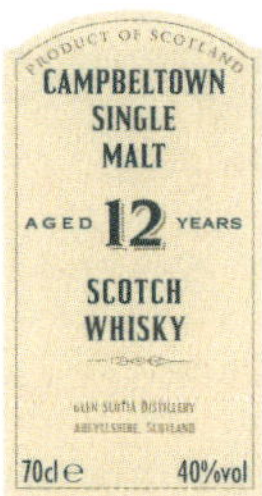

Abfüllung	Eigentümer
Destillation	
Abfüllung	
Alter	12 Jahre
Stärke	40 %
Fassart	
Besonderheit	

✍	**ohne Wasser**	**mit Wasser (auf 20 % verdünnt)**
Farbe	polierte Bronze (ungefärbt)	wie das (leider nicht mehr lieferbare) »Islay-Water«
Aroma	zuerst Medizin, dann Frucht, dabei schön frisch, ausgewogen	Jod verstärkt, dezenter Rauch, Frucht zarter
Geschmack	angenehme, nicht beißende Schärfe, danach Malzsüße, Torfigkeit	schöne Süße, Malz deutlicher, leicht salzig
Nachklang	lang und schön	bleibend
Bemerkung		Nach wie vor einer der verkanntesten Malts.

Malz	Optic von Greencore Maltings
Wasser	Tiefbrunnen und Crosshills Loch
Mash tuns	1: 5 Tonnen (Stahl)
Washbacks	6: 16.000 Liter (Stahl)
Stills	1 wash still (16.000 Liter) 1 spirit still (12.000 Liter)
Befeuerung	Dampf
Fässer	Bourbon Barrels und Sherry Hogsheads
Jahresproduktion	750.000 Liter Alkohol, z. Zt. 100.000 Liter
Hausstil	»Eindeutig torfig und von Seeluft geprägt. Großartiges Aroma, geschmeidig und salzig im Mund, warmes Finish.«

Abfüllung	The Whisky Fair
Destillation	Juli 1999
Abfüllung	Juni 2006
Alter	6 Jahre
Stärke	52,7 %
Fassart	Bourbon Barrels 1999/541+542
Besonderheit	464 Flaschen

	ohne Wasser	**mit Wasser (auf 20 % verdünnt)**
Farbe	zart und blass, mit wässrigem Rand (ungefärbt)	sehr hell
Aroma	faszinierend – frisch, salzig, behutsam rauchig, etwas alkoholisch	fein, torfig, frische Kräuter, Zitronengras, Ingwer
Geschmack	runde Süße, dann der Rauch, dann würzige Frische	zarter Rauch, mild, harmonisch, verführerisch
Nachklang	lang und etwas pfeffrig	etwas verhalten
Bemerkung		Nach einem Sommergewitter, vor einem Winterspaziergang …

Glen Spey

[Glen Spéj]

Tal des Spey/des Weißdorns

in Betrieb			
Besitzer	Diageo plc., England		
Lizenz	Diageo plc. (bis 2001 Justerini & Brooks, Scotland, Ltd.)		
Manager	Peter Warren		
Adresse	Rothes, AB38 7AU	**Telefon**	01340 832 000
E-Mail			
Visitor Centre	nein	**Führungen**	nein
Lage	mitten im Ort, direkt an der Hauptstraße		
Geschichte	Gründungsdatum unbekannt. 1887 übernahm W. & A. Gilbey Ltd. die Brennerei von James Stuart (s. Macallan). Gilbey wurde 1962 von IDV und diese 1972 von Grand Metropolitan übernommen. Seit deren Fusion mit Guinness 1997 gehört die 1970 renovierte, von zwei auf vier stills erweiterte Brennerei UDV, also heute Diageo.		

Abfüllung	ehemaliger Eigentümer
Destillation	
Abfüllung	
Alter	8 Jahre
Stärke	40 %
Fassart	
Besonderheit	von IDV noch unter Destillerie-Namen abgefüllt

✍	**ohne Wasser**	**mit Wasser (auf 20 % verdünnt)**
Farbe	Gold (mit Farbstoff)	helles Stroh
Aroma	leicht und blumig, etwas spritig	sehr leicht und duftig
Geschmack	leicht, entfernt Torf	etwas grasig
Nachklang	sanft und etwas trocken	relativ kurz
Bemerkung		Schade, dass es ihn nicht mehr gibt!

Malz	Optic u. a. von den Diageo-Maltings am Moray Firth
Wasser	Doonie's Spring
Mash tuns	1: 20 Tonnen (Edelstahl)
Washbacks	8: je 25.000 Liter (Edelstahl)
Stills	2 wash stills (12.000 Liter) 2 spirit stills (7.500 Liter)
Befeuerung	Dampf
Fässer	
Jahresproduktion	2,5 Mio. Liter Alkohol
Hausstil	»Ein gut ausgewogener New Spirit.«

✍

Abfüllung	Douglas Laing für Ermuri (»Fine Malt Collection«)
Destillation	Februar 1990
Abfüllung	Juni 2007
Alter	17 Jahre
Stärke	46 %
Fassart	refill Hogshead Nr. 3331
Besonderheit	

✍	**ohne Wasser**	**mit Wasser (auf 20 % verdünnt)**
Farbe	weißgold (ungefärbt)	verliert seinen Glanz (weil nicht kühlgefiltert)
Aroma	zarte Vanille, Eiche, kräftig, fruchtig (Äpfel)	weich, mild, sanft – eher Anklänge von Kräutern als von Fruchtigkeit
Geschmack	zuerst cremige Süße, rund, dann intensiver und muskulös	wunderbar cremiges Mundgefühl, sanfte, fruchtige Süße, dann kleine bittere Spitze
Nachklang	intensiv, lang und leicht feurig	steht verblüffend gut, Süße kommt zurück
Bemerkung		Beim Wein würde man sagen: sortenrein. Vielleicht *der* verkannte Speysider schlechthin.

GLENALLACHIE

[Glen-al-láchie]

Tal der Felsen/des steinigen Platzes

in Betrieb			
Besitzer	Group Pernod Ricard, Frankreich		
Lizenz	Chivas Brothers (bis 2002 Campbell Distillers Ltd.)		
Manager	Robert Hay		
Adresse	Aberlour, AB38 9LR	**Telefon**	01340 871 315
E-Mail			
Visitor Centre	nein	**Führungen**	Nein
Lage	nahe der A 95, bei Ruthie, westlich des Ortes und sehr nahe an der Aberlour Distillery		
Geschichte	1967/69 von Delmé Evans für Mackinlay McPherson Ltd., einer Tochter von Scottish & Newcastle Breweries Ltd., gebaut. 1985 von Invergordon gekauft. 1987 geschlossen. 1989 von der französischen Gruppe übernommen.		

Abfüllung	Eigentümer
Destillation	
Abfüllung	
Alter	12 Jahre
Stärke	40 %
Fassart	
Besonderheit	noch von Invergordon abgefüllt

✍	**ohne Wasser**	**mit Wasser (auf 20 % verdünnt)**
Farbe	hell (mit Farbstoff)	sehr blass
Aroma	sehr duftig, süß, Malztöne	delikate, leichte Duftigkeit, süßlicher Malzduft
Geschmack	sauber, süßlich, mild, Spur von Torf	sehr zart und delikat, leichte Süße, sehr mild
Nachklang	lang und süß	sympathisch, mild und gut in der Länge
Bemerkung		Campbells sollten nicht alles für ihre Blends behalten!

Malz	von fremden Mälzereien
Wasser	Quellen am Ben Rinnes
Mash tuns	1: 9,5 Tonnen (Edelstahl)
Washbacks	6: je 60.000 Liter (Edelstahl)
Stills	2 wash stills (36.368 Liter)
	2 spirit stills (23.911 Liter)
Befeuerung	Dampf
Fässer	Bourbon und refill casks
Jahresproduktion	bis 3 Mio. Liter Alkohol
Hausstil	»Speyside Malt«

✍

Abfüllung	Scotch Single Malt Circle
Destillation	18. Mai 1981
Abfüllung	4. November 2003
Alter	22 Jahre
Stärke	55,9 %
Fassart	Sherry (Fass Nr. 600)
Besonderheit	301 Flaschen

✍	**ohne Wasser**	**mit Wasser (auf 20 % verdünnt)**
Farbe	zwischen Messing und Kupfer (ungefärbt)	poliert, glänzend, wie eine neue pot still
Aroma	zuerst Oloroso-Duft, nussig mit fruchtigen Komponenten, erstaunlich weich für 55,9 %	wunderbar – verträgt Wasser, berauschend schöne Nase, reife Äpfel, Gewürzkuchen, Lorbeer
Geschmack	die 55,9 % machen sich jetzt durchaus bemerkbar auf der Zunge, aber dann: üppige, schwere Süße, zum Kauen	die Schärfe hat sich verabschiedet, es bleibt eine grandiose Süße, …
Nachklang	bleibt lange und mächtig spürbar	… die immer noch lange steht
Bemerkung		Ein Sherry-Malt, der Wasser braucht! Und dann ideal ist zum Espresso, zum Dessert oder zur Zigarre.

GLENBURGIE

[Glenbörgi]

Tal des Burgie, Tal der Festung

in Betrieb	
Besitzer	Group Pernod Ricard, Frankreich
Lizenz	James & George Stodart Ltd.
Manager	George Forsyth
Adresse	by Mains of Burgie, by Forres, IV36 0QY
Telefon	01343 850 258
E-Mail	
Visitor Centre	nein **Führungen** nein
Lage	südlich der A 96 nahe Alves
Geschichte	1810, als Kilnflat sicher 1829 von William Paul gegründet. Viele Besitzerwechsel. 1927–1935 geschlossen. 1930 übernimmt Stodart für Hiram Walker-Gooderham & Worts, Ontario, die später zu Allied Domecq gehörte, die Kontrolle. Von 1958–1981 wurde mit zwei zusätz-

Abfüllung	Gordon & MacPhail »Allied«-Reihe
Destillation	
Abfüllung	
Alter	8 Jahre
Stärke	40 %
Fassart	
Besonderheit	»Trademark of Proprietors: J.G. Stodart Ltd«

✍	**ohne Wasser**	**mit Wasser (auf 20 % verdünnt)**
Farbe	gelber Bernstein (mit Farbstoff)	heller Goldton
Aroma	frisch und sauber, Heutöne, hat etwas Grünes	sehr frisch
Geschmack	voller Malzton, der schön in den Pfeffer eingebunden ist, feine, frische Süße	leicht (zu leicht?), ganz zarte Süße, leichter Malzton
Nachklang	schnell (zu jugendlich?)	kurz
Bemerkung		Wenn überhaupt, dann nur ein paar Tropfen Wasser.

	lichen »Lomond«-stills »Glencraig« produziert. 2000–2004 stillgelegt. Allied verkaufte sich 2005 an den französischen Konzern.
Malz	von Robert Kilgour in Kirkcaldy
Wasser	Quellen (keine nähere Angabe)
Mash tuns	1: 8 Tonnen (Edelstahl)
Washbacks	12: je 23.500 Liter (Edelstahl)
Stills	2 wash stills (je 18.000 Liter) 2 spirit stills (je 15.000 Liter)
Befeuerung	Dampf
Fässer	Bourbon
Jahresproduktion	2 Mio. Liter Alkohol
Hausstil	»Sehr reich, mit Torf-Tönen und Heideblumen im Hintergrund.«

✍

Abfüllung	Gordon & MacPhail »Connoisseurs Choice«-Serie
Destillation	1975
Abfüllung	
Alter	
Stärke	40 %
Fassart	
Besonderheit	

✍	**ohne Wasser**	**mit Wasser (auf 20 % verdünnt)**
Farbe	Bernsteingold (mit Farbstoff)	Gold
Aroma	erinnert stark an Cognac, Geruch nach altem Holz, Vanille	gewinnt, wird schlanker, Mandel, Marzipan, Schokolade
Geschmack	deutlich Holz, Karamell, Toast, etwas eindimensional und flach	weiche Süße, sonst nicht viel
Nachklang	wird trocken und adstringierend, nicht sehr lang	kurz
Bemerkung		Das alte Lied – mit Wasser schöner in der Nase, ohne im Mund.

Glencadam

[Glencádam]

Tal der wilden Gans

in Betrieb		**www.angusdundee.co.uk**	
Besitzer	Angus Dundee Distillers plc., England		
Lizenz	The Glencadam Distillery Co. Ltd.		
Manager	Robert Fleming		
Adresse	16, Park Road, Brechin, DD9 7PA		
Telefon	01356 622 217		
E-Mail			
Visitor Centre	nein	**Führungen**	nein
Lage	östlich des Stadtzentrums von Brechin		
Geschichte	Vermutlich 1825 gegründet. Gehörte von 1827–1837 David Scott. 1954 von Hiram Walker (Scotland) Ltd gekauft und an George Ballantine & Sons Ltd lizenziert. Die Firma war dann über Allied Distillers Ltd im Besitz von Allied Domecq. 1959 modernisiert. 2003 an Angus Dundee (Familie Hill) verkauft.		

Abfüllung	Eigentümer
Destillation	
Abfüllung	
Alter	15 Jahre
Stärke	40 %
Fassart	
Besonderheit	

✍	**ohne Wasser**	**mit Wasser (auf 20 % verdünnt)**
Farbe	Bernstein (mit Farbstoff)	Gold
Aroma	weich, Frische, (angenehm nach) Lösungsmittel und Wachs, Toffee	süßlich, dunkle Schokolade, im Hintergrund immer noch: Wachs
Geschmack	unerwartet rund und füllig, süß	sanfter, etwas flacher, leichte Süße
Nachklang	rund, erstaunlich reich	kürzer und etwas schlichter
Bemerkung		Eastern Highlands in der Nase, Speyside im Mund …

Malz	von Robert Kilgour in Kirkcaldy
Wasser	Loch Lee (früher Moorfoot Loch)
Mash tuns	1: 4,56 Tonnen
Washbacks	6: je 28.000 Liter (Oregon Pine)
Stills	1 wash still (14.000 Liter) 1 spirit still (14.000 Liter)
Befeuerung	Dampf
Fässer	Bourbon
Jahresproduktion	1,3 Mio. Liter Alkohol
Hausstil	»Honigartiger Stil, cremig, erinnert an Sommerblumen und einen Hauch von Äpfeln.«

✍

Abfüllung	Signatory
Destillation	3.3.1976
Abfüllung	24.4.1998
Alter	22 Jahre
Stärke	57 %
Fassart	Eiche (Fass Nr. 85/73/1)
Besonderheit	225 Flaschen

✍	**ohne Wasser**	**mit Wasser (auf 20 % verdünnt)**
Farbe	sehr dunkel, Gold, Kupfer (ungefärbt)	dunkler Bernstein
Aroma	verführerisch, üppig, überhaupt nicht stechend, frisches Brot, Fruchtton (Datteln?)	Früchte deutlicher (Datteln, Feigen), verhaltene Holztöne
Geschmack	geht zur Sache – feurig süß, scharf, Tannin	schöne, harmonische Süße, den Mund füllend und dann …
Nachklang	steht wie eine Eins	… langsam verglühend
Bemerkung		Seine Qualität kann man nur mit Wasser erfahren.

GLENDRONACH

[Glendrónach]

Tal des Dronach/der Brombeerhecken

in Betrieb		**www.theglendronach.com**	
Besitzer	Group Pernod Ricard, Frankreich		
Lizenz	The Glendronach Distillery Co. Ltd.		
Manager	Tom Mulholland		
Adresse	Forgue, by Huntly, AB54 6DM		
Telefon	01466 730 202	**E-Mail**	
Visitor Centre	ja, mit Shop	**Führungen**	ja (kostenlos)
Lage	an der B 9001 (über A 97 zwischen Huntly und Aberchirder)		
Geschichte	1826 von James Allardyce gegründet. 1852–1880 im Besitz von Walter Scott (Teaninich), 1920 von einem Sohn von William Grant (Glenfiddich), 1960 von William Teacher & Sons gekauft. Die gehen 1976 an Allied Breweries, die sich, nun als Allied Domecq, 2005 an die französische Gruppe verkauften. 1966/67 von zwei auf vier stills erweitert.		

Abfüllung	Eigentümer
Destillation	
Abfüllung	
Alter	12 Jahre
Stärke	40 %
Fassart	»double cask matured in sherry wood and traditional oak barrels«
Besonderheit	

✍	**ohne Wasser**	**mit Wasser (auf 20 % verdünnt)**
Farbe	dunkelfarbiger Bernstein, heller Rand (mit Farbstoff)	dunkles Gold
Aroma	zart Vanille, nussige Töne (Sherry), Birne, Muskatnuss	filigraner, schwach vanillig, nussige, toffeeartige Noten, Gewürze
Geschmack	leichte Süße, samtig am Anfang, zunehmend zarte Schärfe	die typische Süße eines Sherry-Whisky, sehr leicht und tänzerisch
Nachklang	leicht, warm mit Röstaromen	verabschiedet sich leider schnell
Bemerkung		Ganz subjektiv: harmonischer als der Vorgänger.

	1996–2002 geschlossen. Bei der Wiedereröffnung wurde auf die floor maltings verzichtet und die Kohlebefeuerung durch Gas ersetzt.
Malz	von Robert Kilgour in Kirkcaldy
Wasser	Quellwasser (»The source«) auf eigenem Grund
Mash tuns	1: 3,72 Tonnen (Gusseisen)
Washbacks	9: je 18.125 Liter (Oregon Pine)
Stills	2 wash stills (je 13.635 Liter) 2 spirit stills (je 6.800 Liter)
Befeuerung	direkte Gasbefeuerung
Fässer	Oloroso Sherry, dreimal befüllt
Jahresproduktion	900.000 Liter Alkohol
Hausstil	»Leicht torfig mit einem Anflug von Ester und Heutönen. Ideal zum Reifen in Sherry-Fässern.«

✍

Abfüllung	Signatory
Destillation	2.6.1975
Abfüllung	22.2.1999
Alter	23 Jahre
Stärke	53,7 %
Fassart	Sherry (Fass Nr. 1693),
Besonderheit	252 Flaschen

✍	**ohne Wasser**	**mit Wasser (auf 20 % verdünnt)**
Farbe	schimmernder, kräftiger, dunkler Holzton (ungefärbt)	hellerer Glanz
Aroma	trockener als Eigentümerabfüllung, feine Holzaromen, schlank	subtiler, raffinierter, bekommt Würze und Frucht
Geschmack	zuerst Lakritz, dann Schärfe, dann würzige Süße, dann herbe Trockenheit	wundervolle Balance, kaum Schärfe, aufkommend Kräuter
Nachklang	sehr lang und etwas trocken	lange und weich
Bemerkung		Unbedingt Wasser! Unbedingt immer wieder riechen.

Glendullan

[Glendállen]

Tal des Dullan

geschlossen

Besitzer	Diageo plc., England		
Lizenz	Diageo plc. (MacDonald Greenlees Ltd.)		
Manager			
Adresse	Dufftown, AB55 4DJ	**Telefon**	01340 820 250
E-Mail			
Visitor Centre	nein	**Führungen**	Nein
Lage	am rechten Ufer des Fiddich		
Geschichte	1897/98 von William Williams & Sons Ltd. gebaut, die mit Macdonald, Greenlees zusammengehen und 1926 von der DCL übernommen werden. 1962 renoviert. 1972 neue Destillerie auf dem gleichen Gelände, mit gleichem Namen und sechs stills. Alt-Glendullan hat zwei und wurde 1985 geschlossen. 1987 von UD übernommen. Alte Anlage wird als Werkstatt genutzt.		

Abfüllung	Eigentümer (»Fauna & Flora«-Serie)
Destillation	
Abfüllung	
Alter	12 Jahre
Stärke	43 %
Fassart	
Besonderheit	

✍	**ohne Wasser**	**mit Wasser (auf 20 % verdünnt)**
Farbe	blass (mit Farbstoff)	fast weiß
Aroma	etwas Sprit, wenig Torf, Malz und Getreide	besser verbunden
Geschmack	etwas trocken, Malzsüße kommt, leichter Vanilleton	wird leichter und mild, Süße deutlicher
Nachklang	sehr lang und warm	gute Länge
Bemerkung		

Malz	von den Diageo-Maltings am Moray Firth
Wasser	River Fiddich und vom Convall Hill
Mash tuns	1: 12 Tonnen (Gusseisen)
Washbacks	8: je 65.000 Liter (Oregon Pine)
Stills	3 wash stills (je 23.800 Liter) 3 spirit stills (je 33.700 Liter)
Befeuerung	Dampf
Fässer	
Jahresproduktion	1,7 Mio. Liter Alkohol
Hausstil	»Ein vollfruchtiges Bukett mit einem sanften, lange haftenden Nachklang.«

✍

Abfüllung
Destillation
Abfüllung
Alter
Stärke
Fassart
Besonderheit

✍	ohne Wasser	mit Wasser
Farbe		
Aroma		
Geschmack		
Nachklang		
Bemerkung		

GLENESK

[Glenésk]

Tal des Esk (Esk = uisge = Wasser)

geschlossen	
Besitzer	ehemals UD/Diageo plc., England
Lizenz	ehemals William Sanderson & Sons Ltd. (bis 1992)
Manager	
Adresse	Hillside, Montrose, DD10 9EP
Telefon	**E-Mail**
Visitor Centre	nein **Führungen**
Lage	3 km nördlich von Montrose nahe der A 931; neben den – unübersehbaren – Maltings
Geschichte	Viele Namen: Highland Esk 1897 bei Gründung, 1899 North Esk. Geschlossen von 1914–1938. Gekauft von National Distillers of America. Grain-Destillerie. 1956 kaufen DCL. 1964 als »Hillside« wieder Maltbrennerei. 1968 Neubau der Maltings nebenan. 1980 Glenesk genannt. 1985 geschlossen. 1987 von UD übernommen. 1992 Lizenz gelöscht.

Abfüllung	Signatory
Destillation	4.1.1974
Abfüllung	8.9.2000
Alter	26 Jahre
Stärke	52,7 %
Fassart	Eiche (Fass Nr. 89)
Besonderheit	238 Flaschen

✍	**ohne Wasser**	**mit Wasser (auf 20 % verdünnt)**
Farbe	Fino Sherry-Farbe (ungefärbt)	wird etwas wolkig (weil naturbelassen!)
Aroma	zuerst Schoko und Kakao, würzig und deutlich nach Eiche, Anklänge von Seeklima, Jod	feiner, deutlich medizinischer, außerdem Fruchttöne
Geschmack	startet würzig, jodig, gewinnt Kraft, Süße (Kräuter, Leder)	süße Fruchttöne auch hier, Vanille vom Bourbon, mild
Nachklang	lang, warm und süß	schön ausdauernd
Bemerkung		Pur schön, mit Wasser ein Gedicht!

Malz	ehemals von den eigenen Glenesk-Maltings
Wasser	ehemals River North Esk
Mash tuns	
Washbacks	
Stills	ehemals 2 wash stills ehemals 2 spirit stills
Befeuerung	
Jahresproduktion	
Hausstil	

✍

Abfüllung	Eigentümer (»Rare Malts Selection«)
Destillation	1969
Abfüllung	
Alter	25 Jahre
Stärke	61,9 %
Fassart	
Besonderheit	»Hillside« hieß sie 1965–1969, nummeriert

✍	**ohne Wasser**	**mit Wasser (auf 20 % verdünnt)**
Farbe	mittlerer bis dunkler Bernstein (mit Farbstoff)	leichte Trübung, etwas heller
Aroma	erstaunlich leicht angesichts des Alters, Vanille-Duft vom Holz, frisch	sehr aromatisch, deutlicher Eichenholzton, aber auch Malz
Geschmack	kräftig Alkohol, dennoch frisch, malzig, trocken werdend	wird verblüffend frisch, malzig-süßlich, dann trockener und etwas adstringierend
Nachklang	lang und stark	schöne Länge, frisch
Bemerkung		Wird mit viel Wasser (2 : 1) richtig schön erfrischend.

GLENFARCLAS

[Glenfárcles]

Tal des grünen Graslandes

in Betrieb		**www.glenfarclas.co.uk**	
Besitzer	J. & G. Grant, Schottland		
Lizenz	ebenso	**Manager**	John Miller
Adresse	Ballindalloch, AB37 9BD	**Telefon**	01807 500 257
E-Mail	info@glenfarclas.co.uk		
Visitor Centre	ja, mit Shop	**Führungen**	ja (Eintrittsgebühr)
Lage	südlich der A 95 genau zwischen Grantown-on-Spey und Aberlour		
Geschichte	Robert Hay, Pächter der Rechlerich Farm, bekam 1844 die Lizenz. 1865 von John Grant gekauft, der sie zunächst für fünf Jahre verpachtete. Geleitet seit 1895, gekauft 1900 von den Grants, deren männliche Mitglieder entweder George oder John heißen. 1896 renoviert. 1960 von zwei auf vier, 1976 auf sechs stills erweitert. 1973 Eröffnung des Visitor Centre.		

Abfüllung	Eigentümer
Destillation	
Abfüllung	
Alter	10 Jahre
Stärke	40 %
Fassart	
Besonderheit	

✍	**ohne Wasser**	**mit Wasser (auf 20 % verdünnt)**
Farbe	leuchtender Bernstein (ungefärbt)	ein wenig heller
Aroma	frisch, sauber, sanfte Röstaromen, leicht Sherry, zarter Holzton, blumig	noch schöner, harmonisch, Pfirsichduft, zart nach Eiche
Geschmack	kräftig, fleischig, rund, dunkle Schokotöne	schön, harmonisch, leicht, weich, gefällig
Nachklang	erstaunlich kurz	verschwindet wie ein Blitz
Bemerkung		Mit Wasser wunderbar für Sommerabende geeignet.

Malz	von fremden Mälzereien in Arbroath
Wasser	Quellen am Ben Rinnes
Mash tuns	2: 16,5 Tonnen (Edelstahl)
Washbacks	12: je 45.000 Liter (Edelstahl)
Stills	3 wash stills (29.600 Liter) 3 spirit stills (25.000 Liter)
Befeuerung	Gas, direkt befeuert
Fässer	Oloroso Sherry, dreimal befüllt (3. Füllung nur für Blends verwendet)
Jahresproduktion	3 Mio. Liter Alkohol
Hausstil	»Ein voll aromatischer, typischer Speyside-Malt, der eine Menge Charakter durch den hohen Prozentsatz der bei der Reifung verwendeten Sherry-Fässer bekommt.«

✍

Abfüllung	Eigentümer
Destillation	
Abfüllung	
Alter	15 Jahre
Stärke	46 %
Fassart	
Besonderheit	

✍	**ohne Wasser**	**mit Wasser (auf 20 % verdünnt)**
Farbe	mittlerer Bernstein (ungefärbt)	rotgelber Bernstein
Aroma	voll und süß nach Sherry, Malz und ein Hauch Rauch	sehr reich, fast üppig, komplex
Geschmack	schöne Komposition von Süße, Malzigkeit und ein bisschen Torf	ebenso, nur eine Spur weicher
Nachklang	lang, weich, warm und süß	sehr schön
Bemerkung		Übereinstimmende Meinung: der gelungenste Glenfarclas!

GLENFIDDICH

[Glenfíddich]

Tal der Hirsche, Tal des Fiddich

in Betrieb		**www.glennfiddich.de** und **www.glenfiddich.com**	
Besitzer	William Grant & Sons Ltd., Schottland		
Lizenz	ebenso	**Manager**	Richard Cotton
Adresse	Dufftown, AB55 4DH	**Telefon**	01340 820 373
E-Mail	visitorcentre@wgrant.com		
Visitor Centre	ja, mit Shop		
Führungen	ja; »normal« kostenlos, ausführlich gegen Eintrittsgebühr		
Lage	am Nordende des Ortes, gegenüber Balvenie Castle		
Geschichte	1886/87 von William Grant mit altem Equipment von Cardow gegründet, bis heute im Familienbesitz. 1963 als erster Malt weltweit vermarktet. Erste Firma, die sich für Besucher öffnete und ein Visitor Centre einrichtete. Heute 28 stills. Eigene Abfüllanlage. 1990 Bau der		

Abfüllung	Eigentümer
Destillation	
Abfüllung	
Alter	12 Jahre
Stärke	40 %
Fassart	
Besonderheit	»Special Reserve«

✍	**ohne Wasser**	**mit Wasser (auf 20 % verdünnt)**
Farbe	heller Bernstein (mit Farbstoff)	gealterter Riesling
Aroma	frisch, malzig, feiner Eichenholzton, Honig, Toffee, Heu	fein, frisch, Vanille, Lavendel, kleiner Rauch-Schwanz
Geschmack	weicher Start, süß, leicht torfig, kleines Feuer	erfrischend, leichte Süße, dann trocken, etwas Rauch
Nachklang	gegen Ende trocken, mittellang	sehr kurz
Bemerkung		Behutsam mit Wasser! Aber ein paar Tropfen schließen das Aroma auf.

	neuen Kininvie Distillery, auf dem gleichen Gelände neben Glenfiddich und Balvenie.
Malz	Optic und Chalice von fremden Mälzereien
Wasser	Robbie Dubh
Mash tuns	2: 12 Tonnen (Edelstahl)
Washbacks	24: je 60.000 Liter (Oregon Douglasfichte)
Stills	10 wash stills (je 9.100 Liter) 18 spirit stills (je 4.500 Liter)
Befeuerung	Direktbeheizung
Fässer	Bourbon und Sherry
Jahresproduktion	Zahlen werden nicht veröffentlicht (geschätzt: 10 Mio. Liter Alkohol)
Hausstil	»Leichte, frische, duftige Nase mit einem Hauch von Trockenheit. Der Nachklang ist rund und lange anhaltend.«

✍

Abfüllung	Eigentümer
Destillation	
Abfüllung	
Alter	15 Jahre
Stärke	40 %
Fassart	
Besonderheit	»Solera Reserve«

✍	**ohne Wasser**	**mit Wasser (auf 20 % verdünnt)**
Farbe	ein Strahlemann: glänzendes Gold (mit Farbstoff)	stabil und nur wenig verändert
Aroma	perfekte Kreation: feiner Sherry im Hintergrund, frische Eiche, die Glenfiddich-Mischung aus Malz und Frucht, frisch und subtil	schöne, aber federleichte Nase
Geschmack	sanft kitzelnde Pfeffrigkeit, rund, verführerisch, fein	ausgeprägte und dominierende Süße
Nachklang	weich und leicht, dennoch erstaunlich lang	klein und trocken
Bemerkung		Ein wunderbarer Aperitif, mit Wasser schon mittags.

GLENFLAGLER

[Glenflégler]

Tal des Flagler

Abgebaut	
Besitzer	ehemals Inver House Distillers Ltd., Schottland
Lizenz	ehemals Inver House Distillers Ltd.
Manager	
Adresse	Tower Road, Moffat Mills, Airdrie, M6 8PL
Telefon	**E-Mail**
Visitor Centre	nein **Führungen**
Lage	am östlichen Ortsrand von Airdrie bei Moffat Mills
Geschichte	1965 Umbau einer Papier-Mühle zur Grain-Brennerei, die Moffat (auch Garnheath) genannt wird. Ergänzt um Malzdestille, die drei Malts produzierte: Glenflagler (bis 1985) und die bis 1970 gebrannten Killyloch (Fehler bei der Fassbeschriftung, eigentlich Lillyloch) und Islebrae. Die sechs stills wurden in den 70ern des vergangenen Jahrhunderts auseinander genommen. Bis auf die warehouses ist mittlerweile alles abgerissen.

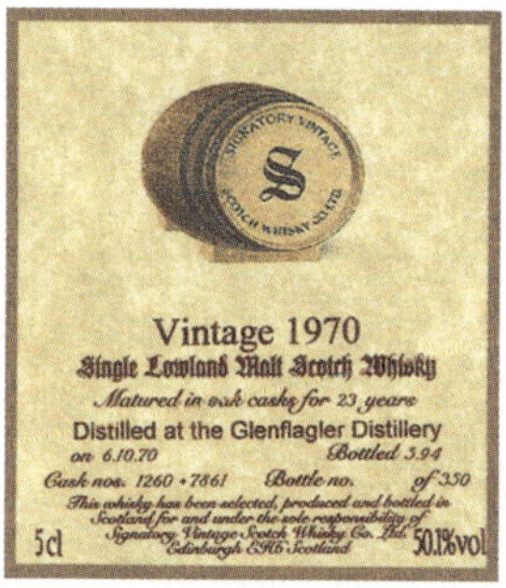

Abfüllung	Signatory
Destillation	6.10.1970
Abfüllung	Mai 1994
Alter	23 Jahre
Stärke	50,1 %
Fassart	Eiche (Fass Nr. 1260/1)
Besonderheit	350 Flaschen

✍	**ohne Wasser**	**mit Wasser (auf 20 % verdünnt)**
Farbe	hellgelber Bernstein (ungefärbt)	blasser Bernstein
Aroma	frisch und leicht, leicht malzig, etwas trocken	sehr frisch und ohne jeden Altersgeruch
Geschmack	sauber und rein, malzige Süße, erstaunlich kräftig für einen Lowland	schwache Süße, immer noch sauber, gegen Ende etwas adstringierend
Nachklang	ziemlich lang, trocken werdend	gute Länge, Süße weicht Trockenheit
Bemerkung		Eine Ausgrabung!

Malz	ehemals von eigenen Maltings
Wasser	Lillyloch
Mash tuns	
Washbacks	
Stills	ehemals 3 wash stills ehemals 3 spirit stills
Befeuerung	
Fässer	
Jahresproduktion	
Hausstil	

✍

Abfüllung	Signatory
Destillation	21.3.1972
Abfüllung	Juni 1994
Alter	22 Jahre
Stärke	52,6 %
Fassart	Sherry (Fass Nr. 206.413)
Besonderheit	Das einzige jemals als Single Malt abgefüllte Fass!

✍	**ohne Wasser**	**mit Wasser (auf 20 % verdünnt)**
Farbe	mittleres Gold (ungefärbt)	etwas heller
Aroma	deutlicher Alkoholton, eingebunden in fruchtige Süße, erstaunlich frisch für einen so alten Lowland	rund und reif, schöne Fruchtigkeit, leichter Holzton
Geschmack	schön feurig, vielschichtig: würzig, Holz, zarte Süße	noch schöner, ein Mundwärmer, Süße und Feuer herrlich ausgewogen
Nachklang	lange loderndes Feuer, verglimmende Süße	glüht gut nach
Bemerkung		Die Rarität überhaupt!

GLENGLASSAUGH

[Glen Glássoh]

Tal der Aue/Tal des Glassaugh

bald wieder in Betrieb

Besitzer	Scaent Group, Niederlande		
Lizenz	noch offen	**Manager**	Graham Eunson
Adresse	Portsoy, AB45 2SQ		
Telefon		**E-Mail**	
Visitor Centre	nein	**Führungen**	nein
Lage	westlich Portsoy, zwischen A 98 und Sandend Bay		
Geschichte	1875 gegründet und bereits seit 1890 im Besitz von Highland Distilleries Co. Ltd. Geschlossen 1907–1931, 1936–1959. 1960 komplett neugebaut und wiedereröffnet. 1986 geschlossen. Die Lizenz wurde 1992 zurückgegeben. 2008 von der Edrington Group, der Mutter von Highland Distillers, überraschend verkauft an die neuen Besitzer.		

Abfüllung	Eigentümer
Destillation	
Abfüllung	
Alter	12 Jahre
Stärke	40 %
Fassart	
Besonderheit	

✍	**ohne Wasser**	**mit Wasser (auf 20 % verdünnt)**
Farbe	Gold (mit Farbstoff)	bekommt helle Ränder
Aroma	sehr frisch und leicht, etwas nach frischem Gras	frisch und etwas unreif
Geschmack	leichte Süße, sehr leicht und grasig	wird sehr »dünn« und flach, die Unreife der Nase bestätigt sich
Nachklang	sehr sanft und etwas trocken	leicht bitter werdend und sich schnell verabschiedend
Bemerkung		Höchstens ein paar Tropfen Wasser zugeben.

Malz	früher von firmeneigenen (Tamdhu) und fremden Mälzereien
Wasser	lokale Quellen
Mash tuns	1: 5 Tonnen (Gusseisen)
Washbacks	6: je 25.000 Liter
Stills	1 wash still (12.729 Liter) 1 spirit still (17.184 Liter)
Befeuerung	indirekt – Dampfkessel innerhalb der stills
Fässer	refill Sherry
Jahresproduktion	Zahlen wurden bisher nicht veröffentlicht
Hausstil	»Hell-goldener Whisky mit leichtem Körper und einem sanften, eichigen Charakter.«

✍

Abfüllung	Signatory (Vintage Serie)
Destillation	17.12.1976
Abfüllung	18.5.2004
Alter	27 Jahre
Stärke	46,8 %
Fassart	
Besonderheit	Fass Nr. 2383, 257 Flaschen

✍	**ohne Wasser**	**mit Wasser (auf 20 % verdünnt)**
Farbe	sehr heller, wasserklarer Rand mit goldenem Kern (ungefärbt)	wird einheitlicher, helles Stroh
Aroma	frisches, grünes Gras, Birnenkompott, Eichenholz	leichte Kräuternoten kommen zur duftigen Frische
Geschmack	unerwartet große, cremige Süße nach Honig, mit einem klitzekleinen Feuerchen	sehr leicht, schwache Süße, später Geschmack von Tanninen
Nachklang	lang, warm und süß	sehr kurz und schnell
Bemerkung		Höchstens bei sehr warmem Wetter ein wenig reduzieren, sonst pur viel schöner.

GLENGOYNE

[Glengóin]

Tal der wilden Gänse

in Betrieb		**www.glengoyne.com**	
Besitzer	Ian MacLeod (Peter J. Russell & Co.), Schottland		
Lizenz	ebenso	**Manager**	Robbie Hughes
Adresse	Dumgoyne, Killearn, Stirlingshire, G63 9LB		
Telefon	01360 550 254	**E-Mail**	
Visitor Centre	ja, mit Shop		
Führungen	ja (verschiedene Formen, Eintrittsgebühr)		
Lage	an der A 81 zwischen Glasgow und Aberfeldy, südlich Killearn		
Geschichte	Als Burnfoot 1833 lizenziert, aber möglicherweise älter. 1876 an Lang Brothers verkauft und Glen Guin, 1905, anglisiert, Glengoyne genannt. 1965 wurde die Firma Teil von Robertson & Baxter, die später selbst Teil der Edrington Group wurden und die 1966/67 renovierte und von zwei auf drei stills erweiterte Destillerie 2003 verkauften.		

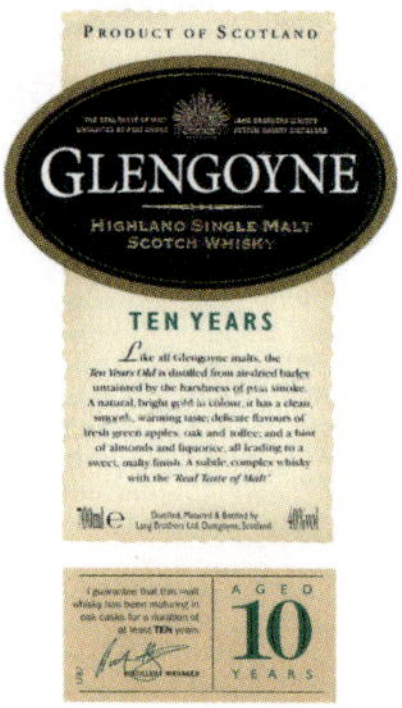

Abfüllung	Eigentümer
Destillation	
Abfüllung	
Alter	10 Jahre
Stärke	40 %
Fassart	
Besonderheit	

✍	**ohne Wasser**	**mit Wasser (auf 20 % verdünnt)**
Farbe	helles Goldgelb (mit Farbstoff)	nur eine Spur heller
Aroma	frisch, sauber, leicht, zarte Süße, blumig	fast identisch, nur noch etwas weicher
Geschmack	süffig, ausgewogen, schön malzig und ziemlich kräftig	bleibt schön, wird noch süffiger – als ob er zu noch mehr einladen wollte
Nachklang	erstaunlich lang, trocken werdend	steht gut
Bemerkung		Der Malt für den Sonntagmorgen.

Malz	Golden Promise und Optic, ungetorft, von J P Simpson's & Co.
Wasser	»The Distillery Burn« in den Campsie Fells
Mash tuns	1: 4 Tonnen (Edelstahl)
Washbacks	6: je 19.000 Liter (Oregon Pine)
Stills	1 wash still (12.500 Liter) 2 spirit stills (je 5.000 Liter)
Befeuerung	indirekt durch Dampfkessel innerhalb der stills
Fässer	1/3 Sherry und refill casks
Jahresproduktion	700.000 Liter Alkohol (2004)
Hausstil	»Ein leicht goldener Whisky mit mittlerem Körper, reich und aromatisch mit Sherry-Anklängen.«

✍

Abfüllung	Eigentümer
Destillation	
Abfüllung	
Alter	12 Jahre
Stärke	100°/57,2 %
Fassart	
Besonderheit	

✍	**ohne Wasser**	**mit Wasser (auf 20 % verdünnt)**
Farbe	mittlerer, polierter Bernstein (ungefärbt)	immer noch glänzend: Gold
Aroma	Vanille, Karamell, Kräuter und Blumen	würziger Duft nach Blumen, Heu, Eichenholz
Geschmack	ölige Süße, später zartes Feuer	sanft und weich, schöne Süße mit wieder allmählich deutlicher werdenden Nuancen von gerösteten Kaffeebohnen
Nachklang	lang und etwas trocken werdend	viel kürzer
Bemerkung		Sehr gut gelungener Glengoyne. Die Fassstärke zahlt sich aus.

Glenkinchie

[Glenkintschie]

Tal der Quinceys

in Betrieb		**www.malts.com** und **www.classic-malts.de**	
Besitzer	Diageo plc., England		
Lizenz	Diageo plc. (ehemals John Haig & Co. Ltd.)		
Manager	Kay Fleming		
Adresse	Pentcaitland, Trannent, EH34 5ET		
Telefon	01875 342 004	**E-Mail**	
Visitor Centre	ja, mit Shop	**Führungen**	ja (Eintrittsgebühr)
Lage	an der A 6093 (Wegweiser an allen Hauptstraßen in der Nähe)		
Geschichte	1837 von John und George Rate erbaut. Geschlossen von 1853–1881. Wiedereröffnet durch Glen Kinchie Distillery Co., die 1914 Teil der SMD wurden. Die floor maltings wurden 1968 geschlossen und werden heute als Museum benutzt. 1987 von UD/UDV übernommen, heute als Teil von Diageo.		

Abfüllung	Eigentümer (»Classic Malts«)
Destillation	
Abfüllung	
Alter	10 Jahre
Stärke	43 %
Fassart	
Besonderheit	

✍	**ohne Wasser**	**mit Wasser (auf 20 % verdünnt)**
Farbe	helles Strohgelb (mit Farbstoff)	sehr hell
Aroma	etwas alkoholisch, trocken, frisch und süßlich	wird runder, zarte Süße, Andeutung von Rauch
Geschmack	sanfter Rauch, leichte Süße, weich und würzig	frisch, ein bisschen trocken, malzig
Nachklang	warm und von guter Länge	angenehm, aber kurz
Bemerkung		

Malz	von den firmeneigenen Maltings in Roseisle
Wasser	aus den Lammermuir Hills
Mash tuns	1: 8,5 Tonnen (Edelstahl)
Washbacks	6: je 43.000 Liter (2 Oregon Pine, 4 kanadische Lärche)
Stills	1 wash still (21.000 Liter) 1 spirit still (17.200 Liter)
Befeuerung	Dampf
Fässer	Bourbon und Sherry
Jahresproduktion	2,5 Mio. Liter Alkohol
Hausstil	»Der rauchigste Lowland Malt. Eine leichte, delikate Nase mit sanftem, gefälligem Geschmack. Der perfekte After-Dinner-Malt, mit einem Hauch von Trockenheit.«

✍

Abfüllung	Signatory
Destillation	4.8.1978
Abfüllung	7.9.2000
Alter	22 Jahre
Stärke	54,6 %
Fassart	Eiche (Fass Nr. 3480)
Besonderheit	215 Flaschen

✍	**ohne Wasser**	**mit Wasser (auf 20 % verdünnt)**
Farbe	kräftiges Stroh (ungefärbt)	bekommt Glanz, wird sehr hell
Aroma	nett prickelnder Alkohol, leicht, grün-frisch (Apfel, Gras)	verliert ein bisschen Frische, gewinnt Tiefe und Rundheit
Geschmack	zum Luftholen kräftig, traumhafte Verbindung von Pfeffer und warmer Süße	kein Pfeffer mehr, dafür schöne Süße
Nachklang	rund und wohltuend, erfrischend	unglaublich lang und süß
Bemerkung		Die Entdeckung der Verkostung 2001!

Glenlivet

[Glenlívet]

Tal des Livet/des angenehmen Platzes

in Betrieb		**www.theglenlivet.com**	
Besitzer	Group Pernod Ricard, Frankreich		
Lizenz	Chivas Brothers	**Manager**	Hamish Proctor
Adresse	Minmore, by Ballindalloch, AB37 9DB		
Telefon	01340 821 720	**E-Mail**	theglenlivet.admin@chivas.com
Visitor Centre	ja, mit Shop und Restaurant		
Führungen	ja (kostenlos)		
Lage	zwischen Bridge of Avon und Tomintoul, nahe B 9008		
Geschichte	George Smith war der erste Brenner, der eine offizielle Lizenz nach dem Act von 1823 erwarb. Gebaut 1858 von G. & J. Smith, um deren Drummin- und Delnabo-Brennereien zu ersetzen. Darf sich seit 1880 nach Gerichtsentscheid »The« Glenlivet nennen. 1953 mit Glenlivet fusioniert zu The Glenlivet & Glen Grant Distilleries, dann 1970 mit Longmorn-Glenlivet Distilleries und Hill, Thompson & Co weiter zu		

Abfüllung	Eigentümer
Destillation	
Abfüllung	
Alter	12 Jahre
Stärke	40 %
Fassart	
Besonderheit	

✍	**ohne Wasser**	**mit Wasser (auf 20 % verdünnt)**
Farbe	helles Gold (mit Farbstoff)	etwas blasser
Aroma	schön frisch und unaufdringlich, zart, blumig	Malz und Frucht werden betonter
Geschmack	schöne Süße, viel Malz, etwas Vanille, gut eingebunden	das Gleichgewicht wird noch besser
Nachklang	lang, langsam wärmer werdend	Süße bleibt gut stehen
Bemerkung		Pur oder mit Wasser – ein Malt so recht zum Ausdiskutieren des alten Streits!

	The Glenlivet Distillers Ltd. verschmolzen. Diese werden 1977 von der kanadischen Seagram übernommen und 2001 weiterverkauft an Pernod Ricard
Malz	von Paul's Maltings in Buckie
Wasser	Josie's Well
Mash tuns	1: 11,55 Tonnen (Edelstahl)
Washbacks	8: je 59.000 Liter (Oregon Pine)
Stills	4 wash stills (15.000 Liter) 4 spirit stills (10.500 Liter)
Befeuerung	indirekter Dampf
Fässer	Bourbon und Sherry
Jahresproduktion	5,75 Mio. Liter Alkohol
Hausstil	»Mittlerer Körper, gut ausgewogenes, blumiges Aroma mit einer weichen, fruchtigen Süße.«

✍

Abfüllung	Eigentümer
Destillation	
Abfüllung	
Alter	16 Jahre
Stärke	57,7 %
Fassart	first fill American Oak
Besonderheit	Nàdurra heißt: natürlich

✍	**ohne Wasser**	**mit Wasser (auf 20 % verdünnt)**
Farbe	goldgelb, fast schon zitronengelb (nadurra: ungefärbt)	immer noch sehr gelb
Aroma	frisch, sauber, fruchtig (Birne, grüne Äpfel), Kokosnuss	getreidig, blumig, zitrusfrisch
Geschmack	krisp, appetitlich, ölig-puddingartige Süße, weiße Schokolade	malzig-süß, würzige Töne (Minze?)
Nachklang	lang und erfrischend	schön lang
Bemerkung		Ein Durstlöscher!

Glenlochy

[Glenlóchy]

Tal des Lochy/der dunklen Göttin

geschlossen und teilweise abgerissen

Besitzer			
Lizenz	ehemals SMD	**Manager**	
Adresse	North Road, Fort William, PH33 6TQ		
Telefon			
E-Mail			
Visitor Centre		**Führungen**	
Lage	am nördlichen Ortsausgang Richtung Ben Nevis an der A 82		
Geschichte	1898 von Glenlochy-Fort Willliam Distillery Co. Ltd. gebaut. Geschlossen 1919–1924 und 1926–1937. Dann über schottische Tochterfirmen im Besitz der National Distillers of America, die 1953 an die DCL/SMD verkauften. 1983 geschlossen. 1987 von UD übernommen und 1991		

Abfüllung	Eigentümer (»Rare Malts Selection«)
Destillation	1969
Abfüllung	
Alter	25 Jahre
Stärke	62,2 %
Fassart	
Besonderheit	nummerierte Flaschen

✍	**ohne Wasser**	**mit Wasser (auf 20 % verdünnt)**
Farbe	golden (mit Farbstoff)	leichte Trübung (weil ungefiltert)
Aroma	heftiger Alkohol, dennoch frisch und sauber, Eiche ist da und etwas Nussiges	wird durch viel Wasser weicher, frisch u. trocken vom Holz
Geschmack	heftig am Gaumen, cremige Zunge, leicht trocken werdend	schön weich und cremig, Kastanie?, leichte Trockenheit
Nachklang	lang und mächtig, trocken	große Länge, wunderbar frisch
Bemerkung		Mit viel Wasser ein Riese, der die Trauer über die Vernichtung solch einer Destille überwinden hilft.

	verkauft. Wird heute teils für Wohnungen, teils für Ferienappartements genutzt. Restliche Whisky-Bestände gehören heute Diageo.
Malz	
Wasser	ehemals River Nevis
Mash tuns	
Washbacks	
Stills	ehemals 1 wash still ehemals 1 spirit still
Befeuerung	
Fässer	
Jahresproduktion	
Hausstil	

✍

Abfüllung
Destillation
Abfüllung
Alter
Stärke
Fassart
Besonderheit

✍	**ohne Wasser**	**mit Wasser**
Farbe		
Aroma		
Geschmack		
Nachklang		
Bemerkung		

GLENLOSSIE

[Glenlóssie]

Tal des Lossie

in Betrieb	
Besitzer	Diageo plc., England
Lizenz	Diageo plc. (John Haig & Co. Ltd.)
Manager	Andy Cant
Adresse	Thornhill, Birnie, by Elgin, IV30 3SS
Telefon	01343 860 331
E-Mail	
Visitor Centre	nein
Führungen	nein
Lage	etwa 5 km südlich von Elgin zwischen B 9010 und A 941
Geschichte	1876 von John Duff gebaut. Glenlossie-Glenlivet Distillery Co. Ltd. kam 1919 unter Kontrolle von SMD und wurde 1939 von ihr übernommen. 1962 von vier auf sechs stills erweitert. 1971 entstand in unmittelbarer Nachbarschaft Mannochmore Distillery.

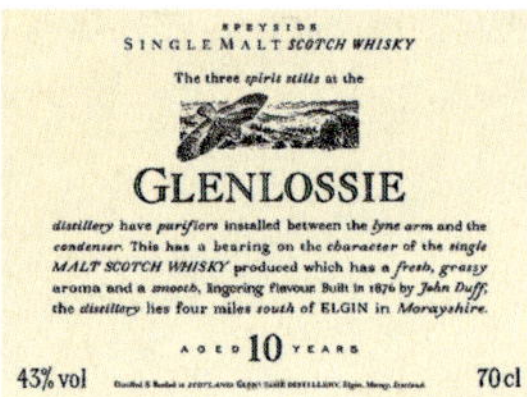

Abfüllung	Eigentümer (»Fauna & Flora«-Serie)
Destillation	
Abfüllung	
Alter	10 Jahre
Stärke	43 %
Fassart	
Besonderheit	

✍	**ohne Wasser**	**mit Wasser (auf 20 % verdünnt)**
Farbe	trockener Sherry (mit Farbstoff)	sehr hell, wässrig
Aroma	frisch und duftig, Gras?	sehr leicht, aromatisch, frisch
Geschmack	leicht trocken, aber süßer werdend, Hauch von Rauch	Rauch stärker, trotzdem sehr frisch und delikat
Nachklang	mittellang, recht würzig	sehr angenehm
Bemerkung		

Malz	Optic und Chariot von firmeneigenen Mälzereien
Wasser	private Quellen (u. a. Bardon Burn)
Mash tuns	1: 8 Tonnen (Edelstahl)
Washbacks	8: je 40.000 Liter(Lärche)
Stills	3 wash stills (je 15.600 Liter) 3 spirit stills (2 mit 15.000, 1 mit 13.200 Litern)
Befeuerung	Dampfschlangen
Fässer	
Jahresproduktion	2,2 Mio. Liter Alkohol
Hausstil	»Frisch, mit einem mitteltrockenen Geschmack und einem leicht-würzigen Finish.«

✍

Abfüllung	Gordon & MacPhail »Connoisseurs Choice«-Serie 1974
Destillation	1974
Abfüllung	
Alter	
Stärke	40 %
Fassart	
Besonderheit	

✍	**ohne Wasser**	**mit Wasser (auf 20 % verdünnt)**
Farbe	tiefes Gold (mit Farbstoff)	etwas stumpfer
Aroma	Spur Süße, auch säuerlich nach Hefe, Schwarzbrotrinde	gewinnt entschieden, verliert Säuerlichkeit, harmonischer
Geschmack	angebremst: Pfeffer, leichte Süße, eher Gewürze als Blumen, auch am Gaumen leicht brotig	erheblich schwächer, nur noch indifferente Süße
Nachklang	relativ schnell verabschiedet	gibt es einen?
Bemerkung		Das alte Dilemma: Trinken ohne, Riechen mit Wasser.

GLENMORANGIE

[Glenmóranschie]

Tal der tiefen Ruhe

in Betrieb		www.glenmorangie.com	
Besitzer	LVMH (Moët Hennessy Louis Vuitton), Frankreich		
Lizenz	Glenmorangie Ltd.	**Manager**	Andrew MacDonald
Adresse	Tain, 1V19 1PZ	**Telefon**	01862 892 477
E-Mail	visitors@glenmorangie.co.uk		
Visitor Centre	ja, mit Shop	**Führungen**	ja
Lage	nördlich Tain, direkt an der A 9		
Geschichte	William Mathieson machte 1843 eine Brauerei zur Destillerie. 1887 wurde komplett umgebaut und die Firma Glenmorangie Distillery Co. Ltd. genannt. 1918 übernahmen Macdonald & Muir die Kontrolle. Seit 1920 als Single Malt verkauft. 1979 renoviert und von zwei auf vier stills erweitert. Mittlerweile auf acht stills vergrößert. Macdonald & Muir und die neuen Besitzer (seit 2004) verwenden die gesamte Produktion firmenintern.		

Abfüllung	Eigentümer (LVMH)
Destillation	
Abfüllung	
Alter	ohne Altersangabe (ersetzt den 10-jährigen)
Stärke	40 %
Fassart	teilweise aus speziell gereifter American Oak
Besonderheit	

✍	ohne Wasser	mit Wasser (auf 20 % verdünnt)
Farbe	Bernstein (mit Farbstoff)	Lindenhonig
Aroma	frisch: Eiche, Vanille, Kräuter	fein-würzig, Vanille, duftig-zart, grüner Apfel
Geschmack	cremig und süß, dann aufkommende leichte Schärfe	filigran, sanft und weich, Honig
Nachklang	lang, anhaltend, etwas trocken	kurz und leicht bitter
Bemerkung		Gut gelungen!

Malz	von Inverness, nur schottische Gerste (z.T. Eigenanbau)
Wasser	Tarlogie Springs, nahe der Destillerie
Mash tuns	1: 9,5 Tonnen (Edelstahl)
Washbacks	8: je 48.500 Liter (Edelstahl)
Stills	4 wash stills (12.500 Liter) 4 spirit stills (8.200 Liter)
Befeuerung	Dampfspiralen
Fässer	amerikanische Eiche, von eigener Küferei, wenige Sherryfässer
Jahresproduktion	z. Zt. 2,9 Mio. Liter Alkohol
Hausstil	»Leicht, blumig, duftig, delikat, komplex und fruchtig.«

✍

Abfüllung	Eigentümer
Destillation	
Abfüllung	
Alter	
Stärke	46 %
Fassart	zweite Reifung im Port-Fass
Besonderheit	nicht kühlgefiltert

✍	**ohne Wasser**	**mit Wasser (auf 20 % verdünnt)**
Farbe	Gold mit einem rötlichen Schimmer	ein bisschen heller
Aroma	Glenmorangie, aber etwas runder, fülliger, süßer, weiniger	Gummibärchen, Kräuter-Noten, Südwein-Akzente
Geschmack	deutliche, aber nicht aufdringliche Süße, Rosinen, Beerenfrüchte: lecker!	enttäuschend dünn und eindimensional
Nachklang	sehr ausgeprägt, aber sanft, unendlich lang und warm	flach
Bemerkung		Hände weg vom Wasser!

GLENROTHES

[Glen-rößes]

Tal der (Earl of) Rothes/Tal der Ringfestung

in Betrieb	**www.glenrotheswhisky.com**
Besitzer	Highland Distillers (The 1887 Company/Edrington Group), Schottland
Lizenz	Highland Malt Distilling Ltd.
Manager	Sandy Coutts
Adresse	Burnside Street, Rothes, AB38 7AA
Telefon	01340 872 152 **E-Mail**
Visitor Centre	nein (das Cutty Sark Centre ist nicht allgemein zugänglich)
Führungen	nein
Lage	nahe der Westseite der Hauptstraße, am Burn of Rothes
Geschichte	1878 von William Grant & Co. (nicht Glenfiddich!) gebaut. 1887 Fusion mit Islay Distillery Co. (Bunnahabhain) zu Highland Distilleries Ltd. Bis heute im Besitz dieser Firma, die freilich manchmal ihren Namen und die Rechtsform änderte und heute Edrington und W. Grant (Glenfiddich!) gehört. 1963 von vier auf sechs, 1980 auf zehn stills erweitert.

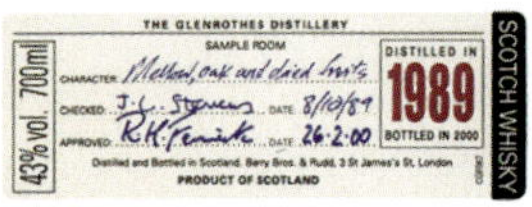

Abfüllung	Eigentümer
Destillation	8.10.1989
Abfüllung	26.2.2000
Alter	10 Jahre
Stärke	43 %
Fassart	
Besonderheit	

✍	**ohne Wasser**	**mit Wasser (auf 20 % verdünnt)**
Farbe	zwischen Gold und Kupfer (gefärbt?)	Gold
Aroma	zuerst spritig, schnell runder, Gewürze, Karamell, Sirup	schön: Gewürze (ein ganzer Korb), leicht torfig, weich
Geschmack	kräftig, eher fruchtig als würzig, deutlich Birne, auch Lakritz, aufkommende Pfeffrigkeit, Toffee	fruchtig, süß, ganz mild, etwas bitter zum Schluss
Nachklang	süß und würzig, sehr gut stehend	kurz und trocken
Bemerkung		Verträgt Wasser – vielleicht einen Teelöffel voll.

Malz	Chariot und Optic von Tamdhu
Wasser	Quellen nahe der Destillerie
Mash tuns	1: 5 Tonnen (Edelstahl)
Washbacks	16: je 25.000 Liter (8 Oregon Pine, 8 Edelstahl)
Stills	5 wash stills (je 12.900 Liter) 5 spirit stills (je 15.000 Liter)
Befeuerung	indirekt beheizt durch Dampfkessel
Fässer	Bourbon und Sherry
Jahresproduktion	Zahlen werden nicht veröffentlicht (ca. 5,9 Mio. Liter Alkohol)
Hausstil	»Leicht golden mit vollem Malt-Aroma und Speyside-Fruchtigkeit, reich und voll nach reifem Holz und Pflaumen-Noten mit mittelsüßem Finish.«

Abfüllung	Gordon & MacPhail (»The MacPhail's Collection«)
Destillation	
Abfüllung	
Alter	8 Jahre
Stärke	40 %
Fassart	
Besonderheit	

	ohne Wasser	**mit Wasser (auf 20 % verdünnt)**
Farbe	mittlerer Bernstein (mit Farbstoff)	Stroh
Aroma	erstaunlich reif, volles Obstbukett, Heide, verliert, wenn er lange steht	wird zarter, aber etwas seifig, in Wasser geweichtes Holz
Geschmack	kraftvoll, scharf, dann süß, dann trocken und ledrig	sehr indifferent, fast schon Zuckerwasser
Nachklang	Süße kommt wieder, gute Länge	kurz
Bemerkung		Wasser zerschmettert ihn.

GLENTAUCHERS

[Glentóchers]

Tal des Windes

in Betrieb			
Besitzer	Group Pernod Ricard, Frankreich		
Lizenz	Chivas Brothers Ltd. (bis 1989 James Buchanan)		
Manager	Ronnie McDonald		
Adresse	Mulben, by Keith, AB55 6YL		
Telefon	01542 860 272	**E-Mail**	
Visitor Centre	nein	**Führungen**	nein
Lage	an der A 95 zwischen Mulben und Keith		
Geschichte	In die Gründung 1898 waren sowohl W.P.Lowrie & Co. Ltd. wie auch James Buchanan & Co. Ltd. involviert. Letzterer übernahm 1906 und fusionierte 1930 mit SMD. 1965/66 renoviert und von zwei auf sechs stills erweitert. 1983 geschlossen. 1987 von UD übernommen und 1989 an Allied verkauft, die sie wiedereröffnet. 2005 an die Franzosen verkauft.		

Abfüllung	Gordon & MacPhail (»Allied«-Reihe)
Destillation	
Abfüllung	
Alter	
Stärke	40 %
Fassart	
Besonderheit	»Trademark of Proprietors: Allied Distillers Ltd«

✍	**ohne Wasser**	**mit Wasser (auf 20 % verdünnt)**
Farbe	mittlerer Bernstein (mit Farbstoff)	heller Bernstein
Aroma	zuerst Rauch und Vanille, die schnell verschwinden, verfliegende Süße	sehr flach und indifferent
Geschmack	vor allem Süße, die einer leichten Bitterkeit weicht	kaum wahrnehmbarer Malzton, wieder Bitterkeit
Nachklang	mittellang, adstringierend und bitterlich	enttäuschend
Bemerkung		Besser kein Wasser nehmen.

Malz	Chariot von den Maltings in Burghead
Wasser	Rosarie Burn
Mash tuns	1: 11,9 Tonnen
Washbacks	6: je 60.000 Liter (Lärche)
Stills	3 wash stills (17.875 Liter)
	3 spirit stills (je 14.700 Liter)
Befeuerung	Dampfspiralen und -pfannen
Fässer	Bourbon
Jahresproduktion	ca. 2 Mio. Liter Alkohol
Hausstil	»Reich, mit Anklängen von Birnendrops und einer Ester-Prägung. Duftig, darunter Geißblatt (honeysuckle).«

✍

Abfüllung	Signatory
Destillation	26.11.1975
Abfüllung	12.9.1997
Alter	21 Jahre
Stärke	55,6 %
Fassart	Eiche (Fass Nr. 8888)
Besonderheit	306 Flaschen

✍	**ohne Wasser**	**mit Wasser (auf 20 % verdünnt)**
Farbe	Bernstein mit hellem Rand (ungefärbt)	gleichmäßig golden
Aroma	fein, frisch, aromatisch, zart süß, leicht Karamell	verliert Frische, gewinnt Gewürze, zarte Kokostöne
Geschmack	unerwartet kraftvoll und süß, nach Honig, Mandeln und Herrenschokolade, mächtig und elegant	volle Honigsüße, sanfte Pfeffrigkeit, netter Schokoton
Nachklang	leicht und sehr lang	zart, aber gut anhaltend
Bemerkung		Mit und ohne Wasser – zwei ganz verschiedene Malts.

Glenturret

[Glentúrret oder Glentárret]

Tal des Turret/Tal des kleinen, trockenen Flusses

in Betrieb		**www.thefamousgrouse.com**	
Besitzer	Highland Distillers (The 1887 Company/Edrington Group), Schottland		
Lizenz	Glenturret Distillery Ltd.	**Manager**	Neil Cameron
Adresse	The Hosh, Crieff PH7 4HA		
Telefon	01764 656 565	**E-Mail**	
Visitor Centre	ja, mit Shop und Restaurant		
Führungen	ja (Eintrittsgebühr)		
Lage	nördlich Crieff, an der A 822 zwischen der A 9 und der A 85		
Geschichte	Angeblich 1775 gegründet. 1818 gibt es eine Hosh genannte Brennerei am gleichen Ort, 1826 eine in der Nähe gelegene Destillerie Glenturret. 1875 bekam die jetzige diesen Namen. Von 1923–1959 geschlossen und teilweise abgebaut. 1960 von James Fairlie wiedereröffnet. 1981–1990 Partnerschaft mit Cointreau. Die heutigen Besitzer vermarkten sie		

Abfüllung	Eigentümer
Destillation	
Abfüllung	
Alter	10 Jahre
Stärke	40 %
Fassart	
Besonderheit	

✍	**ohne Wasser**	**mit Wasser (auf 20 % verdünnt)**
Farbe	mittlerer Goldton (mit Farbstoff)	eher Stroh als Gold
Aroma	Vanille, malzige Süße	alles da, aber flacher
Geschmack	rund, süß: nussig, malzig, Vanillepudding	immer noch komplexe Süße, nichts dominiert, alles harmonisch eingebunden
Nachklang	schöne Länge	etwas kürzer, aber wunderbar
Bemerkung		Mit dem Wasser experimentieren (einige Tropfen, ein Teelöffel, fifty-fifty).

seit 2002 als »Famous Grouse Experience«, was die Brennerei, die nur 1.000 Fässer pro Jahr produziert, immerhin am Leben erhält.

Malz	von den firmeneigenen Saladin Maltings in Tamdhu
Wasser	Loch Turret
Mash tuns	1: 1,05 Tonnen (Edelstahl)
Washbacks	8: je 6.300 Liter (Oregon Pine)
Stills	1 wash still (je 12.500 Liter) 1 spirit still (6.500 Liter)
Befeuerung	Dampf
Fässer	Bourbon first fill und refill, Sherry
Jahresproduktion	z. Zt. nur ca. 156.000 Liter (1.000 Fässer)
Hausstil	»Ein abgerundeter Whisky mit einer Spur von Bourbon-Holz, leicht und geschmeidig.«

✍

Abfüllung	Eigentümer
Destillation	
Abfüllung	
Alter	15 Jahre
Stärke	40 %
Fassart	
Besonderheit	alte Abfüllung

✍	**ohne Wasser**	**mit Wasser (auf 20 % verdünnt)**
Farbe	Weißgold (mit Farbstoff)	helleres Stroh
Aroma	füllig und trotzdem fein, zitrusfrisch, vanillesüß, parfümiert	wesentlich weniger tief
Geschmack	malzig-süß, warm, Kakaotöne, kräftiges Feuer, das schön verhallt	etwas dünner, leichte Bitterkeit
Nachklang	verklingt sehr langsam	sehr schöne Länge
Bemerkung		Vorsichtig mit Wasser hantieren!

GLENUGIE

[Glenjúgie]

Talsenke, geschütztes Tal

größtenteils abgerissen

Besitzer			
Lizenz	ehemals Long John Distillers Ltd. (Whitbread)		
Manager			
Adresse	Invernettie, by Peterhead		
Telefon		**E-Mail**	
Visitor Centre		**Führungen**	
Lage	5 km südlich von Peterhead, nahe der A92		
Geschichte	Gründung 1831, 1837 Brauerei. Von Scottish Highland Distillers wieder zur Brennerei gemacht. Viele Besitzer, ehe die Brauer Seager Evans sie kauften. Dann unter Kontrolle der Schenley Industries Inc. 1970 umgeformt zu Long John International (s. Ben Nevis), 1975 übernommen vom Brauereikonzern Whitbread. 1982 geschlossen und verkauft. Ein Lagerhaus steht noch.		

Abfüllung	Signatory
Destillation	7.12.1973
Abfüllung	14.1.2000
Alter	27 Jahre
Stärke	54,6 %
Fassart	Sherry (Fass Nr. 6542)
Besonderheit	186 Flaschen

✍	**ohne Wasser**	**mit Wasser (auf 20 % verdünnt)**
Farbe	tiefer, strahlender Bernstein (ungefärbt)	spielt ins Gold
Aroma	gesalzene Butter, sanft nach Politur und Lösungsmitteln: sehr typisch für die Ostküste	unerwartet frischer Zitruston, fein und fruchtig
Geschmack	mundfüllende, leckere Toffee-Süße, richtig zum Kauen	reizvoll, weil nicht üppig, eher schlank und zitronenfrisch
Nachklang	erstaunlich: gar nicht so lang	kurz
Bemerkung		Pur kann er glatt das Dessert ersetzen.

Malz	
Wasser	ehemals Wellington Spring
Mash tuns	
Washbacks	
Stills	ehemals 1 wash still ehemals 1 spirit still
Befeuerung	
Fässer	
Jahresproduktion	
Hausstil	

✍

Abfüllung
Destillation
Abfüllung
Alter
Stärke
Fassart
Besonderheit

✍	ohne Wasser	mit Wasser
Farbe		
Aroma		
Geschmack		
Nachklang		
Bemerkung		

Glenury Royal

[Glenjurie]

Tal der Eiben

abgerissen			
Besitzer			
Lizenz	John Gillon & Co. Ltd. (bis 1992)		
Manager			
Adresse	Glenury Road, Stonehaven		
Telefon		**E-Mail**	
Visitor Centre		**Führungen**	
Lage	nördlich von Stonehaven		
Geschichte	1825 errichtet durch McDonald & Co und Robert Barclay, der als Abgeordneter das Prädikat »Royal« beschaffte. Von 1858–1938 gehörte sie William Ritchie & Co, dann National Distillers of America. 1953 kauft sie DCL für die SMD. 1965/66 renoviert und von zwei auf vier stills erwei-		

Abfüllung	Gordon & MacPhail (»Connoisseurs Choice«-Serie)
Destillation	1976
Abfüllung	
Alter	
Stärke	40 %
Fassart	
Besonderheit	

✍	**ohne Wasser**	**mit Wasser (auf 20 % verdünnt)**
Farbe	etwas heller als andere G&Ms (mit Farbstoff)	Gold
Aroma	Kampfer! – und Himbeere, sanft nach Azeton, frisch unverkennbarer Phenol-Touch	dünn und verhalten, teigig, leichte Getreidesüße
Geschmack	etwas breit und flach, kleines Kitzeln gegen Ende	Wasser dominiert den kleinen Rest
Nachklang	macht sich bald aus dem Staub	keiner
Bemerkung		mit Wasser möchte man ihn am liebsten mit Whisky verdünnen.

tert. 1985 geschlossen.1987 von UD übernommen, die 1992 die Lizenz löschen. Am 23.9.1993 verkauft zum Bau einer Wohnanlage. Restliche Whisky-Bestände gehören heute Diageo.

Malz	
Wasser	ehemals Cowie Water
Mash tuns	
Washbacks	ehemals 6 (Oregon Pine)
Stills	ehemals 2 wash stills ehemals 2 spirit stills
Befeuerung	
Jahresproduktion	
Hausstil	

✍

Abfüllung
Destillation
Abfüllung
Alter
Stärke
Fassart
Besonderheit

✍	**ohne Wasser**	**mit Wasser**
Farbe		
Aroma		
Geschmack		
Nachklang		
Bemerkung		

HIGHLAND PARK

[Hailänd Paak]

Hochland Park

in Betrieb	**www.highlandpark.co.uk**
Besitzer	Highland Distillers (The 1887 Company/Edrington Group), Schottland
Lizenz	Highland Distillers
Manager	Russell Anderson
Adresse	Holm Road, Kirkwall, Orkney KW15 1SU
Telefon	01856 874 619/885 632
E-Mail	distillery@highlandpark.co.uk
Visitor Centre	ja, mit Shop und Café
Führungen	ja (Eintrittsgebühr)
Lage	am südlichen Ortsende an der A 961 Richtung St. Margarete's Hope
Geschichte	Angeblich schon 1795 von David Robertson gebaut. 1895 von James Grant gekauft und 1898 auf vier stills vergrößert. Die Familienfirma blieb Besitzerin bis 1935, als Highland Distilleries Co. Ltd. übernahm. Sie gehören heute der Edrington Group und W. Grant & Sons.

Abfüllung	Eigentümer
Destillation	
Abfüllung	
Alter	12 Jahre
Stärke	43 %
Fassart	
Besonderheit	

✍	**ohne Wasser**	**mit Wasser (auf 20 % verdünnt)**
Farbe	strahlender Bernstein (mit Farbstoff)	behält Glanz und Farbe
Aroma	frisch und süß, weich, Honigsüße und leichter Torfrauch	alles bleibt, wird noch zarter
Geschmack	schöne, warme Schärfe, verbunden mit Honigsüße und einem bisschen Malz	Süße kommt etwas mehr, Schokotöne, Rauch und Jod hinter der Süße
Nachklang	steht schön, leichter Rauch und Heidesüße klingen nach	sehr schön mild und lang
Bemerkung		Sehr behutsam mit Wasser umgehen, bitte!

Malz	Optic von eigenen floor maltings (20 %) und Tamdhu (80 %)
Wasser	Cranit Springs (früher Cattie Maggie's Spring)
Mash tuns	1: 11,4 Tonnen (Edelstahl)
Washbacks	12: je 29.200 Liter (10 Oregon Pine, 2 sibirische Lärche)
Stills	2 wash stills (je 14.600 Liter) 2 spirit stills (je 9.000 Liter)
Befeuerung	indirekte Beheizung durch Dampfkessel
Fässer	Bourbon first fill und refill und Sherry (15 %)
Jahresproduktion	Zahlen werden nicht veröffentlicht (2004: 2 Mio. Liter Alkohol)
Hausstil	»Der komplette Allrounder. Rauchig, außergewöhnlich geschmeidig und mit einer echten Heidehonig-Süße.«

Abfüllung	Eigentümer
Destillation	
Abfüllung	
Alter	25 Jahre
Stärke	50,7 %
Fassart	
Besonderheit	

	ohne Wasser	**mit Wasser (auf 20 % verdünnt)**
Farbe	glänzendes Rotgold (mit Farbstoff)	Rotgold mit hellen Reflexen
Aroma	dicht, fein, distinguiert, Honig, Eiche, zart rauchig	reich nach reifer Eiche, duftig-leicht, verliert durch Wasser
Geschmack	eine Explosion von cremiger Süße, Heide-Honig, Sherry, Malz	phantastisch weich und samtig, sehr zart und filigran
Nachklang	reich, lang und erstaunlich süß	lang, weich und mit einer Spur von Zitrus
Bemerkung		Durch lange Reifung sehr zart und fein: kaum Wasser.

IMPERIAL

[Impíriel]

die Kaiserliche

geschlossen			
Besitzer	Group Pernod Ricard, Frankreich		
Lizenz	bis 2005 Allied Distillers Ltd		
Manager			
Adresse	Carron, by Aberlour AB38 7QP		
Telefon		**E-Mail**	
Visitor Centre	nein	**Führungen**	nein
Lage	in Carron, am Spey, Nähe A 95, 2 km westlich Dailuaine		
Geschichte	1897 von Thomas Mackenzie gebaut, 1898 an Dailuaine-Talisker Distilleries verkauft. 1899 geschlossen. In Produktion 1919–1925, im gleichen Jahr von DCL übernommen und geschlossen. 1955 von SMD renoviert und wiedereröffnet. 1965 von zwei auf vier stills erweitert. 1985 geschlossen. 1989 an Allied verkauft, die sie zunächst wiedereröffneten, aber 1998 schlossen. Gehört seit 2005 den Franzosen.		

Abfüllung	Gordon & MacPhail (»Allied«-Reihe)
Destillation	1990
Abfüllung	
Alter	
Stärke	40 %
Fassart	
Besonderheit	»Trademark of Proprietors: Allied Distillers Ltd«

✍	**ohne Wasser**	**mit Wasser (auf 20 % verdünnt)**
Farbe	Strohgold (mit Farbstoff)	kaum verändert
Aroma	zuerst Rosinenbrötchen, dann florale Note, charmant	statt Blumen eher Früchte, hübsche Verspieltheit
Geschmack	schöne, elegante, blumige Süße mit einem ganz schlanken Pfefferton	etwas leichter, ohne den Pfeffer eleganter
Nachklang	lange, schöne, elegante Süße	etwas kürzer
Bemerkung		Ohne Wasser raffiniert, mit einigen Tröpfchen charmant.

Malz	Chariot von den Maltings in Burghead
Wasser	Aldach Springs (früher: Ballintomb Burn)
Mash tuns	1: 11,5 Tonnen (Edelstahl)
Washbacks	6: je 56.000 Liter (Lärche)
Stills	2 wash stills (je 18.500 Liter) 2 spirit stills (je 20.500 Liter)
Befeuerung	Dampf
Fässer	
Jahresproduktion	2,5 Mio. Liter Alkohol
Hausstil	»Robust und voll, mit Torf, Heide und herbstlicher Tiefe, leicht parfümiert.«

✍

Abfüllung	Signatory
Destillation	8.10.1976
Abfüllung	14.2.2001
Alter	24 Jahre
Stärke	43 %
Fassart	Eiche (Fass Nr. 98/999)
Besonderheit	496 Flaschen

✍	**ohne Wasser**	**mit Wasser (auf 20 % verdünnt)**
Farbe	Strohgold (ungefärbt)	etwas heller
Aroma	kräftig phenolig-torfig (kein Rauch!), sauber	in der Nase etwas flacher
Geschmack	fast ein (mittlerer) Islay – Feuer, leicht blumige Anklänge	alles bleibt, nur etwas sanfter
Nachklang	sympathisch, elegant und ausdauernd	steht gut
Bemerkung		Ein Malt, um mit dem Wasser zu experimentieren.

Inchgower

[Inschgáuer]

Insel, Feld der Ziegen

in Betrieb	
Besitzer	Diageo plc., England
Lizenz	Diageo plc. (früher Arthur Bell & Sons Ltd.)
Manager	Stuart Robertson
Adresse	Buckie, AB56 5AB
Telefon	01542 836 700
E-Mail	
Visitor Centre	nein **Führungen** nein
Lage	südlich von Buckie, direkt an der A 98
Geschichte	1871/72 von Alexander Wilson erbaut, um seine Tochineal Distillery zu ersetzen. 1936 an die Stadt Buckie verkauft, die sie mit gutem Gewinn 1938 an Arthur Bell & Sons weiter verkaufte. 1966 von zwei auf vier stills erweitert. 1985 von UD/UDV übernommen, heute also im Besitz von Diageo.

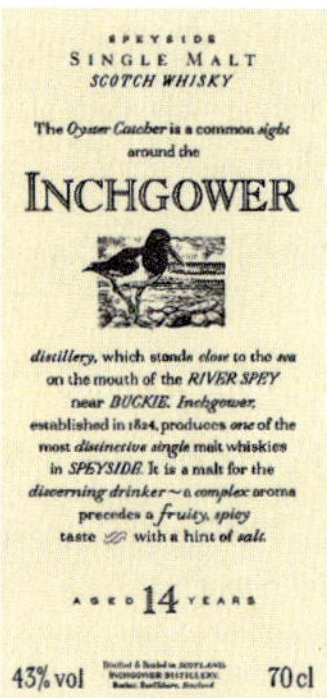

Abfüllung	Eigentümer (»Fauna & Flora«-Serie)
Destillation	
Abfüllung	
Alter	14 Jahre
Stärke	43 %
Fassart	
Besonderheit	

✍	**ohne Wasser**	**mit Wasser (auf 20 % verdünnt)**
Farbe	blasses Gold (mit Farbstoff)	helles Stroh
Aroma	Vanille, etwas Salz, Seenähe ist riechbar	verhaltene Süße, würzige Töne
Geschmack	wieder Vanille, malzig und etwas trocken, salzig werdend	trockene und salzige Komponenten werden stärker
Nachklang	lang und klar wie Seeluft	sauber und schön
Bemerkung		

Malz	von den Diageo-Maltings in Burghead
Wasser	Quellen in den Menduff Hills
Mash tuns	1: 8,2 Tonnen
Washbacks	6: je 40.500 Liter (Oregon Pine)
Stills	2 wash stills (je 12.500 Liter) 2 spirit stills (je 7.236 Liter)
Befeuerung	Dampf
Jahresproduktion	2,25 Mio. Liter Alkohol
Hausstil	»Apart mit einem reichen, vollen, leicht würzigen Aroma.«

✍

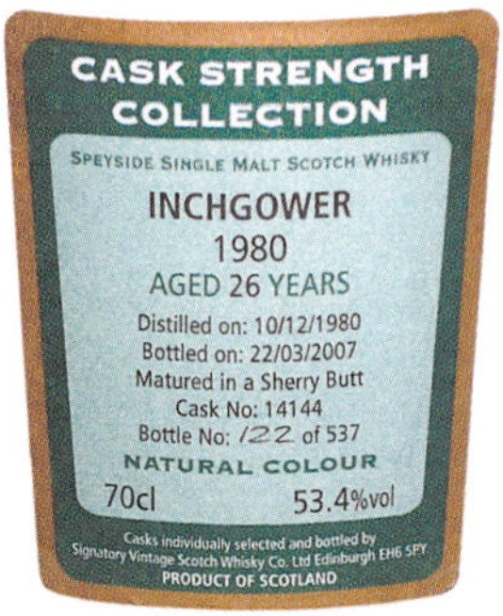

Abfüllung	Signatory (»Cask Strength Collection«)
Destillation	10.12.1980
Abfüllung	22.3.2007
Alter	26 Jahre
Stärke	53,4 %
Fassart	Sherry butt Nr. 14.144
Besonderheit	537 Flaschen

✍	**ohne Wasser**	**mit Wasser (auf 20 % verdünnt)**
Farbe	Mahagoni mit karottengelben Einlagen (ungefärbt)	dunkles Messing
Aroma	Sherry, Nuss, Lakritz, dahinter fruchtig	Gewürze, Muskatnuss, Maggi, Mandeln
Geschmack	kräftig, pfeffrig-feurig, dann schmelzend süß	leichte, zarte Süße, sonst etwas dünn
Nachklang	anhaltendes Feuerchen	kaum, dabei dunkle Töne
Bemerkung		Verträgt Wasser, vielleicht ein Drittel auf zwei Drittel.

ISLE OF ARRAN

[Eil of Árran]

Arran-Insel

in Betrieb		**www.arranwhisky.com**	
Besitzer	Isle of Arran Distillers Ltd., Schottland		
Lizenz	Isle of Arran Distillers Ltd.		
Manager	James MacTaggart		
Adresse	Shore Street, Lochranza, Isle of Arran, KA27 8HJ		
Telefon	01770 830 264	**E-Mail**	info@arranwhisky.com
Visitor Centre	ja, mit Shop und Restaurant		
Führungen	ja (kostenpflichtig)		
Lage	an der nordöstlichen Ecke der Insel nahe an der Ruine von Lochranza Castle		
Geschichte	1995, nach Verzögerung der Bauzeit um ein Jahr (wegen eines brütenden Adler-Pärchens) eröffnet. Mit der ersten Brennerei auf Arran seit über 100 Jahren erfüllte sich Harold Currie, ehemals Direktor von		

Abfüllung	Eigentümer
Destillation	
Abfüllung	
Alter	keine Angabe
Stärke	100° proof = 57 %
Fassart	
Besonderheit	

✍	**ohne Wasser**	**mit Wasser (auf 20 % verdünnt)**
Farbe	schönes Goldgelb (ungefärbt)	Weißwein
Aroma	federleicht, blumig, zitrusfrisch, nasses Gras am Morgen	immer noch sehr frisch, Zitrus, etwas Malz, Rauch
Geschmack	schön frisch: Zitrus, leichte Süße, sanfter Pfeffer	leichte Süße, tanzt wie eine Ballerina auf der Zunge
Nachklang	wird etwas trocken	gut, bei leichter Trockenheit
Bemerkung		Vielleicht der Sommerwhisky schlechthin.

	Chivas, einen Traum. Das Visitor Centre wurde von der Königin persönlich eröffnet.
Malz	Optic von Bairds in Pentcaitland
Wasser	Loch na Davie
Mash tuns	1: 1 Tonne (Edelstahl)
Washbacks	4: 15.000 Liter (3 Lärche, 1 norwegische Fichte)
Stills	1 wash still (7.100 Liter) 1 spirit still (4.300 Liter)
Befeuerung	Dampf
Fässer	verschiedene Typen
Jahresproduktion	250.000 Liter Alkohol
Hausstil	»Gut ausgewogener Malt, von goldener Bronzefarbe, mit einer fruchtigen und duftigen Nase und einer Andeutung von Gewürz.«

✍

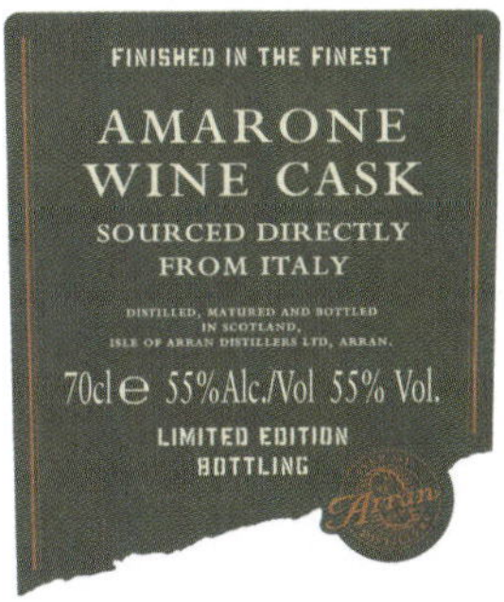

Abfüllung	Eigentümer
Destillation	
Abfüllung	
Alter	keine Angabe
Stärke	55 %
Fassart	zweite Reifung im Amarone-Weinfass aus Italien
Besonderheit	

✍	**ohne Wasser**	**mit Wasser (auf 20 % verdünnt)**
Farbe	gold mit rötlichem Schimmer (ungefärbt)	wird etwas heller
Aroma	die typische Arran-Frische verbunden mit der Süße und Kraft des Weins, Rosinen, Piemont-Kirschen	der Beitrag des Weines wird besser fassbar, immer noch diese strahlende, tänzerische Frische
Geschmack	leicht mit einer schmelzend-betörenden Süße bei aufkommender Kraft und mit einem kleinen Feuerchen	feiner, leiser, subtile Süße, nur noch erfrischend
Nachklang	sehr schön lang, frisch und süß	etwas kürzer
Bemerkung		Etwas für Leckermäulchen, z. B. bei einer Party im Garten.

ISLE OF JURA

[Eil of Dschura]

Insel des Rotwilds

in Betrieb	
Besitzer	United Breweries of India
Lizenz	Whyte & Mackay Ltd.
Manager	Andrew Scott (Group Manager), William Cochrane (vor Ort)
Adresse	Craighouse, Isle of Jura, PA60 7XT
Telefon	01496 820 240
Visitor Centre	ja
Führungen	ja (kostenlos)
Lage	Fähre von Islay, dann A 846; im Ort gegenüber dem Hotel
Geschichte	1810, sicher 1831 gegründet. Von James Ferguson 1876 gepachtet und renoviert. Verlassen vom 1. Weltkrieg bis 1960. Nach dreijähriger Bauzeit von Mackinlay McPherson (Tochter von Scottish & Newcastle) neu eröffnet. 1978 von zwei auf vier stills erweitert. 1985 von Invergordon, 1994 von Jim Beam übernommen. Weitere Geschichte siehe Dalmore.

Abfüllung	Eigentümer
Destillation	
Abfüllung	
Alter	10 Jahre
Stärke	40 %
Fassart	
Besonderheit	

✍	**ohne Wasser**	**mit Wasser (auf 20 % verdünnt)**
Farbe	mittlerer Bernstein (mit Farbstoff)	nur unwesentlich heller
Aroma	frisch und leicht süß, Hauch von Meer	der Insel-(nicht Islay-!)Charakter wird deutlicher, wird schwach torfig
Geschmack	runde Süße verbindet sich mit Pfeffrigkeit, schwach auch Salz und Jod	wird wuchtiger und gewinnt an Süße und Rundheit
Nachklang	sanft und süßlich, leicht salzig	bleibt angenehm lange und mild da
Bemerkung		Etwas Wasser bekommt ihm.

Malz	von den Maltings in Port Ellen und Simpson's in Berwick
Wasser	Loch a'Bhaille Mharghaidh (Market Loch)
Mash tuns	1: 4,75 Tonnen (Edelstahl)
Washbacks	6: je 43.000 Liter (Edelstahl)
Stills	2 wash stills (je 24.000 Liter)
	2 spirit stills (je 14.500–15.000 Liter)
Befeuerung	Dampf
Jahresproduktion	2,5 Mio. Liter Alkohol
Fässer	Bourbon Barrels, refill Hogsheads, Sherrybutts
Hausstil	»Volle, reiche, trockene Nase. Sehr delikater Geschmack, leicht torfig mit einem Hauch von Öligkeit und Nussigkeit.«

✍

Superstition

Abfüllung	Eigentümer
Destillation	
Abfüllung	
Alter	keine Angabe
Stärke	45 %
Fassart	
Besonderheit	Eine Heirat von altem »normalen« Jura und jungem getorften

✍	**ohne Wasser**	**mit Wasser (auf 20 % verdünnt)**
Farbe	honigfarbenes Gold (gefärbt?)	leicht aufgehellt
Aroma	weich, nach Honig und Marzipan mit deutlicher Torfnote	Sherry-Anklänge, Toffee, süßer Honigton
Geschmack	sanfte Cremigkeit, der Honig ist da, Bienenwachs – und Torf	es bleibt alles, wird aber noch weicher und sanfter
Nachklang	leicht nach Rauch – und Salz	zart und verhalten
Bemerkung		Welcome to the family: ein anderer Jura, muskulöser. Schön!

KINCLAITH

[Kincläiß]

Kopf des Clyde

abgerissen			
Besitzer			
Lizenz		**Manager**	
Adresse	40 Moffat Street, Glasgow, G5 0QB		
Telefon		**E-Mail**	
Visitor Centre		**Führungen**	
Lage	die Strathclyde Grain Distillery liegt mitten in der Stadt		
Geschichte	1957 von Strathclyde & Long John Distilleries Ltd., der Tochter der in amerikanischem Besitz befindlichen Seager & Evans & Co. Ltd., innerhalb des Grain-Brennerei-Komplexes Strathclyde gebaut. 1975 wurde Seager von Whitbread gekauft, die die Grain-Destillerie vergrößern wollten. Dafür musste Kinclaith Platz machen. Restliche Whisky-Bestände würden heute Pernod Ricard gehören.		

Abfüllung	Gordon & MacPhail (»Connoisseurs Choice«-Serie)
Destillation	1967
Abfüllung	
Alter	
Stärke	40 %
Fassart	
Besonderheit	

✍	**ohne Wasser**	**mit Wasser (auf 20 % verdünnt)**
Farbe	kräftiger Bernstein (mit Farbstoff)	bekommt Lichtreflexe
Aroma	typische Lowland-Nase: bierig, hefig, alkoholisch, Hauch von Sherry	wird subtiler, feiner, sogar ein kleiner Rauchton
Geschmack	dominant sind Malz und Alkohol, aber weich	weiche Fruchtigkeit, etwas bitter
Nachklang	schnell weg, kleiner, süßlicher Schwanz	mild und kurz
Bemerkung		Eine Rarität. Eher ohne Wasser zu genießen.

Malz	
Wasser	ehemals aus dem Loch Katrine
Mash tuns	
Washbacks	ehemals 6 (Edelstahl)
Stills	ehemals 1 wash still ehemals 1 spirit still
Befeuerung	
Fässer	
Jahresproduktion	
Hausstil	

✍

Abfüllung

Destillation

Abfüllung

Alter

Stärke

Fassart

Besonderheit

✍	ohne Wasser	mit Wasser
Farbe		
Aroma		
Geschmack		
Nachklang		
Bemerkung		

Kininvie
[Kin-ínvie]

Das Ende des flachen, schönen Tales

in Betrieb	
Besitzer	William Grant & Sons Ltd.
Lizenz	William Grant & Sons Ltd.
Manager	Richard Cotton
Adresse	Dufftown, AB55 4DH
Telefon	
E-Mail	
Visitor Centre	nein
Führungen	nein
Lage	Kininvie besteht nur aus einem still house, das sich unmittelbar neben Balvenie befindet.
Geschichte	1990 eingeweiht von Dr. Janet Sheed Roberts, der Enkelin von William Grant.

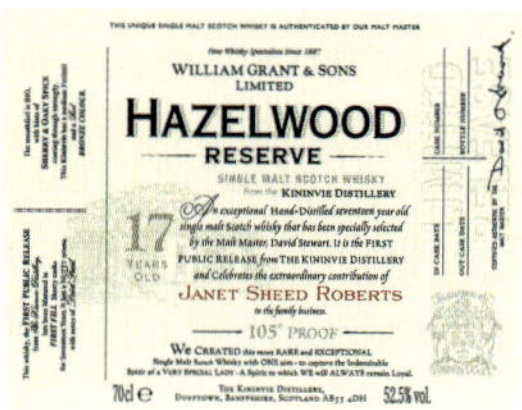

Abfüllung	Eigentümer
Destillation	1990
Abfüllung	2008
Alter	17 Jahre
Stärke	52,5 %
Fassart	First fill Sherry
Besonderheit	vorläufig keine weitere Abfüllung geplant; benannt nach dem Haus von Dr. Roberts

✍	**ohne Wasser**	**mit Wasser (auf 20 % verdünnt)**
Farbe	Haselnussbraun mit gold-orangenen Einschlägen (ungefärbt)	wie ein frisch polierter spirit safe
Aroma	karamellisierter Zucker, alte Sherryfässer, Nüsse, getrocknete Aprikosen	»warme« orientalische Gewürze, Fudge, Orangenöl, Eiche
Geschmack	extrem süß, Crème brûlée, Toffee, ganz sachte Schärfe, dann trocken	verliert viel von seiner Vielschichtigkeit, wird sogar dünn und eindimensional, aber nicht unangenehm
Nachklang	lang anhaltende Trockenheit	erstaunlich wenig präsent
Bemerkung		Zur richtigen Gelegenheit, etwa nach einem wirklich großen Essen, ein Gigant. Er sollte Nachfolger finden!

Malz	Oxbridge von verschiedenen fremden Mälzereien
Wasser	Quellen (»Balvenie springs«) in den Conval Hills
Mash tuns	1 (in Balvenie): 9,6 Tonnen (Edelstahl)
Washbacks	10 (in Balvenie): 47.000–49.000 Liter (Douglasfichte)
Stills	3 wash stills (je 13.500 Liter) 6 spirit stills (je 8.500 Liter)
Befeuerung	Dampf
Fässer	Bourbon und Sherry
Jahresproduktion	Zahlen werden nicht veröffentlicht
Hausstil	»In amerikanischen Fässern entwickelt er einen süßen, fruchtig-floralen Charakter, in Sherry-Fässern bekommt er ein nussiges Aroma mit Andeutungen von getrockneten Früchten mit süßen Sherry-Noten und eichiger Würzigkeit am Gaumen.«

✍

Abfüllung ....
Destillation ....
Abfüllung ....
Alter ....
Stärke ....
Fassart ....
Besonderheit ....

✍	**ohne Wasser**	**mit Wasser**
Farbe		
Aroma		
Geschmack		
Nachklang		
Bemerkung		

Knockando

[Nockándu]

Kleiner schwarzer Hügel

in Betrieb	**www.malts.com**
Besitzer	Diageo plc., England
Lizenz	Diageo plc. (bis 2001 Justerini & Brooks, Scotland, Ltd.)
Manager	Andy Cant
Adresse	Knockando, by Aberlour, AB38 7RP
Telefon	01340 810 205
E-Mail	
Visitor Centre	nein
Führungen	nein
Lage	in Upper Knockando die B 9102 Richtung Spey verlassen
Geschichte	1898 gebaut und 1904 von W. & A. Gilbey Ltd. übernommen. Zur weiteren Geschichte siehe Glen Spey. Mit ihr kommt Knockando durch die Fusion Guinness/Grand Metropolitan zu UDV. 1969 renoviert und von zwei auf vier stills erweitert.

Abfüllung	Eigentümer: Diageo
Destillation	1991
Abfüllung	2004
Alter	12 Jahre
Stärke	43 %
Fassart	
Besonderheit	

✍	**ohne Wasser**	**mit Wasser (auf 20 % verdünnt)**
Farbe	Strohgold (mit Farbstoff)	poliertes Gold
Aroma	malzige Süße, Vanille, Bittermandeln	würzige Noten, leicht parfümiert, Orangenschalen, frisch
Geschmack	wärmend und mundfüllend, weiche Süße, leicht bitter werdend mit Anklängen von dunkler Schokolade	mild, rund und ausgewogen, sanfte Süße mit nachfolgender zarter Bitterkeit
Nachklang	sehr gute Länge	kurz und etwas trocken
Bemerkung		Immer wieder ein schöner Allrounder.

Malz	von firmeneigenen Mälzereien am Moray Firth
Wasser	Cardnach Spring
Mash tuns	1: 4 Tonnen (Edelstahl)
Washbacks	8: je 21.500 Liter (Oregon Pine)
Stills	2 wash stills (10.800 Liter) 2 spirit stills (7.000 Liter)
Befeuerung	Dampf
Fässer	Bourbon (90 %) und Sherry (10 %)
Jahresproduktion	1,9 Mio. Liter Alkohol
Hausstil	»Knockando hat alle Charakteristiken der feinsten Speyside-Malts mit einer einzigartigen Delikatesse und Fruchtigkeit.«

✍

Abfüllung	Eigentümer
Destillation	1975
Abfüllung	
Alter	
Stärke	43 %
Fassart	
Besonderheit	»Extra Old Reserve«

✍	**ohne Wasser**	**mit Wasser (auf 20 % verdünnt)**
Farbe	Gold (mit Farbstoff)	Gold mit blassen Rändern
Aroma	voller als sein »kleiner Bruder«, etwas Torf und Holzgeruch	Vanilleton, schön ausbalancierte Süße und leichter Rauch
Geschmack	Süße vom Malz und Eiche, voll, reif und gut eingebunden	mit Wasser tritt ein kleiner Rauchgeschmack dazu, der ihn noch interessanter und reicher macht
Nachklang	lang und mild, rauchig-trocken	sanft und geschmeidig, leicht trocken
Bemerkung		Die paar Jahre im Fass haben ihm gut getan – ein schöner Malt.

KNOCKDHU

[Nóckdú]

schwarzes Hügelchen

in Betrieb	**www.inverhouse.com**
Besitzer	Thai Beverages, Thailand
Lizenz	Inver House Distillers Ltd. (James Catto & Co. Ltd.)
Manager	Gordon Bruce
Adresse	The Knock, by Huntly, AB54 5LJ
Telefon	01466 771 223
E-Mail	malcolm_waring@inverhouse.com
Visitor Centre	nein
Führungen	unter Umständen (anfragen!)
Lage	zwischen Portsoy und Huntly, nahe an der B 9022
Geschichte	1893/94 erste von DCL gebaute Destillerie (für die Blends von Haig). 1924 an Distillers Agency, 1930 an SMD übertragen. 1983 geschlossen. 1987 von UD übernommen, 1989 an Inver House verkauft. Im gleichen Jahr wiedereröffnet. Seit 1993 heißt der 12-jährige Malt, aufgrund

Abfüllung	Eigentümer
Destillation	
Abfüllung	
Alter	12 Jahre
Stärke	40 %
Fassart	
Besonderheit	seit 1993 »An Cnoc« genannt

✍	**ohne Wasser**	**mit Wasser (auf 20 % verdünnt)**
Farbe	Strohgold (ungefärbt)	aufgehellt
Aroma	vanillige Süße, duftet wie Gummibärchen	Malz tritt hervor
Geschmack	süß, dabei etwas unrund, hält nicht, was die Nase verspricht	teigig, breit, etwas unharmonisch
Nachklang	passabel lang, etwas Rauch	verschwindet schnell
Bemerkung		Wenn überhaupt Wasser, dann sparsam dosieren.

	einer Vereinbarung mit IDV (wg. Verwechslung mit deren Knockando!) »An Cnoc«. Inver House gehört heute der thailändischen Gruppe.
Malz	von den Maltings in Port Gordon
Wasser	Quellen am Knock Hill
Mash tuns	1: 4,2 Tonnen (Edelstahl)
Washbacks	6: je 20.700 Liter (Oregon Pine)
Stills	1 wash still (10.350 Liter) 1 spirit still (9.500 Liter)
Befeuerung	Dampf vom ölbefeuerten Boiler
Fässer	Bourbon
Jahresproduktion	900.000 Liter Alkohol
Hausstil	»Der Whisky hat ein duftendes, trockenes Aroma.«

✍

Abfüllung
Destillation
Abfüllung
Alter
Stärke
Fassart
Besonderheit

✍	**ohne Wasser**	**mit Wasser**
Farbe		
Aroma		
Geschmack		
Nachklang		
Bemerkung		

LADYBURN

[Laidibörn]

Frauenbach

Abgebaut			
Besitzer	ehemals William Grant & Sons, Schottland		
Lizenz	ebenso	**Manager**	
Adresse	Girvan, KA26 9PT		
Telefon		**E-Mail**	
Visitor Centre	nein	**Führungen**	nein
Lage	ehemals innerhalb der (arbeitenden) Grain-Destillerie		
Geschichte	Von William Grant & Sons auf dem Gelände ihrer Grain-Brennerei in Girvan 1966 eröffnet, als erste automatische Brennerei überhaupt, die, für die damalige Zeit revolutionär, von einem einzigen Mann bedienbar war. Auch sonst zu vielen Experimenten benutzt, aber auch bald wieder geschlossen. Letzte Destillation am 15.11.1975.		

Abfüllung	Eigentümer
Destillation	1973
Abfüllung	2000
Alter	
Stärke	50,4 %
Fassart	Fass Nr. 4525
Besonderheit	single cask, nummerierte Flaschen

✍	**ohne Wasser**	**mit Wasser (auf 20 % verdünnt)**
Farbe	schönes Gold (ungefärbt)	hellere Ränder
Aroma	sehr zart nach Eichenholz, Andeutung von Honig, reif	die beiden Komponenten werden deutlicher, insgesamt frischer
Geschmack	weich und sanft, leichte Süße, Hauch von Vanille	schön und gefällig, leicht nach Honig und Vanille
Nachklang	etwas adstringierend	etwas kürzer, immer noch trocken
Bemerkung		Für einen Lowland ein gesetzter Herr – im besten Alter.

Malz	
Wasser	Penwapple Reservoir in den Hügeln hinter Girvan
Mash tuns	1: 8 Tonnen (Gusseisen, später vorübergehend in Glenfiddich!)
Washbacks	5: »mild« steel
Stills	2: je 16.056 Liter 2: je 14.760 Liter (mit, selten benutzten, purifiers)
Befeuerung	interne Pfannen
Fässer	
Jahresproduktion	Zahlen werden nicht herausgegeben
Hausstil	sehr verschiedene Stile, viele Experimente

✍

Abfüllung

Destillation

Abfüllung

Alter

Stärke

Fassart

Besonderheit

✍	ohne Wasser	mit Wasser
Farbe		
Aroma		
Geschmack		
Nachklang		
Bemerkung		

LAGAVULIN

[Lagavúlin]

Talsenke mit/bei der Mühle

in Betrieb		**www.malts.com** und **www.classic-malts.de**	
Besitzer	Diageo plc., England		
Lizenz	Diageo plc. (früher White Horse Distillers Ltd.)		
Manager	Graham Logie		
Adresse	Port Ellen, Isle of Islay, PA42 7DZ		
Telefon	01496 302 400	**E-Mail**	
Visitor Centre	ja	**Führungen**	ja (Eintrittsgebühr)
Lage	3 km östlich Port Ellen an der A 846, zwischen Laphroaig und Ardbeg		
Geschichte	1816 baute John Johnston, 1817 Archibald Campbell eine Destillerie. Eine der beiden (welche ist unklar) wird Lagavulin. 1867 übernehmen Mackie & Co. (seit 1924 »White Horse Distillers«). 1930 Fusion mit DCL. 1962 neues stillhouse, dabei werden die stills von Malt Mill (1908 auf gleichem Grundstück erbaut) verwendet. Seit 1987 bei DU, heute also Teil von Diageo.		

Abfüllung	Eigentümer (»Classic Malts«)
Destillation	
Abfüllung	
Alter	16 Jahre
Stärke	43 %
Fassart	
Besonderheit	

✍	**ohne Wasser**	**mit Wasser (auf 20 % verdünnt)**
Farbe	satter Bernstein (mit Farbstoff)	nur eine Spur heller
Aroma	schwer, voll, Sherry unverkennbar, auch Rauch u. Seetang	wuchtig und doch elegant, die Islay-Schwere wird durch die Sherrykomponente wunderbar gerundet
Geschmack	startet süß, dann kommen mächtig, während er trockener wird, Torf, Jod, Salz	fast unverändert, aber noch einnehmender
Nachklang	unglaublich lang und kraftvoll	traumhaft
Bemerkung		Kein Kommentar notwendig.

Malz	u. a. Optic von den firmeneigenen Maltings in Port Ellen
Wasser	Solan Lochs
Mash tuns	1: 4,32 Tonnen (Edelstahl)
Washbacks	10: je 22.000 Liter (New England Lärche)
Stills	2 wash stills (je 11.000 Liter) 2 spirit stills (je 12.500 Liter)
Befeuerung	Dampf
Fässer	meist amerikanische refill casks, kleine Zahl aus europäischer Eiche
Jahresproduktion	2,3 Mio. Liter Alkohol
Hausstil	»Ein besonders robuster Malt mit intensivem Torfaroma und außergewöhnlich langem und ausgewogenem Finish.«

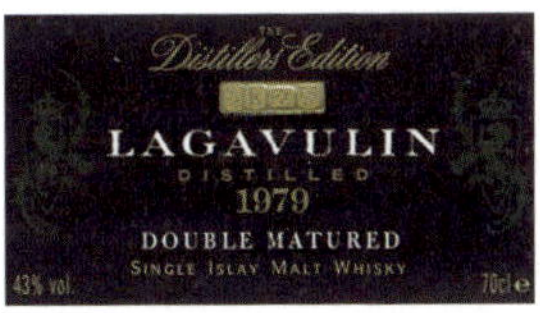

Abfüllung	Eigentümer »The Distillers Edition«
Destillation	1979
Abfüllung	1997
Alter	
Stärke	43 %
Fassart	
Besonderheit	zweite Reifung im Pedro-Ximénez-Sherry-Fass

	ohne Wasser	**mit Wasser (auf 20 % verdünnt)**
Farbe	dunkler Bernstein (mit Farbstoff)	Bernstein, glänzendes Kupfer
Aroma	heftig phenolig und nach Rauch, Torf, Medizin, Seetang, alles eingepackt in üppige Süße	alles noch da, etwas eleganter und feiner
Geschmack	mundfüllend, fleischig, entspricht Nase, verhaltene Süße	verliert etwas von seinem Islay-Charakter, wird etwas süßer
Nachklang	lang und mächtig	verliert
Bemerkung		Wenn überhaupt Wasser, nur Tropfen (ausnahmsweise mit Pipette).

LAPHROAIG

[La-fróyg]

Senke an der weißen Bucht

in Betrieb	**www.laphroaig.com**		
Besitzer	Fortune Brands, USA		
Lizenz	Beam Global Spirits & Wine		
Manager	John Campbell		
Adresse	Port Ellen, Isle of Islay, PA42 7DU		
Telefon	01496 302 418	**E-Mail**	info@laphroaig.com
Visitor Centre	ja, mit Shop		
Führungen	Ja (kostenlos, nur nach Vereinbarung)		
Lage	2 km östlich Port Ellen an der A 846		
Geschichte	Wahrscheinlich 1815 oder 1820 von Donald und Alex Johnston gegründet. Im Familienbesitz bis 1954. Vom damaligen Besitzer, Ian Hunter, an seine Sekretärin Bessie Williamson übergeben, die Mitte der 60er Jahre an Long John Distillers Ltd verkauft. Über Whitbread (1975) im Besitz von Allied Domecq, die sich 2005 selbst an Pernod Ricard		

Abfüllung	Eigentümer
Destillation	
Abfüllung	
Alter	10 Jahre
Stärke	40 %
Fassart	Eiche
Besonderheit	

✍	**ohne Wasser**	**mit Wasser (auf 20 % verdünnt)**
Farbe	rötliches Kupfer, Bernstein (mit Farbstoff)	kaum heller
Aroma	Islay ist da, aber erstaunlich zurückhaltend	eher verhalten rauchig und torfig, Spur Jod, etwas säuerlich
Geschmack	Islay auf der Zunge deutlicher als in der Nase, etwas süß	leicht salzig, ölig, nicht so mächtig wie in der Erinnerung
Nachklang	nur mittlere Länge	ziemlich kurz
Bemerkung		Nicht mehr so eckig und kantig wie früher. Rezept geändert? Gefälliger gemacht? Entmannt…

	und Fortune Brands verkauften. In mehreren Stufen von zwei auf vier (1923), dann sechs (1969), dann sieben (1974) stills erweitert.
Malz	Optic, 30 % von eigenen floor maltings, 70 % von Port Ellen
Wasser	über den Kilbride Dam vom Loch na Beinne Brice
Mash tuns	1: 8,5 Tonnen (Edelstahl)
Washbacks	6: je 42.000 Liter (Edelstahl)
Stills	3 wash stills (je 10.900 Liter) 4 spirit stills (3 mit je 3.640, 1 mit 7.280 Liter)
Befeuerung	Dampf
Fässer	fast nur first fill Bourbon (von Maker's Mark)
Jahresproduktion	2 Mio. Liter Alkohol
Hausstil	»Sehr torfig und rauchig mit einem Beigeschmack von See und Andeutungen von Süße. Mächtig, stechend und eigenartig.«

✍

Abfüllung	Ian MacLeod & Co. (Serie »Chieftain's«)
Destillation	November 1993
Abfüllung	August 2006
Alter	12 Jahre
Stärke	56 %
Fassart	Hogshead Nr. 8031
Besonderheit	312 Flaschen, »Exclusive Limited Release German Edition«

✍	**ohne Wasser**	**mit Wasser (auf 20 % verdünnt)**
Farbe	strohgelb (ungefärbt)	glänzend, grüngold
Aroma	sanfter Räucherton, frisch, Salzwasser	typischer Islay-Duft: warm, rauchig-torfig, deutliche Meeresfrische
Geschmack	mächtig, cremig-süß, leichte Pfeffrigkeit, dunkler Rauch füllt den Mund	weich, ölig, zarte Süße, feiner Rauch und, dezent, jodiertes Salz
Nachklang	lang, stark, warm und rauchig	verhalten, aber schön und zum Nachhören
Bemerkung		Der Malt für (besser gegen) den Schneesturm …

LINKWOOD

[Linkwud]

Strebholz

in Betrieb	
Besitzer	Diageo plc., England
Lizenz	Diageo plc. (bis 1992 John McEwan & Co. Ltd.)
Manager	Nick Ballard
Adresse	Elgin, IV30 3RD
Telefon	01343 553 800
E-Mail	
Visitor Centre	nein
Führungen	nein
Lage	südöstlich von Elgin, über A 96 und A 941 zu erreichen
Geschichte	1820/21 von Peter Brown gegründet. 1872/73 vom Sohn des Gründers abgerissen und neu gebaut. Linkwood-Glenlivet Distillery Co. Ltd. wurde 1933 von SMD übernommen. Roderick McKenzie renovierte sie

Abfüllung	Gordon & MacPhail
Destillation	
Abfüllung	
Alter	15 Jahre
Stärke	40 %
Fassart	
Besonderheit	»Proprietors: John McEwan & Co Ltd«

✍	**ohne Wasser**	**mit Wasser (auf 20 % verdünnt)**
Farbe	leicht rötlicher Bernstein (mit Farbstoff)	wird sehr hell
Aroma	frisch und schön, Brotton, Anflug von Birnendrops	verflacht gewaltig
Geschmack	warmer Mund, runde mittlere Süße, ganz sachte Schärfe	zart: malzige Süße
Nachklang	sehr sanft, aber kurz	sehr schnell
Bemerkung		Am besten unverdünnt!

	1962. 1971 um eine neue Brennerei mit vier stills erweitert. 1987 von UD/UDV übernommen, heute also bei Diageo.
Malz	von den Diageo-Maltings in Burghead und Roseisle
Wasser	Millbuies Springs
Mash tuns	1: 12 Tonnen
Washbacks	11: 5 mit je 60.000, 6 mit je 30.000 Litern (Lärche)
Stills	3 wash stills (je 15.000 Liter) 3 spirit stills (je 17.000 Liter)
Befeuerung	Dampf
Fässer	
Jahresproduktion	2,75 Mio. Liter Alkohol
Hausstil	»Leicht rauchig mit Andeutungen von Süße und mit vollem Körper.«

✍

Abfüllung	Inverarity Vaults
Destillation	
Abfüllung	
Alter	10 Jahre
Stärke	40 %
Fassart	
Besonderheit	

✍	**ohne Wasser**	**mit Wasser (auf 20 % verdünnt)**
Farbe	goldgelb (gefärbt?)	helles Stroh
Aroma	frisch, appetitlich, Fruchtaromen (Birne), frisch gesägte Eiche	Fruchtcharakter akzentuierter und komplexer, einfach bezaubernd
Geschmack	vornehm-elegante Süße, nichts ist aufdringlich, rund und weich	hübsch & weich, honigsüß & mild, geschmeidig & gefällig
Nachklang	gut	passable Länge, schwach süß
Bemerkung		Je nach Situation, z. B. vor oder nach dem Essen, mit oder ohne Wasser.

LITTLEMILL

[Liddlmill]

kleine Mühle

abgerissen/abgebrannt

Besitzer	Glen Catrine Bonded Warehouse Ltd. (A. Bulloch Agencies), Schottland		
Lizenz	Littlemill Distillery Co. Ltd.		
Manager			
Adresse	126 Dumbarton Road, Bowling, G60 5BG		
Telefon		**E-Mail**	
Visitor Centre	nein	**Führungen**	nein
Lage	in Bowling, also den Lowlands, zu erreichen über die A 82 Dumbarton		
Geschichte	Wahrscheinlich die älteste Destillerie Schottlands. Vermutlich 1772 gegründet. 1875 neu gebaut. Viele Besitzerwechsel. 1971 ganz von den amerikanischen Barton Brands übernommen, 1988 an Gibson International verkauft. 1994 Konkurs und Schließung. 2004 abgebrannt, 2005		

Abfüllung	Eigentümer
Destillation	
Abfüllung	
Alter	12 Jahre
Stärke	40 %
Fassart	
Besonderheit	

LITTLEMILL

✍	**ohne Wasser**	**mit Wasser (auf 20 % verdünnt)**
Farbe	rötliches Gold (gefärbt?)	etwas aufgehellter
Aroma	frisch, nach frisch geschnittenem Gras und Zitrone duftend	wirkt etwas süßer und weniger frisch
Geschmack	leicht und frisch, verhaltene Vanille-Süße, grüne Früchte	etwas verhaltener, dafür zusätzlich malzig-getreidige Nuancen
Nachklang	leicht und schmerzlos schnell	zack und weg …
Bemerkung		Ein netter Sommerwhisky, idealer Aperitif vor dem Grillen.

	ganz abgerissen. Produzierte drei Malts: Littlemill, Dumbuck, stark und Dunglass, leicht getorft.
Malz	von fremden Mälzereien
Wasser	aus den Kilpatrick Hills (also aus den Highlands)
Mash tuns	1: 5 Tonnen
Washbacks	1: 25.000 Liter (Edelstahl)
Stills	1 wash still (25.000 Liter) 1 spirit still (18.000 Liter)
Befeuerung	Dampf
Fässer	
Jahresproduktion	ehemals 750.000 Liter Alkohol
Hausstil	»Frisches, weiches Aroma. Im Mund weich, malzig und voller Nuancen. Leicht öliges Finish.«

Abfüllung	Signatory
Destillation	24.5.1990
Abfüllung	26.2.2001
Alter	10 Jahre
Stärke	43 %
Fassart	Bourbon barrels (Nr. 1519–21)
Besonderheit	782 Flaschen, »natural colour«

	ohne Wasser	**mit Wasser (auf 20 % verdünnt)**
Farbe	hell, Fino Sherry (ungefärbt)	sehr hell
Aroma	Eichenholzduft, leicht Vanille, Steinobst, sehr filigran	verliert Vielschichtigkeit, eher Gummi und Azeton
Geschmack	auch hier: Kirschgeist, deutlich Vanille, Holz, frisch und jugendlich, (leichte) angenehme Schärfe	indifferente, leicht zuckrige Süße, in Bitterkeit übergehend
Nachklang	bleibt haften, sehr aromatisch und frisch	Bitterkeit bleibt leider haften
Bemerkung		Ohne Wasser ein sehr charmanter Bursche.

Loch Lomond

[Loch Lómond]

Lomond (Leuchtfeuer?) See

in Betrieb		**www.lochlomonddistillery.com**	
Besitzer	Glen Catrine Bonded Warehouse Ltd. (A. Bulloch Agencies), Schottland		
Lizenz	Loch Lomond Distillery Co. Ltd.		
Manager	John Peterson		
Adresse	Lomond Ind. Estate, Alexandria, G83 0TL		
Telefon	01389 752 781	**E-Mail**	
Visitor Centre	nein	**Führungen**	
Lage	genau an der Grenze zwischen Low- und Highlands		
Geschichte	1965/66 von Littlemill Distillery Co gebaut. 1971 unter Kontrolle der Mitgründerin Barton Brands (USA), die 1982 von Amalgated Distilled Products plc übernommen wurde. Von 1984–1987 geschlossen. Die Muttergesellschaft ist heute Glen Catrine Bonded Warehouse. Produziert werden – mit unterschiedlichem Torfgehalt und jeweils verän-		

Abfüllung	Eigentümer
Destillation	
Abfüllung	
Alter	10 Jahre
Stärke	40 %
Fassart	
Besonderheit	einer der Malts von Loch Lomond

✍	**ohne Wasser**	**mit Wasser (auf 20 % verdünnt)**
Farbe	helles Kupfer (mit Farbstoff)	grüne Reflexe im Kupferton
Aroma	fein und verhalten, zart spritig, dünne Süße	sehr zart, etwas nach Hefe
Geschmack	Getreide, leicht pfeffrig und schwach süß	Getreide und Hefe sehr deutlich, sehr ungewöhnlich
Nachklang	mild und mittellang	relativ kurz ausklingend
Bemerkung		

	derten stills – sechs (oder acht?) Malts und außerdem in einem eigenen still house auch Grain-Whisky.
Malz	von fremden Mälzereien
Wasser	vom Loch Lomond
Mash tuns	1: 5 Tonnen
Washbacks	8: 25.000 Liter (Edelstahl)
Stills	3 stills, davon eine kolonnenförmig, mit denen die unterschiedlichen Malts gemacht werden
Befeuerung	Dampf
Fässer	
Jahresproduktion	2,5 Mio. (Malt) und 10 Mio. (Grain) Liter Alkohol
Hausstil	»Ungetorftes Malz und zum zweiten oder dritten Mal gebrauchte Bourbon-Fässer ergeben den leichten, klaren und krispen Inchmurrin. Der Rhosdhu wird durch den Einsatz anderer still-Köpfe noch leichter.«

✍

Abfüllung	Eigentümer
Destillation	
Abfüllung	
Alter	ohne Angabe (etwa 5 Jahre)
Stärke	40 %
Fassart	
Besonderheit	ein anderer Loch Lomond

✍	**ohne Wasser**	**mit Wasser (auf 20 % verdünnt)**
Farbe	hell schimmerndes Gold (mit Farbstoff)	helle Ränder dazu
Aroma	leicht unreifer Alkoholton, nicht stechend, sauber, leicht gerstig	getreidig und nach Maische, erinnert an Grain-Whisky, rein
Geschmack	brotig mit schwacher Süße, gewinnt Feuer	anfangs flach, wird dann gerstig, danach bitter und leicht trocken
Nachklang	feurig, dann eher trocken	die Trockenheit ist da, schnelles finish
Bemerkung		Entweder mit ganz wenig Wasser oder gleich als Longdrink.

LOCHSIDE

[Lochsaid]

Seenplatte, Seengegend

abgerissen	
Besitzer	ehemals Allied Domecq Wines & Spirits plc., England
Lizenz	ehemals Macnab Distilleries Ltd.
Manager	
Adresse	Brechin Road, Montrose, DD10 9AD
Telefon	**E-Mail**
Visitor Centre	**Führungen**
Lage	im Norden der Stadt
Geschichte	1957 wandelte Joseph Hobbs (siehe Ben Nevis) die ehemalige Deuchar's Brewery in eine Grain- und Maltbrennerei um. 1970 wurde die coffey still stillgelegt. 1972 von Destilerías y Crianza, Madrid, gekauft und 1991 geschlossen. Nach Fusion von Allied-Lyon mit Domecq zu Allied Domecq im Besitz dieser Firma. Von ihr verkauft an eine

Abfüllung	Eigentümer
Destillation	
Abfüllung	
Alter	10 Jahre
Stärke	40 %
Fassart	
Besonderheit	

✍	**ohne Wasser**	**mit Wasser (auf 20 % verdünnt)**
Farbe	strohiges Gold (mit Farbstoff)	etwas heller
Aroma	leicht, blumig (Johannisbeere?)	sehr leicht und schwach süßlich
Geschmack	kleine malzige Süße, fruchtige Töne	schwache Süße, sehr sanft
Nachklang	sanft und schnell	sehr flüchtig
Bemerkung		

	Baufirma, die sie mittlerweile vollständig »platt gemacht« hat, um eine Wohnanlage zu bauen.
Malz	von fremden Mälzereien
Wasser	Tiefbrunnen in der Brennerei
Mash tuns	1: 6 Tonnen
Washbacks	9: je ca. 35.000 Liter (Edelstahl)
Stills	2 wash stills (je ca. 20.000 Liter) 2 spirit stills (je ca. 20.000 Liter)
Befeuerung	Dampf
Fässer	
Jahresproduktion	Zahlen stehen nicht mehr zum Verfügung

Hausstil

Abfüllung	Gordon & MacPhail (»Rare Old«-Reihe)
Destillation	1981
Abfüllung	2000
Alter	
Stärke	40 %
Fassart	
Besonderheit	

	ohne Wasser	**mit Wasser (auf 20 % verdünnt)**
Farbe	mittlerer Bernstein (gefärbt?)	Goldreflexe
Aroma	Pfirsichduft, feines Holzaroma, eindeutig Bourbon, Vanille	verändert sich kaum, Vanille lebendiger als die Frucht
Geschmack	fruchtige Süße, schön ausbalanciert mit würziger Schärfe, deutlich Vanille und leicht nach Schokolade	verliert extrem
Nachklang	gut und sympathisch, zum Nachhorchen	Gott sei Dank kurz
Bemerkung		mit Wasser schön zu riechen, grausam zu trinken.

LOMOND
[Lomond]

Leuchtfeuer (?)

geschlossen			
Besitzer	Group Pernod Ricard, Frankreich		
Lizenz	ehemals George Ballantine & Son Ltd.		
Manager			
Adresse	2 Glasgow Road, Dumbarton, G82 1ND		
Telefon		**E-Mail**	
Visitor Centre	nein	**Führungen**	nein
Lage	am Clyde, innerhalb des großen Brennerei-Komplexes		
Geschichte	1938 innerhalb der großen Grain-Brennerei am Ufer des Clyde von Hiram Walker & Sons (Scotland) Ltd. errichtet. Von den drei stills produzierten zwei den »Inverleven«, die wash still mit einer zweiten, der »Lomond«-still, von 1956 bis 1985 den »Lomond«. 1991 wurde die ganze Malt-Anlage außer Dienst gestellt. Der große Komplex ging		

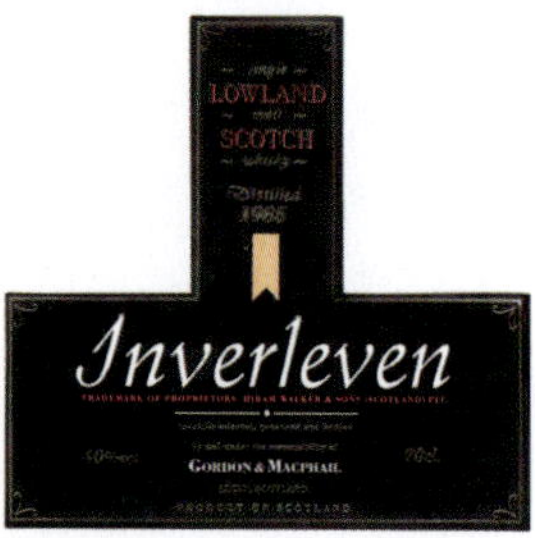

Abfüllung	Gordon & MacPhail (»Allied«-Reihe)
Destillation	1985
Abfüllung	
Alter	
Stärke	40 %
Fassart	
Besonderheit	»Trademark of Proprietors: Hiram Walker & Sons«

✍	**ohne Wasser**	**mit Wasser (auf 20 % verdünnt)**
Farbe	heller Strohton (mit Farbstoff)	fast weißes Stroh
Aroma	deutlich alkoholisch, Hefe, Fruchtdrops	Drops werden überdeutlich, etwas parfümiert, leichte Eichenote
Geschmack	bonbonartige Süße, sehr breit, leichte Note gesüßten Kakaos	eindimensionale Bonbonsüße, in Trockenheit übergehend
Nachklang	wird trocken und adstringierend	ziemlich andauernd
Bemerkung		Ein sehr leichter Aperitif, vielleicht.

	2005 wie die Firma (bis auf Laphroaig und Ardmore) an die Franzosen und soll abgerissen werden.
Malz	von fremden Mälzereien
Wasser	aus dem Loch Lomond
Mash tuns	1: 5 Tonnen
Washbacks	5: je 28.000 Liter (Edelstahl)
Stills	1 wash still (25.000 Liter) 2 spirit stills (je 20.000 Liter), je 1 für »Inverleven« und »Lomond«
Befeuerung	Dampf
Fässer	nicht mehr zu eruieren
Jahresproduktion	Zahlen werden nicht veröffentlicht
Hausstil	»Ein Lowland. Ziemlich leicht.«

✍

Abfüllung
Destillation
Abfüllung
Alter
Stärke
Fassart
Besonderheit

✍ **ohne Wasser** **mit Wasser**

Farbe
Aroma
Geschmack
Nachklang
Bemerkung

Longmorn

[Longmórn]

Platz des heiligen Mannes

in Betrieb	
Besitzer	Group Pernod Ricard, Frankreich
Lizenz	Chivas Brothers
Manager	Hamish Proctor
Adresse	Longmorn, by Elgin, IV30 3SJ
Telefon	01542 783 400
E-Mail	
Visitor Centre	nein
Führungen	ja (einmal pro Woche, Eintrittsgebühr)
Lage	etwa 4 km südlich von Elgin, nahe der A 941
Geschichte	1894/95 gebaut und schon 1898 mit dem Nachbarn Benriach vereinigt. 1970 mit Glen Grant und Glenlivet fusioniert (zur weiteren Geschichte siehe dort). 1972 von vier auf sechs, 1974 auf acht stills erweitert. 2001 von Seagram an Pernod verkauft.

Abfüllung	Eigentümer
Destillation	
Abfüllung	
Alter	16 Jahre
Stärke	48 %
Fassart	
Besonderheit	non-chillfiltered

✍	**ohne Wasser**	**mit Wasser (auf 20 % verdünnt)**
Farbe	braungold (mit Farbstoff)	etwas heller
Aroma	verblüffend stechend, dahinter Früchte (grüner Apfel, Limette)	wird ausgewogener und glatter, etwas Rauch, Zitrusfrische
Geschmack	etwas unrund, kraftvoll, kann eine Zitrone süß sein?	eleganter, schlanker, lieblicher, süßer, spritziger
Nachklang	lange mit einem Touch von Eiche	kleine Trockenheit
Bemerkung		Ein Teelöffel Wasser genügt. Er kommt leider nicht an seinen 15-jährigen Vorgänger heran.

Malz	Optic von fremden Mälzereien
Wasser	lokale Quellen
Mash tuns	1: 7,56 Tonnen (Edelstahl)
Washbacks	8: je 39.000 Liter (Oregon Pine)
Stills	4 wash stills (12.000 Liter) 4 spirit stills (9.000 Liter)
Befeuerung	indirekter Dampf
Fässer	Bourbon und Sherry
Jahresproduktion	3,75 Mio. Liter Alkohol
Hausstil	»Mittlerer Körper, sanft, mit einer komplexen Balance zwischen blumigen Düften und honigartiger Süße.«

✍

Abfüllung	Blackadder (»Raw Cask«-Serie)
Destillation	9.5.1973
Abfüllung	März 2002
Alter	18 Jahre
Stärke	56,9 %
Fassart	Sherry Oak Cask
Besonderheit	in der Flasche sind Holzkohlepartikel aus dem Fass

✍	**ohne Wasser**	**mit Wasser (auf 20 % verdünnt)**
Farbe	dunkel gebeiztes Mahagoni mit rötlichen Einschüssen (ungefärbt)	dunkler Kern mit orangefarbenen Rändern
Aroma	deutlich nach Sherry, Bittermandeln, dunkle Schokolade, Lakritz	reifer, dunkler, trockener Sherry, Orangenschale, Glühweingewürze
Geschmack	stark und sehr scharf, vorherrschend: Lakritz	traumhaft, üppig, nach englischem Früchtekuchen und »Christmas Pudding«
Nachklang	steht minutenlang, warm und trocken werdend	etwas kürzer
Bemerkung		Kommt, erstaunlich bei Sherry, durch Wasser erst zum Atmen. Unbedingt darauf achten, dass die schwarzen Partikel nicht mitgetrunken werden!

MACALLAN

[Ma-kállen]

Sohn des Allan oder das fruchtige Feld von (St.) Fillian

in Betrieb	**www.themacallan.com**
Besitzer	Highland Distillers (The 1887 Company/Edrington Group), Schottland
Lizenz	Macallan-Glenlivet
Manager	Alexander Tweedie/Bob Dalgarno (Malt Master)
Adresse	Easter Elchies, Craigellachie AB38 9RX
Telefon	01340 871 212 **E-Mail**
Visitor Centre	ja, mit Shop
Führungen	ja (kostenlos für die »kleine« Tour, Gebühr für die »große«)
Lage	an der kleinen, nördlichen Straße von Grantown-on-Spey nach Craigellachie
Geschichte	1824 von Alexander Reid gegründet, also im gleichen Jahr wie Glenlivet. 1892 von Roderick Kemp gekauft. Die Familie war an Firma (und Geschäftsführung) beteiligt bis zur feindlichen Übernahme (1996) durch Highland, die ihrerseits mittlerweile der Edrington Group und

Abfüllung	Eigentümer
Destillation	
Abfüllung	
Alter	12 Jahre
Stärke	43 %
Fassart	Oloroso-Sherry
Besonderheit	

✍	**ohne Wasser**	**mit Wasser (auf 20 % verdünnt)**
Farbe	satter, dunkler Bernstein (ungefärbt)	funkelnde Reflexe addieren sich
Aroma	sehr fein, honigartige Süße, der dunkle Sherry ist klar identifizierbar, ganz schwach Torf	Sherry wird intensiver
Geschmack	Malz, Sherry, elegant, rund und voluminös	unglaublich harmonisch, auch neue Komponenten (Spur von Lakritz)
Nachklang	rund und schön ausklingend	schön und sanft verklingend
Bemerkung		

	W. Grant & Sons gehören. 1965 von sechs auf zwölf, 1974 auf achtzehn, 1975 auf 21 stills vergrößert.
Malz	Golden Promise und Chariot von Tamdhu und von J P Simpson's
Wasser	artesische Brunnen auf dem Destilleriegelände
Mash tuns	1: 7 Tonnen (Edelstahl)
Washbacks	16: je ca. 36.000 Liter (Edelstahl), 6 weitere (Oregon Pine) im Aufbau
Stills	7 wash stills (2 je 10.000 Liter, 5 je 12.750 Liter) 14 spirit stills (je 3.500 Liter)
Befeuerung	direkte Gas-Befeuerung
Fässer	Oloroso-Sherry, weiterer Sherry, Bourbon
Jahresproduktion	5 Mio. Liter Alkohol
Hausstil	»Malt mit vollem Körper und Andeutungen von Frucht. Top Class – anerkannt von der Industrie als einer der drei besten, sowohl als Single Malt wie zum Blenden.«

✍

Abfüllung	Eigentümer
Destillation	
Abfüllung	
Alter	12 Jahre
Stärke	40 %
Fassart	Kombination von Bourbon- und Sherry-Fässern
Besonderheit	

✍	**ohne Wasser**	**mit Wasser (auf 20 % verdünnt)**
Farbe	mittleres Gold (gefärbt?)	strohiges Gold
Aroma	fruchtig-duftig, Vanille und Marzipan, etwas Rauch	zart nach Eiche, süß nach Vanille und Nüssen, Rauch stärker
Geschmack	fruchtig und würzig, Vanillepudding und Orangenmarmelade	Fruchtigkeit dominiert, schöne Balance von malziger Süße und Holznoten
Nachklang	mittlere Länge mit sanfter Süße	etwas kürzer, leicht schokoladig
Bemerkung		Verträgt einen Teelöffel Wasser.

Macduff

[Mac-dáff]

Sohn des Schwarz

in Betrieb			
Besitzer	Bacardi Corporation, Bermuda		
Lizenz	William Lawson Distillers Ltd./John Dewars & Sons Ltd.		
Manager	Stephen Burnett		
Adresse	Banff, AB4S 3JT	**Telefon**	01261 812 612
E-Mail			
Visitor Centre	nein	**Führungen**	unter Umständen
Lage	an der A 947 nicht weit von der Banff Bay, nahe der Deveron-Brücke		
Geschichte	1962 gebaut von einem Konsortium. 1966–1969 besaß Stanley Morrison (s. Bowmore) Aktien. 1966 von zwei auf drei, 1968 auf vier, 1990 auf fünf stills erweitert. 1972 von William Lawson Distillers Ltd. gekauft, die 1980 von General Beverages Corporation, Luxemburg, übernommen wurden und Bacardi gehören. Die erwarben 1998 Dewar.		

Abfüllung	Gordon & MacPhail (»Connoisseurs Choice«-Serie)
Destillation	1980
Abfüllung	
Alter	
Stärke	40 %
Fassart	
Besonderheit	»Proprietors: Glendeveron Distillers«

✍	**ohne Wasser**	**mit Wasser (auf 20 % verdünnt)**
Farbe	mittleres Gold (gefärbt)	Weißgold
Aroma	zuerst: Pflaumenmus, sanft Hefe, blumig und frisch	dünn, ein bisschen Gummi, ein bisschen Eiche
Geschmack	kraftvoll, gut ausgewogen: Süße von exotischen Früchten und ein sympathisches kleines Feuer	sehr flach und zurückhaltend, eigentlich nur kleine Süße
Nachklang	ziemlich gut, fruchtig, mit dezenter Schärfe	kurz
Bemerkung		

Malz	von fremden Mälzereien
Wasser	Gelly Burn
Mash tuns	1: 6 Tonnen
Washbacks	9: je 32.000 Liter
Stills	2 wash stills (je 20.000 Liter) 3 spirit stills (je 12.500 Liter)
Befeuerung	Dampf
Fässer	Sherry und Bourbon Hogsheads
Jahresproduktion	2,4 Mio. Liter Alkohol
Hausstil	»Aromatisch mit einer sehr positiven Nase und mildem, vollen und süßen Aroma. Rund und reif mit einem guten, langen Finish.«

✍

Abfüllung	Eigentümer (William Lawson)
Destillation	1982
Abfüllung	
Alter	12 Jahre
Stärke	40 %
Fassart	
Besonderheit	Die Eigentümer nennen ihn »Glen Deveron«

✍	**ohne Wasser**	**mit Wasser (auf 20 % verdünnt)**
Farbe	mittlerer Bernstein (mit Farbstoff)	einige Nuancen heller
Aroma	einladendes Aroma, leichte Süße, frisches Heu	verliert, paradoxerweise wird der Alkohol stärker riechbar
Geschmack	sehr malzige Süße, ein bisschen spitz auf der Zungenspitze	Süße deutlich weniger ausgeprägt, ärmer
Nachklang	Malz verschwindet, Schärfe entwickelt sich	mittel bis kurz
Bemerkung		Besser ohne oder nur mit ein paar Tropfen Wasser.

MANNOCHMORE

[Mánnoch-mór]

großer Mönch

in Betrieb		**www.malts.com**
Besitzer	Diageo plc., England	
Lizenz	Diageo plc. (John Haig & Sons Ltd.)	
Manager	Polly MacDonald	
Adresse	Birnie, by Elgin, IV30 3SS	
Telefon	01343 860 331	
Visitor Centre	nein	
Führungen	nein	
Lage	s. Glenlossie	
Geschichte	1971 in unmittelbarer Nachbarschaft von Glenlossie durch die SMD gebaut. 1985 geschlossen. 1987 von UD übernommen und wiedereröffnet, 1995 wieder stillgelegt. Seit dem 2. Halbjahr 1996 wieder in Produktion. Aus Mannochmore kam der »Loch Dhu«.	

Abfüllung	Eigentümer (»Fauna & Flora«-Serie)
Destillation	
Abfüllung	
Alter	12 Jahre
Stärke	43 %
Fassart	
Besonderheit	

✍	**ohne Wasser**	**mit Wasser (auf 20 % verdünnt)**
Farbe	sehr blass (mit Farbstoff)	fast wässrig
Aroma	schwach süßlich, hefig, leicht torfig	sehr leicht, zarte Fruchttöne
Geschmack	weich, leichter Biergeschmack, zartes Aroma	fast wie ein Lowland
Nachklang	leicht und sauber	passabel
Bemerkung		

Malz	Optic und Chariot von den firmeneigenen Maltings in Burghead
Wasser	Bardon Burn
Mash tuns	1: 12 Tonnen (Gusseisen)
Washbacks	8: je 55.000 Liter (Lärche)
Stills	3 wash stills (je 14.700 Liter)
	3 spirit stills (je 16.100 Liter)
Befeuerung	Dampfschlangen
Fässer	Bourbon
Jahresproduktion	bis 2,6 Mio. Liter Alkohol
Hausstil	»Ein leicht fruchtiges Aroma mit einem mittel-trockenen Geschmack.«

✍

Abfüllung	Signatory (Vintage Serie)
Destillation	7.11.1991
Abfüllung	9.6.2003
Alter	11 Jahre
Stärke	43 %
Fassart	South African Sherry Butt (Nr. 16.585)
Besonderheit	878 Flaschen

✍	**ohne Wasser**	**mit Wasser (auf 20 % verdünnt)**
Farbe	heller Bernstein (ungefärbt)	kaum verändert, glänzender
Aroma	fruchtige Süße (Äpfel), leichte Vanille	jetzt eher blumig mit feinen Eichentönen
Geschmack	schöne ölige Süße, sehr sanft	sehr leicht, zarte Süße, etwas trocken gegen Ende, …
Nachklang	etwas kurz und trocken	… das schnell kommt
Bemerkung		Schöner leichter Sommerwhisky.

Millburn

[Millbörn]

Mühlenbach

abgerissen	
Besitzer	
Lizenz	ehemals MacLeay Duff (Distillers) Ltd.
Manager	
Adresse	Millburn Road, Inverness, IV2 3QX
Telefon	**E-Mail**
Visitor Centre	**Führungen**
Lage	ehedem etwa 2 km östlich der Stadtmitte am Millburn
Geschichte	Angeblich 1807 von einem Mr. Welsh gebaut. 1825 erwerben Rose & Macdonald die Lizenz für Millburn. Ungewisse Entwicklung bis 1876, als neu gebaut wurde. 1922 von der Gin-Firma Booth's Distillery gekauft und nach Feuer 1922 renoviert. 1943 von DCL übernommen. 1985 geschlossen. 1987 von UD übernommen. 1989 in ein Restaurant umgewandelt. Vorhandene Whisky-Bestände gehören heute Diageo.

Abfüllung	Eigentümer (»Rare Malts-Selection«)
Destillation	1975
Abfüllung	
Alter	18 Jahre
Stärke	58,9 %
Fassart	
Besonderheit	»Limited Bottling«

✍	**ohne Wasser**	**mit Wasser (auf 20 % verdünnt)**
Farbe	blasses Gold (mit Farbstoff)	heller
Aroma	relativ scharf und ziemlich rauchig	wird etwas leichter und feiner
Geschmack	sehr torfig und etwas bittersüß	trocken, rauchig, angenehmer, leichter Meereinfluss
Nachklang	gute Länge, Rauchigkeit haftet	lang und etwas adstringierend
Bemerkung		Braucht viel Wasser.

Malz	ehemals von eigener Saladin-Anlage
Wasser	ehemals Loch Duntelchaig
Mash tuns	
Washbacks	
Stills	ehemals 1 wash still ehemals 1 spirit still
Befeuerung	
Fässer	
Jahresproduktion	
Hausstil	

✍

Abfüllung	Cadenhead (»Authentic Collection«)
Destillation	1974
Abfüllung	Januar 2004
Alter	29 Jahre
Stärke	53,7 %
Fassart	Bourbon Hogshead
Besonderheit	246 Flaschen

✍	**ohne Wasser**	**mit Wasser (auf 20 % verdünnt)**
Farbe	sehr helles Goldgelb mit wasserklarem Rand (ungefärbt)	wird, seltsamerweise, einheitlicher; hell
Aroma	erstaunlich frisch, kompott-artig (Apfel, Birne), Eichenholz	reife Birne, würzige Noten, eichig, wirkt sehr rüstig
Geschmack	cremig, weich, süß, aufkommende Pfeffrigkeit, dann trocken	fein, obstartige Süße, wird dann etwas bitter und trocken
Nachklang	wird trockener, relativ kurz	sehr kurz
Bemerkung		Frisch für sein Alter, Whisky (fruchtig) und Fass (eichig) in perfekter Harmonie.

MILTONDUFF

[Milton-dáff]

schwarze Mühle

in Betrieb	
Besitzer	Group Pernod Ricard, Frankreich
Lizenz	Chivas Brothers Ltd. (früher Georg Ballantine & Sons Ltd.)
Manager	Stuart Pirie
Adresse	Miltonduff, by Elgin, IV30 3TQ
Telefon	01343 547 433
E-Mail	
Visitor Centre	nein
Führungen	evtl. nach Vereinbarung
Lage	südwestlich von Elgin, nahe der Pluscarden Abbey
Geschichte	Angeblich 1824 von Pearey & Bain gebaut. Zuweilen auch Milton Duff geschrieben. 1895/96 von Thomas Yool & Co. renoviert. 1936 an Hiram Walker-Gooderham & Worts verkauft, die später Teil von Allied Domecq wurden, die sich 2005 an die französische Firma verkauften. 1974/75

Abfüllung	Eigentümer
Destillation	
Abfüllung	
Alter	12 Jahre
Stärke	43 %
Fassart	
Besonderheit	

✍	**ohne Wasser**	**mit Wasser (auf 20 % verdünnt)**
Farbe	heller Bernstein (mit Farbstoff)	kaum verändert
Aroma	frisch, blumig, aber auch torfig	gewinnt sehr, vor allem Torf kommt besser
Geschmack	breit, schnell verschwindende Süße, toastig, etwas bitter	runder und ausgewogener, malziger
Nachklang	kurz und mild	gewinnt sogar im Finish an Länge
Bemerkung		Braucht unbedingt Wasser!

	umfassend erneuert. Zu den sechs stills kamen 1965 zwei »Lomond«-stills, die den Mosstowie produzierten, aber 1981 wieder entfernt wurden.
Malz	Prisma, Derkado und Optic von Robert Kilgour in Kirkcaldy
Wasser	Lokale Quellen und Black Burn
Mash tuns	1: 14,5 Tonnen (Edelstahl)
Washbacks	18: je 38.000 Liter (Edelstahl)
Stills	3 wash stills (je 18.000 Liter) 3 spirit stills (je 17.500 Liter)
Befeuerung	Dampf
Fässer	hauptsächlich Bourbon
Jahresproduktion	4 Mio. Liter Alkohol
Hausstil	»Reich, nussig, mild, nach Honig duftendes und leicht torfiges Aroma.«

✍

Abfüllung	Gordon & MacPhail (»Connoisseurs Choice«-Serie)
Destillation	1979
Abfüllung	
Alter	
Stärke	40 %
Fassart	
Besonderheit	

✍	**ohne Wasser**	**mit Wasser (auf 20 % verdünnt)**
Farbe	eher Gold als Bernstein (mit Farbstoff)	Gold
Aroma	schwer, ölig, Karamell und Vanille, orientalisches Parfum, geheimnisvoll	verliert Fülle, wird schlank, duftet wie ein Gewürzladen
Geschmack	füllig-ölig, schwere exotische Süße, prickelnde Gewürze	weniger geheimnisvoll, aber süß und würzig
Nachklang	lang und sehr süß	sanft und allmählich abklingend
Bemerkung		Ein exotischer Malt voller orientalischer Geheimnisse!

MORTLACH

[Mórtlach]

großer (grüner) Hügel

in Betrieb		**www.malts.com**	
Besitzer	Diageo plc., England		
Lizenz	Diageo plc. (bis 1992 George Cowie & Son Ltd.)		
Manager	Innes Shaw		
Adresse	Dufftown, AB55 4AQ		
Telefon	01340 820 318	**E-Mail**	
Visitor Centre	nein	**Führungen**	nein
Lage	am südöstlichen Stadtrand, zwischen A 941 und Mortlach Church		
Geschichte	1824, sicher 1832 gegründet. An J. & J. Grant (von Glen Grant) verkauft und stillgelegt. 1854 stieg George Cowie ein, der 1897/98 von drei auf sechs stills erweiterte. Ab 1923 ist die Firma Tochter von John Walker & Sons, die 1925 mit der DCL fusionierten. 1963/64 stark vergrößert. 1987 von DU übernommen. Voll automatisiert (1 Arbeiter!).		

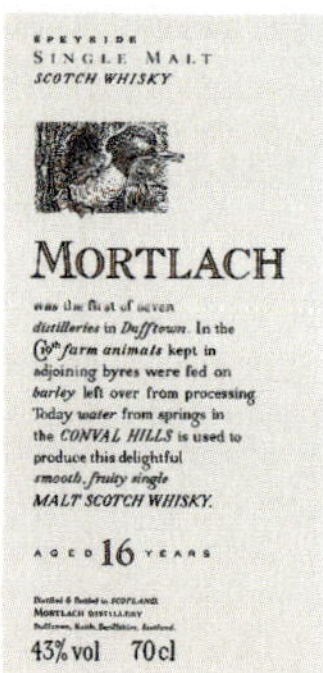

Abfüllung	Eigentümer (»Fauna & Flora«-Serie)
Destillation	
Abfüllung	
Alter	16 Jahre
Stärke	43 %
Fassart	
Besonderheit	

✍	**ohne Wasser**	**mit Wasser (auf 20 % verdünnt)**
Farbe	tiefer Bernstein (mit Farbstoff)	goldene Reflexe im tiefen Ton
Aroma	voll und schwer, nach Dry Oloroso, aber auch Rauch	wunderbarer Duft: Sherry, Rauch, ein bisschen Torf
Geschmack	mundfüllend, süß und torfig, fruchtig, nussig – wie Oloroso eben	Wasser schleift ihn ab und macht ihn noch runder und eleganter
Nachklang	lang und schön üppig	rund, weich und gut in der Länge
Bemerkung		Kann einem Macallan Paroli bieten!

	Kompliziertes Destillationsverfahren mit eigentlich 6 einzelnen stills und 3 spirit safes.
Malz	von Diageo-Maltings in Burghead
Wasser	Dykehead und Catscraig in den Conval Hills
Mash tuns	1: 12 Tonnen (Edelstahl)
Washbacks	6: je 62.000 Liter (Lärche)
Stills	3 wash stills (2 je 7.500, 1: 17.500 Liter) 3 spirit stills (8.000, 8.500 und 9.500 Liter)
Befeuerung	Dampf
Fässer	
Jahresproduktion	2 Mio. Liter Alkohol
Hausstil	»Eine cremige Nase mit einem süßen, leicht fruchtigen Aroma«

✍

Abfüllung	Signatory (Vintage-Serie)
Destillation	24.5.1990
Abfüllung	2.4.2003
Alter	12 Jahre
Stärke	43 %
Fassart	Sherry butt Nr. 3751
Besonderheit	887 Flaschen

✍	**ohne Wasser**	**mit Wasser (auf 20 % verdünnt)**
Farbe	mittlerer Bernstein (ungefärbt)	wechselt zu Stroh
Aroma	feiner Sherryton (Fino), leicht nussig, zart nach Mandeln	süßlich nach Sommerblumen und Heu, würzig
Geschmack	süß und verführerisch, sanft aufkommendes Feuer, leichter Anflug von Toffee	wird dünn und etwas eindimensional, gegen Ende bitter
Nachklang	schöner, aber zarter Nachklang	kurz
Bemerkung		Ein Sherry-Malt der angenehmen, nicht aufdringlichen Art. Wenig bis kein Wasser.

North Port

[Norß Port]

nördliches Tor

geschlossen	
Besitzer	
Lizenz	ehemals Mitchell Bros. Ltd.
Manager	
Adresse	Brechin
Telefon	**E-Mail**
Visitor Centre	**Führungen**
Lage	nördlich der Stadtmitte
Geschichte	1820 als Townhead von David, John & Alexander Guthrie gegründet. Später manchmal Brechin genannt. 1922 von DCL gekauft und an SMD übertragen. Geschlossen 1928–1937. 1983 wiederum geschlossen. 1987 von UD übernommen und danach demontiert. Vorhandene Whiskybestände gehören heute Diageo.

Abfüllung	Eigentümer (»Super Premium Releases«)
Destillation	1977
Abfüllung	2005
Alter	28 Jahre
Stärke	53,3 %
Fassart	
Besonderheit	2040 Flaschen unter dem anderen Destillerie-Namen

✍	**ohne Wasser**	**mit Wasser (auf 20 % verdünnt)**
Farbe	dunklerer Bernstein (gefärbt)	normaler Bernstein
Aroma	reich und opulent: nussig-fruchtig, reif	wird feiner, subtiler, aber die Richtung bleibt
Geschmack	erstaunlich frisch, fruchtige (Trockenfrüchte) Aromen, leichter Rauch im Hintergrund	mild und rund, fruchtig-nussige Süße
Nachklang	ziemlich intensiv	etwas zurückhaltender
Bemerkung		Und so etwas musste geschlossen werden!

Malz	
Wasser	ehemals Loch Lee
Mash tuns	
Washbacks	
Stills	ehemals 1 wash still ehemals 1 spirit still
Befeuerung	
Fässer	
Jahresproduktion	
Hausstil	

✍

Abfüllung	Signatory
Destillation	25.6.1975
Abfüllung	17.3.2000
Alter	24 Jahre
Stärke	61,1 %
Fassart	Sherry refill (Fass Nr. 2094)
Besonderheit	620 Flaschen

✍	**ohne Wasser**	**mit Wasser (auf 20 % verdünnt)**
Farbe	helles Stroh (ungefärbt)	gebleichtes Stroh
Aroma	feine Holztöne, duftig nach Zitrus, Orange, unglaublich frisch und weich (über 60 %!) und aromatisch	plötzlich filigran, plötzlich leichte Rauch-Torf-Töne
Geschmack	Pfefferschärfe krallt sich in Zunge und Backen	total verändert: birnenartige Süße, kitzelnde Schärfe
Nachklang	steht minutenlang mit sanfter Süße	etwas kürzer
Bemerkung		Ein Verwandlungskünstler.

OBAN

[Óben]

kleine Bucht

in Betrieb			**www.malts.com** und **www.classic-malts.de**
Besitzer	Diageo plc., England		
Lizenz	Diageo plc. (John Hopkins & Co. Ltd., seit 1992)		
Manager	Kenny Gray		
Adresse	Stafford Street, Oban, Argyll PA34 5NH		
Telefon	01631 – 572 000	**E-Mail**	
Visitor Centre	ja, mit Shop	**Führungen**	ja (Eintrittsgebühr)
Lage	im Stadtzentrum, direkt an der Hauptstraße		
Geschichte	Wahrscheinlich 1794 von Hugh, John & James Stevenson gegründet. 1878–1883 renoviert. 1888 von Oban & Aultmore-Glenlivet Distilleries Ltd. übernommen. 1923 an John Dewar & Sons Ltd., 1925 an DCL, 1930 an SMD übertragen. Geschlossen 1931–1937 und 1969–1972, als das stillhouse erneuert wurde. 1987 von UD/UDV übernommen, heute also bei Diageo.		

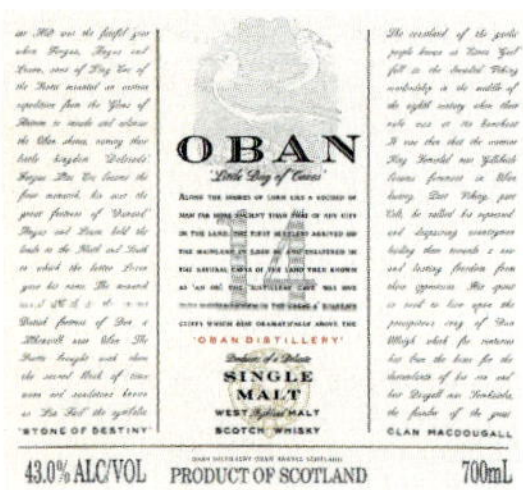

Abfüllung	Eigentümer (»Classic Malts«)
Destillation	
Abfüllung	
Alter	14 Jahre
Stärke	43 %
Fassart	
Besonderheit	

✍	**ohne Wasser**	**mit Wasser (auf 20 % verdünnt)**
Farbe	schöner Bernstein (mit Farbstoff)	goldene Reflexe
Aroma	Seeluft, Rauch, Malz: alles ist da und gut eingebunden	Wasser arbeitet alles noch deutlicher heraus
Geschmack	kräftig und würzig, alles entspricht der Nase	Süße üppiger, sehr angenehmes Feuer
Nachklang	vor allem Wärme bleibt, schön verklingend	relativ kurz, aber schön weich
Bemerkung		

Malz	von den firmeneigenen Maltings in Roseisle
Wasser	Loch Gleann a'Bhearraidh
Mash tuns	1: 6 Tonnen (Edelstahl)
Washbacks	4: je 31.000 Liter (Lärche)
Stills	1 wash still (18.880 Liter) 1 spirit still (8.296 Liter)
Befeuerung	Dampf
Fässer	refill Bourbon und Sherry butts
Jahresproduktion	700.000 Liter Alkohol
Hausstil	»Ein frisches, delikates, leicht torfiges Aroma mit einem sanften, fruchtigen Geschmack und einem lange haftenden Nachklang. Ein exzellenter Allrounder.«

✍

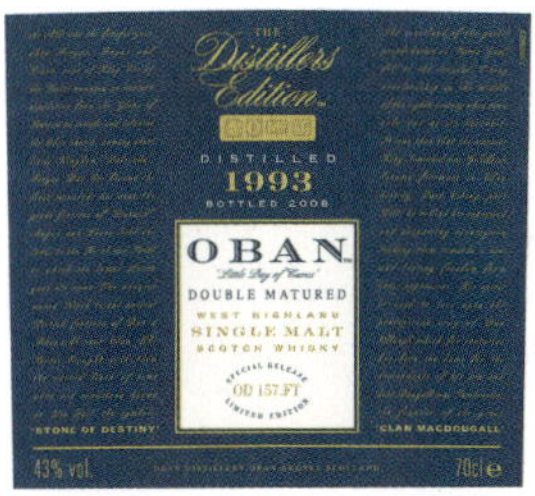

Abfüllung	Eigentümer (»Distillers' Edition«)
Destillation	
Abfüllung	
Alter	
Stärke	43 %
Fassart	2. Reifung im Montilla-Fino-Sherry-Fass
Besonderheit	

✍	**ohne Wasser**	**mit Wasser (auf 20 % verdünnt)**
Farbe	tiefes Gold (mit Farbstoff)	Gold mit helleren Reflexen
Aroma	süßer als das »Original«, aber unverkennbar: Malz, Rauch, Seeluft	die Salzigkeit wird prägnanter, der Rest etwas zarter
Geschmack	süße Fruchtigkeit, kraftvoll, kleiner Salzakzent	verhaltene Süße, malzig, kleines bisschen Rauch und Jod
Nachklang	sehr präsent	Etwas kürzer, schön, zum Nachhören
Bemerkung		Auf 20 % ist zuviel, 30 % wäre richtig.

Pittyvaich

[Pitti-véch oder Pittiví-ach]

Platz des Kuhstalls

Abgebaut			
Besitzer	Diageo plc., England		
Lizenz	Diageo plc. (Arthur Bell & Sons Ltd.)		
Manager			
Adresse	Dufftown, AB55 4BR		
Telefon		**E-Mail**	
Visitor Centre	nein	**Führungen**	nein
Lage	neben Dufftown, siehe dort		
Geschichte	1974/75 von Arthur Bell & Sons neben ihrer Dufftown Distillery gebaut. 1985 von UD übernommen. 1993 geschlossen. Wurde zeitweise angeblich zum Ausprobieren neuer Gerstensorten benutzt. Eine Wiedereröffnung wird zurzeit nicht mehr diskutiert.		

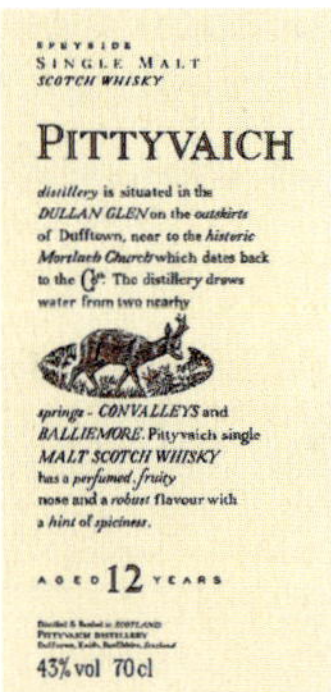

Abfüllung	Eigentümer (»Fauna & Flora«-Serie)
Destillation	
Abfüllung	
Alter	12 Jahre
Stärke	43 %
Fassart	
Besonderheit	

✍	**ohne Wasser**	**mit Wasser (auf 20 % verdünnt)**
Farbe	dunkler Bernstein (mit Farbstoff)	rote Reflexe
Aroma	duftig und fruchtig	leichte Malzsüße, Hauch von Sherry, Birne?
Geschmack	eindeutig Sherry, Malz, Gewürztöne, wird dann leicht adstringierend	feiner und gut verbunden, die gleichen Noten
Nachklang	sehr lang und würzig	schöne Länge
Bemerkung		

Malz	ehemals von firmeneigenen Maltings in Burghead und Roseisle
Wasser	Convalleys und Balliemore Springs
Mash tuns	1: 10 Tonnen (Gusseisen)
Washbacks	6: je 15.000 Liter (Edelstahl)
Stills	2 wash stills (je 15.000 Liter) 2 spirit stills (je 15.000 Liter)
Befeuerung	Dampf
Fässer	Bourbon und Sherry
Jahresproduktion	
Hausstil	

✍

Abfüllung

Destillation

Abfüllung

Alter

Stärke

Fassart

Besonderheit

✍	ohne Wasser	mit Wasser
Farbe		
Aroma		
Geschmack		
Nachklang		
Bemerkung		

Port Ellen

[Port Ellen]

(Ortsname)

geschlossen und größtenteils abgerissen

Besitzer			
Lizenz	ehemals Row, Robertson & Co. Ltd. (bis 1992)		
Manager			
Adresse	Port Ellen, Isle of Islay, PA42 7AH		
Telefon		**E-Mail**	
Visitor Centre		**Führungen**	
Lage	an der Rückseite der Port Ellen Maltings		
Geschichte	1825 gegründet, 1836 von John Ramsay übernommen. Im Familienbesitz bis 1927. 1930 übernehmen John Dewar & Sons und W. P. Lowrie & Co. Ltd im Auftrag der DCL die 1929 geschlossene Brennerei. Bis 1966/67 wurden nur die maltings und die warehouses benutzt. Renoviert, von zwei auf vier stills vergrößert. 1983 geschlossen, 1987 von UD übernommen. Es stehen noch die alte kiln und die (denkmal-		

Abfüllung	Eigentümer (»Rare Malts Selection«)
Destillation	1978
Abfüllung	2000
Alter	22 Jahre
Stärke	60,5 %
Fassart	
Besonderheit	

✍	**ohne Wasser**	**mit Wasser (auf 20 % verdünnt)**
Farbe	tiefes Gold (gefärbt?)	heller, leicht ölig
Aroma	eher medizinisch und nach Meer als nach Torfrauch	etwas Torf, leicht salzig, Meeresduft
Geschmack	ölig, salzig, nach Seetang und Brotrinde	leichte Süße kommt zu Salz und zum medizinischen Islay-Charakter
Nachklang	mächtig und lang, Salz, Seetang	verliert nicht, bleibt groß und fast auftrumpfend
Bemerkung		Verträgt einen kräftigen Schuss Wasser.

	geschützten) Lagerhäuser. Restliche Whisky-Bestände gehören heute Diageo.
Malz	ehemals von eigener Mälzerei
Wasser	ehemals Leorin Lochs
Mash tuns	ehemals 1: 5,68 Tonnen
Washbacks	ehemals 8: je 30.000 Liter
Stills	ehemals 2 wash stills (je 28.000 Liter) ehemals 2 spirit stills (je 25.000 Liter)
Befeuerung	
Fässer	
Jahresproduktion	ehemals 750.000 Liter Alkohol
Hausstil	

✍

Abfüllung	The Scotch Malt Whisky Circle
Destillation	November 1982
Abfüllung	März 2003
Alter	20 Jahre
Stärke	61,2 %
Fassart	Sherry
Besonderheit	

✍	**ohne Wasser**	**mit Wasser (auf 20 % verdünnt)**
Farbe	poliertes Kupfer, dunkel und tief (ungefärbt)	bleibt tief, bekommt kleine Aufhellung
Aroma	zuerst stechend (61,2 %!), dann reife Sherrynoten: dahinter Jod und Salz und – spät – Torfrauch	wachgeküsst! PE wie er besser nicht sein kann: zuerst das Meer, dann die Räucherkammer
Geschmack	Wow! Eine Explosion alkoholischer Kraft, mundkleidende Cremigkeit, süß, dann rauchig und würzig, dann trocken …	zum Kauen schön: erst Rauch, dann Medizintöne und Süße, die …
Nachklang	… und sanft bitter werdend und lange anhaltend	… gegen Ende dunkle Bitterschokolade offenbart
Bemerkung		Bei Minusgraden pur, sonst mit einem kräftigen Schuss Wasser.

PULTENEY

[Púltni]

Ortsname (seichte Grube?)

in Betrieb		**www.inverhouse.com**
Besitzer	Thai Beverages, Thailand	
Lizenz	Inver House Distillers Ltd. (The Pulteney Distillery Co. Ltd.)	
Manager	Malcolm Waring	
Adresse	Huddart Street, Wick, KW1 5BA	
Telefon	01955 609 083	
Visitor Centre	ja, mit Shop	
Führungen	ja (Eintrittsgebühr)	
Lage	im gleichnamigen Stadtteil von Wick, südlich des Hafens	
Geschichte	1826 von James Henderson gebaut und im Familienbesitz bis 1920. Der folgende Besitzer, James Watson & Co. Ltd., verkaufte 1923 an John Dewar & Sons, die sie 1925 an DCL weitergaben. 1930–1951 geschlossen. 1955 an Hiram Walker (Scotland) Ltd verkauft, deren Mutterfirma Allied Distillers verkauft sie 1995 an Inver House. 1995 komplett erneuert. Gehört heute der thailändischen Gruppe.	

Abfüllung	Eigentümer
Destillation	
Abfüllung	
Alter	12 Jahre
Stärke	40 %
Fassart	
Besonderheit	»Old Pulteney« genannt

✍	**ohne Wasser**	**mit Wasser (auf 20 % verdünnt)**
Farbe	mittlerer, goldener Bernstein (ungefärbt)	kräftiger Weißwein
Aroma	nach Heu und süßen Äpfeln, leicht süß, Spur von Salz	weicher, dicht, parfümiert, sanfte Sherrynote
Geschmack	cremig und süß, dann sehr feurig-pfeffrig werdend, etwas Rauch	weich und süßlich, etwas schlicht und eindimensional
Nachklang	intensiv und wärmend, bei verblassender Süße	leicht bitter werdend und kurz
Bemerkung		Mit nur wenig Wasser genießen: ein eleganter Malt!

Malz	von Robert Kilgour in Kirkcaldy
Wasser	Leitungswasser und Wasser aus dem Loch Hempriggs
Mash tuns	1: 38.440 Liter (Gusseisen)
Washbacks	6: je 23.200 Liter (Edelstahl)
Stills	1 wash still (16.100 Liter)
	1 spirit still (13.200 Liter)
Befeuerung	dampfbeheizte Pfannen
Fässer	hauptsächlich Bourbon, hin und wieder Sherry
Jahresproduktion	1,2 Mio. Liter Alkohol
Hausstil	»Schnell reifend, feines Bukett.«

✍

Abfüllung	Signatory (Vintage-Serie)
Destillation	24.10.1990
Abfüllung	2.4.2003
Alter	12 Jahre
Stärke	43 %
Fassart	Bourbon barrels Nr. 25.231 + 32
Besonderheit	672 Flaschen

✍	**ohne Wasser**	**mit Wasser (auf 20 % verdünnt)**
Farbe	blond mit hellem Rand (ungefärbt)	etwas zarter
Aroma	etwas alkoholisch, stechend, aber	runder, duftig und frisch nach
	frisch nach Zitrus und Meerluft	Küchenkräutern
Geschmack	cremig-pfeffrig und mundwärmend,	viel milder, süßlich nach Kräutern
	salzig und frisch	und zart nach Vanille
Nachklang	anhaltende, allmählich verklingende	kürzer mit schwacher Süße
	Pfeffrigkeit	
Bemerkung		Mit Wasser ein schöner Sommer-
		Malt, schon als Aperitif.

ROSEBANK

[Ros-bank]

Rosenufer

geschlossen			
Besitzer	Diageo plc., England		
Lizenz	ehemals Distillers Agency Ltd		
Manager			
Adresse	Camelon Road, Falkirk, FK1 5BW		
Telefon		**E-Mail**	
Visitor Centre	nein	**Führungen**	nein
Lage	an der Kreuzung des Forth & Clyde Kanals mit der A 803		
Geschichte	Obschon es 1817–1819 eine Brennerei dieses Namens gab, soll sie erst 1840 aus den Maltings der Camelon Distillery durch James Rankine entstanden sein. 1864/65 Neubau. 1914 war Rosebank Distillery Ltd. Mitbegründer der SMD. 1987 von UD übernommen. 1993 geschlossen und teilweise zu einem Restaurant umgebaut.		

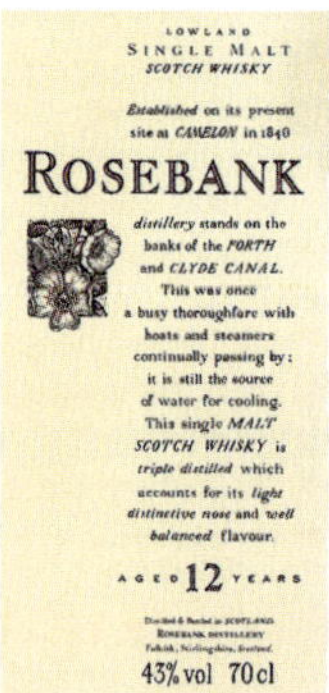

Abfüllung	Eigentümer (»Fauna & Flora«-Serie)
Destillation	
Abfüllung	
Alter	12 Jahre
Stärke	43 %
Fassart	
Besonderheit	dreifach destilliert

✍	**ohne Wasser**	**mit Wasser (auf 20 % verdünnt)**
Farbe	golden (mit Farbstoff)	Gold mit fast weißen Rändern
Aroma	leicht, etwas nach Alkohol, etwas trocken	sehr leicht, ein zarter Duft wie hingehaucht
Geschmack	sanft, leicht malzig-süß, sanft trocken	sehr leicht, Hauch von Süße, etwas adstringierend
Nachklang	erstaunlich kräftig, sanft trocken	etwas flüchtiger
Bemerkung		

Malz	
Wasser	ehemals Carron Valley Reservoir
Mash tuns	
Washbacks	
Stills	ehemals 1 wash still ehemals 2 spirit stills (für Dreifach-Destillation)
Befeuerung	
Fässer	
Jahresproduktion	
Hausstil	»Leicht und sanft mit einem trockenen, leichten Fruchtaroma.«

Abfüllung	Eigentümer (»Rare Malts Selection«)
Destillation	1981
Abfüllung	Mai 2002
Alter	20 Jahre
Stärke	62,3 %
Fassart	
Besonderheit	

	ohne Wasser	**mit Wasser (auf 20 % verdünnt)**
Farbe	strahlendes, glänzendes, mittleres Gold (gefärbt?)	bleibt konstant
Aroma	kräftig alkoholisch, blumige Noten, verblüffende Frische	überraschende Frische, malzige Süße, duftet wie eine am Morgen gemähte Wiese: Heu, Sonnenblumen
Geschmack	stark, der Alkohol packt schnell zu und erlaubt nicht, dass Zunge und Gaumen etwas anderes als Pfeffer wahrnehmen	toll – cremige Süße, (deutscher) Pudding, Malz, wird …
Nachklang	lang und von stabiler, haftender, bauchfüllender Wärme	… trocken und verabschiedet sich sanft und zart
Bemerkung		Muss durch viel Wasser regelrecht wachgeküsst werden.

ROYAL BRACKLA

[Bráckla]

Platz der gefallenen/gefällten Bäume? gesprenkelter Hügel? Kornkammer? Biberbau?

in Betrieb			
Besitzer	Bacardi Corporation, Bermuda		
Lizenz	John Dewar & Sons Ltd. (bis 1992 John Bisset & Co. Ltd.)		
Manager	Stewart Christine		
Adresse	Cawdor, Nairn, IV12 5QY		
Telefon	01667 402 000	**E-Mail**	
Visitor Centre	nein	**Führungen**	nein
Lage	nahe Cawdor Castle und der B 9090		
Geschichte	Angeblich 1812 von Capt. William Fraser gegründet, der schon 1835 den begehrten Namenszusatz bekam. Die späteren Besitzer John Bisset & Co. Ltd. verkauften 1943 an die SMD. 1965/66 renoviert. 1970 von zwei auf vier stills erweitert. 1985 geschlossen. 1987 von UD übernommen, 1991 wiedereröffnet und 1998 verkauft.		

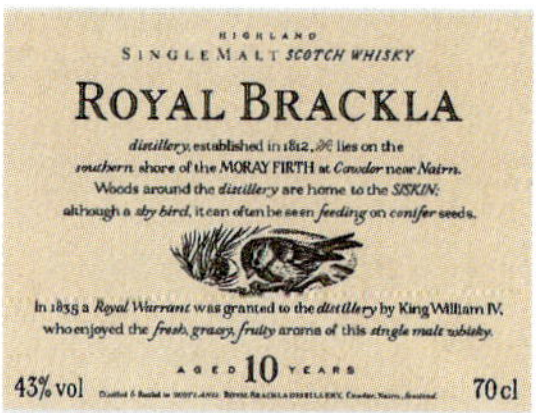

Abfüllung	ehemaliger Eigentümer (Diageo, »Fauna & Flora«-Serie)
Destillation	
Abfüllung	
Alter	10 Jahre
Stärke	43 %
Fassart	
Besonderheit	

✍	**ohne Wasser**	**mit Wasser (auf 20 % verdünnt)**
Farbe	blasses Strohgelb (mit Farbstoff)	sehr hell
Aroma	frisch, fruchtig, schwach torfig	sehr zart, frisch
Geschmack	sanfte Süße, Spur von Torf	sehr mild und rund, schwach süß
Nachklang	gute Länge, frisch	erfrischend
Bemerkung		

Malz	von fremden Mälzereien
Wasser	Cawdor Burn
Mash tuns	1: 11,5 Tonnen (Edelstahl)
Washbacks	6: je 60.000 Liter (4 Lärche, 2 Edelstahl)
Stills	2 wash stills (je 22.000 Liter) 2 spirit stills (je 21.000 Liter)
Befeuerung	Dampf
Fässer	
Jahresproduktion	2,6 Mio. Liter Alkohol
Hausstil	»Ein grasiges Aroma mit einem sanften, leichten Geschmack.«

✍

Abfüllung	Signatory
Destillation	5.9.1991
Abfüllung	20.9.2000
Alter	9 Jahre
Stärke	43 %
Fassart	Eiche (Fass Nr. 6362)
Besonderheit	928 Flaschen

✍	**ohne Wasser**	**mit Wasser (auf 20 % verdünnt)**
Farbe	hellblond (ungefärbt)	fast wasserklarer Kerl
Aroma	frisch, aromatisch nach Steinobst und Äpfeln, neues Leder, zarter Holzduft	ganz fein und zart: grüner Apfel, unreife Birnen, Steinobst
Geschmack	verblüffend pfeffrig, fruchtige Süße, plastikartiges Ende	feine, zarte Süße, zu zart vielleicht
Nachklang	erstaunlich kurz	verlöscht sehr schnell
Bemerkung		Duft reizvoll mit viel Wasser, zum Trinken nur zwei Tropfen.

Royal Lochnagar

[Lóchnagár]

See der Geräusche (benannt nach dem Berg)

in Betrieb		**www.malts.com**	
Besitzer	Diageo plc., England		
Lizenz	Diageo plc. (früher John Begg Ltd.)		
Manager	Donald Renwick		
Adresse	Crathie, Ballater, AB35 5TB		
Telefon	01339 747 700	**E-Mail**	
Visitor Centre	ja, mit Shop	**Führungen**	ja (Eintrittsgebühr)
Lage	nahe Balmoral Castle und der B 976 am Fuß des gleichnamigen Berges		
Geschichte	»New Lochnagar« wird 1845 nahe der 1841 durch Feuer zerstörten Lochnagar Distillery von John Begg gebaut – neben Schloss Balmoral. Nach dem Besuch der Königin »Royal« genannt. 1906 renoviert, 1916 von der Gründerfamilie an John Dewar & Sons verkauft. 1925 zu DCL. Umfassende Renovierungen 1963 und 1967. 1987 von UD übernommen, heute also bei Diageo. Beherbergt deren berühmte Akademie.		

Abfüllung	Eigentümer
Destillation	
Abfüllung	
Alter	12 Jahre
Stärke	40 %
Fassart	
Besonderheit	

✍	**ohne Wasser**	**mit Wasser (auf 20 % verdünnt)**
Farbe	mittlerer Bernstein (mit Farbstoff)	etwas heller
Aroma	leicht und angenehm, etwas rauchig	frisch und fruchtig, sehr rund und ausgewogen
Geschmack	rauchig und leicht süß, hat durchaus Biss	etwas leichter, aber Rauch, Malz und Pfeffer sind gut da
Nachklang	angenehm, etwas trocken, leicht rauchig	schöner Ausklang
Bemerkung		Hat alles, was ein Malt braucht. Gut für Einsteiger.

Malz	von den firmeneigenen Maltings in Glenesk und Roseisle
Wasser	von Quellen am Lochnagar
Mash tuns	1: 5,4 Tonnen (Edelstahl)
Washbacks	3: 2 mit 28.000 (Lärche), 1 mit 15.000 Litern (Oregon Pine)
Stills	1 wash still (7410 Liter) 1 spirit still (5450 Liter)
Befeuerung	Dampf
Fässer	
Jahresproduktion	430.000 Liter Alkohol
Hausstil	»Ein leicht rauchiges Aroma mit einer milden, malzigen Süße.«

✍

Abfüllung	Eigentümer
Destillation	
Abfüllung	
Alter	keine Angabe
Stärke	43 %
Fassart	
Besonderheit	»Selected Reserve« in nummerierten Flaschen

✍	**ohne Wasser**	**mit Wasser (auf 20 % verdünnt)**
Farbe	rötlicher Bernstein (mit Farbstoff)	goldene Ränder im dunklen Bernstein
Aroma	süß nach Vanille, Eiche und Sherry, Hauch von Rauch	wird sehr fein, mit allen – gut gewichteten – Komponenten
Geschmack	zunächst dominiert Sherry, dann kommt die Süße, danach plötzlich starker Rauch	immer noch: schöne Ausgewogenheit von Sherry, malziger Süße und dem, jetzt schwächeren, Rauch
Nachklang	lang und rauchig	weniger Rauch, eher würzig
Bemerkung		Mal mit, mal ohne ein paar Tropfen Wasser.

St. Magdalene

[Sänt Magdalín oder Modlíen]

Heilige Magdalena

geschlossen	
Besitzer	
Lizenz	ehemals William Greer bzw. John Hopkins & Co.
Manager	
Adresse	Linlithgow, EH49 6AQ
Telefon	**E-Mail**
Visitor Centre	**Führungen**
Lage	am Ostende des Städtchens an der Bahnlinie
Geschichte	Angeblich von Sebastian Henderson gegründet. Als Besitzer ist Adam Dawson 1798 nachgewiesen. Dessen Erben gingen 1912 in Liquidation. 1914 von DCL gekauft und 1914 an SMD übergeben.1983 geschlossen und seither in eine Wohnanlage umgebaut. Zu manchen Zeiten Linlithgow genannt. Vorhandene Whisky-Bestände gehören heute Diageo.

Abfüllung	Gordon & MacPhail (»Connoisseurs Choice«-Serie)
Destillation	1981
Abfüllung	
Alter	
Stärke	40 %
Fassart	
Besonderheit	

✍	**ohne Wasser**	**mit Wasser (auf 20 % verdünnt)**
Farbe	Bernstein (gefärbt)	dunkleres Gold
Aroma	unaufdringlich: Vanille und leichte Bitterschokolade, Gebäckaromen	Kaffee kommt, auch Phenol, schwach süß
Geschmack	fruchtig und trocken, schöne, dominierende Bitterkeit	ein bisschen nivelliert, reizvolle Bitterkeit bleibt erhalten
Nachklang	gut, sanft, bitter nach gerösteten Kaffeebohnen	kurz
Bemerkung		Ein Malt zum (ungezuckerten!) Espresso.

Malz	
Wasser	ehemals lokale Quellen
Mash tuns	
Washbacks	
Stills	ehemals 2 wash stills ehemals 2 spirit stills
Befeuerung	
Fässer	
Jahresproduktion	
Hausstil	

✍

Abfüllung	Signatory
Destillation	15.12.1982
Abfüllung	23.5.2000
Alter	17 Jahre
Stärke	43 %
Fassart	Eiche (Fass Nr. 2998)
Besonderheit	372 Flaschen

✍	**ohne Wasser**	**mit Wasser (auf 20 % verdünnt)**
Farbe	zartgelb mit grünem Rand (ungefärbt)	grünlich-gelb
Aroma	Bittermandeln, vanillige Süße, später Torf	Minztöne, torfige Akzente, sanfte Islay-Anklänge, Holz
Geschmack	kräftig für einen Lowland, phenolig-torfig, pfeffrig, Marzipansüße, Vanille, schöne Struktur	dominierende zartbittere Trockenheit
Nachklang	herb und torfig, gute Länge	immer noch gut
Bemerkung		Obwohl das Aroma gewinnt: behutsam mit Wasser!

SCAPA

[Scápa]

Schellfisch-Bucht

in Betrieb		**www.scapamalt.com**	
Besitzer	Group Pernod Ricard, Frankreich		
Lizenz	Chivas Brothers	**Manager**	
Adresse	St. Ola, Kirkwall, KW15 1SE		
Telefon	01856 872 071	**E-Mail**	
Visitor Centre	nein	**Führungen**	nein
Lage	südlich von Kirkwall an der A 964, direkt an der Scapa Bay		
Geschichte	1885 von Macfarlane & Townsend eröffnet. 1919 an Scapa Distillery Ltd., 1936 an Bloch Brothers, die Besitzer von Glen Scotia, verkauft. 1954 von der kanadischen Hiram Walker (Scotland) Ltd. übernommen. 1959 renoviert, wobei als wash still eine modifizierte »Lomond«-still eingebaut wurde. Mutterfirma war bis 2005 Allied Domecq. 1994 stillgelegt. Dann einige Monate im Jahr durch das Team von Highland Park betrieben. Nach Renovierung 2006 wiedereröffnet.		

Abfüllung	Eigentümer
Destillation	
Abfüllung	
Alter	14 Jahre
Stärke	40 %
Fassart	
Besonderheit	

✍	**ohne Wasser**	**mit Wasser (auf 20 % verdünnt)**
Farbe	mittlerer Bernstein (gefärbt)	Goldreflexe
Aroma	verhaltener Torfton, reifes Obst (Birne, Melone), zum Reinbeißen verlockend	alle Aromen bleiben, in den Vordergrund schiebt sich die Melone
Geschmack	in schöner Harmonie: Kraft, fruchtige Süße, Schärfe, Vanille, Torf	weniger kraftvoll, dafür sanfter und weicher
Nachklang	die Süße steht und bleibt	verhallt etwas schneller
Bemerkung		Nach wie vor einer der großen Unbekannten und Unterschätzten.

Malz	ungetorft, von Robert Kilgour in Kirkcaldy
Wasser	Lingro Burn (stark torfhaltig) und andere lokale Quellen
Mash tuns	1: 3,5 Tonnen (Edelstahl)
Washbacks	8: je 13.500 Liter (Edelstahl)
Stills	1 wash still (13.500 Liter)
	1 spirit still (12.563 Liter)
Befeuerung	Dampf
Fässer	Bourbon
Jahresproduktion	300.000 Liter Alkohol (2001)
Hausstil	»Delikat und blumig, mit einem Hauch von Salz.«

✍

Abfüllung	Gordon & MacPhail (»Allied«-Serie)
Destillation	1991
Abfüllung	2003
Alter	
Stärke	40 %
Fassart	
Besonderheit	»Proprietors Taylor & Ferguson«

✍	**ohne Wasser**	**mit Wasser (auf 20 % verdünnt)**
Farbe	sehr heller Bernstein (mit Farbstoff)	heller Rand
Aroma	frisch nach Seebrise, leicht torfig	frisch, leicht, zart
Geschmack	kräftig, würzig, malzige Süße, torfig	wird subtiler, Gewürze bleiben, Süße etwas feiner
Nachklang	schöne, etwas trockene Länge	erstaunlich stabil
Bemerkung		Ein Inselwhisky fürs Frühjahr, den Herbst – und Sommernächte.

SPEYBURN

[Spej-börn]

Spey(=Weißdornbusch)bach

in Betrieb		**www.inverhouse.com**	
Besitzer	Thai Beverages, Thailand		
Lizenz	Inver House Distillers Ltd.	**Manager**	Bobby Anderson
Adresse	Rothes, AB38 7AG	**Telefon**	01340 831 213
E-Mail	bobby_anderson@inverhouse.com		
Visitor Centre	nein	**Führungen**	nein
Lage	nördlich von Rothes und westlich der B 9015 am Broad Burn		
Geschichte	1897 von einer Tochterfirma von John Hopkins & Co. gegründet, die 1916 an die DCL fielen. Geschlossen von 1930–1934. Nach Liquidation der Firma von SMD übernommen. 1987 von UD übernommen und 1991 an Inver House Distillers Ltd verkauft, die ein Jahr später die Lizenz von John Robertson & Co auf sich übertrugen und heute den Thailändern gehören.		

Abfüllung	Eigentümer
Destillation	
Abfüllung	
Alter	10 Jahre
Stärke	40 %
Fassart	
Besonderheit	

✍	**ohne Wasser**	**mit Wasser (auf 20 % verdünnt)**
Farbe	goldgelb (ungefärbt?)	kaum verändert
Aroma	frisch mit einem Hauch von Heu und Gummi	Frische dominiert, Gummi bleibt
Geschmack	cremig, kleine Schärfe vorne an der Zunge, warm und süß	mild süß und etwas eindimensional
Nachklang	gut und warm	plötzlich auftretende Bitterkeit
Bemerkung		

Malz	von fremden Mälzereien
Wasser	Granty Burn (zum Maischen), Broad Burn (zum Kühlen)
Mash tuns	1: 5,5 Tonnen (Edelstahl)
Washbacks	6: je 26.200 Liter (Lärche)
Stills	1 wash still (17.297 Liter) 1 spirit still (13.160 Liter)
Befeuerung	dampfbeheizte Pfannen und Spiralen
Fässer	Bourbon
Jahresproduktion	1,2 Mio. Liter Alkohol
Hausstil	»Mittlerer bis voller Körper, malzig und leicht süß mit einem trockenen, betonten Finish.«

✍

Abfüllung	Gordon & MacPhail (»Connoisseurs Choice«-Serie)
Destillation	1974
Abfüllung	
Alter	
Stärke	40 %
Fassart	
Besonderheit	

✍	**ohne Wasser**	**mit Wasser (auf 20 % verdünnt)**
Farbe	mittlerer Bernstein (mit Farbstoff)	aufgehellt
Aroma	ausgeprägte Honigsüße, Kleewiese, noch sehr frisch	Sonnenblumen, feine Süße, gewachstes Leder
Geschmack	Honig, süße, reife Früchte, behutsame würzig-pfeffrige Nuancen, alter (holzgelagerter) Port	schwache Süße, spürbar Eichenholz
Nachklang	verdämmernde Süße	knapp
Bemerkung		Alt genug, um ohne Wasser auszukommen.

Speyside

[Spej-said]

Gegend um den River Spey

in Betrieb		**www.speysidedistillery.co.uk**	
Besitzer	Speyside Distilling Co. Ltd. (James Aykroyd & Co.), Schottland		
Lizenz	ebenso	**Manager**	Andrew Shand
Adresse	Tromie Mills, Glen Tromie, by Kingussie, PH21 1NS		
Telefon	01540 661 060		
E-Mail	info@speysidedistillery.com		
Visitor Centre	nein	**Führungen**	nein
Lage	nahe B 970 an der Mündung des Tromie in den Spey (bei Kingussie)		
Geschichte	Gegenüber der 1895–1911 existierenden Brennerei von George Christie gebaut – mit vielen Unterbrechungen: 1956 Kauf des Grundstücks, 1962 Baubeginn, 1980 Beginn der Einrichtung, komplett 1987, erste Destillation am 12.12.1990. Drei Jahre später Erstabfüllung (100 Flaschen für Mitarbeiter). Danach Markteinführung des »Drumguish«, 1999 des »Speyside«.		

Abfüllung	Eigentümer
Destillation	
Abfüllung	
Alter	10 Jahre
Stärke	40 %
Fassart	
Besonderheit	

✍	**ohne Wasser**	**mit Wasser (auf 20 % verdünnt)**
Farbe	mittlerer Bernstein (gefärbt?)	Gold
Aroma	etwas unreif, leicht Azeton, hefig-getreidig, schwach Vanille	parfümiert, Wasser reduziert Azeton, weniger stechend
Geschmack	eindeutig besser als in der Nase, gute Struktur von Süße und Schärfe, gegen das …	unharmonisch, unreif
Nachklang	… Ende adstringierend und trocken	taucht schnell ab
Bemerkung		Ein paar Jährchen mehr könnten ihm gut tun.

Malz	Optic von den Maltings am Moray Firth und Glenesk
Wasser	River Tromie
Mash tuns	1: 4 Tonnen (Edelstahl)
Washbacks	4: je 23.000 Liter (Edelstahl)
Stills	1 wash still (11.000 Liter) 1 spirit still (7.000 Liter)
Befeuerung	indirekter Dampf
Fässer	Sherry und Bourbon
Jahresproduktion	500.000 Liter Alkohol
Hausstil	»Jung, frisch, gewisse Süße, eine Spur Vanille und Mandeln, leicht getorft, mit robustem Finish.«

✍

Abfüllung	Eigentümer
Destillation	
Abfüllung	
Alter	ohne Angabe
Stärke	40 %
Fassart	
Besonderheit	abgefüllt als »Drumguish«

✍	**ohne Wasser**	**mit Wasser (auf 20 % verdünnt)**
Farbe	recht kräftiger Bernstein (gefärbt?)	schöner goldener Honigton
Aroma	jung und spritig, eindeutig Malz, dahinter grasig und fruchtig	malzig mit schwacher Süße, immer noch schön fruchtig
Geschmack	volle runde Süße, schwach rauchig, sanft	leichte Süße, leichtes Malz, leichter Rauch: sehr angenehm
Nachklang	relativ kurz und trocken werdend	sehr kurz und flach
Bemerkung		Ein angenehmer kleiner Whisky.

SPRINGBANK

[Spring-bänk]

Quellenufer

in Betrieb		**www.springbankwhisky.com**	
Besitzer	J. & A. Mitchell & Co. Ltd., Schottland		
Lizenz	ebenso		
Manager	Frank McHardy (Direktor) und Stuart Robertson		
Adresse	Longrow, Campbeltown, PA28 6ET		
Telefon	01586 552 085	**E-Mail**	info@springbankwhisky.com
Visitor Centre	nein		
Führungen	ja (gegen Anmeldung und Eintrittsgebühr)		
Lage	in der Stadtmitte von Campbeltown		
Geschichte	Angeblich 1828 von Familie Reid gegründet. Sicher ist 1837, als John und William Mitchell sie kauften. Seitdem im Familienbesitz, seit 1897 in heutiger Rechtsform! Geschlossen 1926–1935, 1982–1988. Drei verschiedene Malts: Hazelburn wird nicht getorft und dreifach destilliert,		

Abfüllung	Eigentümer
Destillation	
Abfüllung	
Alter	12 Jahre
Stärke	46 %
Fassart	
Besonderheit	12.000 Flaschen

✍	**ohne Wasser**	**mit Wasser (auf 20 % verdünnt)**
Farbe	goldenschimmernder Bernstein (ungefärbt)	ein bisschen stumpfer
Aroma	Rauch zuerst (bei einem Spingbank!), Sherry, reich	subtiler, eher würzig als fruchtig, malzig und salzig
Geschmack	cremig, fruchtig (Birne), kraftvoll, spät Rauch	schön rund und weich, schlanke Süße, zartbitter …
Nachklang	lang – warm und süß	… gegen Ende, das dann schnell kommt
Bemerkung		Ein Streitfall: lieber kräftig (pur) oder filigran (mit Wasser)?

	Springbank ist nicht getorft und wird 2½-mal destilliert und Longrow, mit heftig getorftem Malz, 2-mal gebrannt.
Malz	Optic, von eigenen floor maltings
Wasser	Crosshill Loch
Mash tuns	1: 3,7 Tonnen (Gusseisen)
Washbacks	5: je 26.510 Liter (skandinavische Lärche)
Stills	1 wash still (10.500 Liter) 2 spirit stills (je 12.700 Liter)
Befeuerung	wash still: Feuer; spirit stills: indirekt durch Dampfspiralen
Fässer	Bourbon, Sherry, Madeira, Demerara Rum
Jahresproduktion	Zahlen werden nicht veröffentlicht
Hausstil	Springbank – »Campbeltown, salzig-süß, Anflug von Mandeln.« Longrow – »Islay-Typ, schwer getorft, rauchig mit einem langen Finish.«

✍

Abfüllung	Eigentümer
Destillation	
Abfüllung	
Alter	10 Jahre
Stärke	46 %
Fassart	
Besonderheit	

✍	**ohne Wasser**	**mit Wasser (auf 20 % verdünnt)**
Farbe	etwas bleich (ungefärbt!)	fast wie Wasser
Aroma	warmer Kuhstall und Gummi: hässliche Wörter – ein wunderschönes Aroma	weist klar in Richtung Islay
Geschmack	explodierend, warm, medizinisch, erdig – und pfeffrig	etwas (wirklich nur etwas) flacher, salziger
Nachklang	lang und warm	immer noch gut
Bemerkung		Der zweite aus Springbank, immer ein Genuss.

Strathisla

[Straß-éila]

Tal des Isla

in Betrieb		**www.chivas.com**	
Besitzer	Group Pernod Ricard, Frankreich		
Lizenz	Chivas Brothers	**Manager**	Tom Mulholland
Adresse	Seafield Avenue, Keith, AB55 5DQ		
Telefon	01542 783 044		
E-Mail	strathisla.admin@chivas.com		
Visitor Centre	ja, mit Shop	**Führungen**	ja (Eintrittsgebühr)
Lage	nicht weit vom Zentrum des Städtchens		
Geschichte	1786 als Milltown gegründet, später Milton genannt. Hatte ein schweres Schicksal: 1876 durch Feuer, 1879 durch eine Explosion, 1949 durch Steuerbetrug schwer beschädigt. 1950 ersteigert von Chivas Bros., die schon Seagram besaßen und ihr den heutigen Namen gaben. 1965 von zwei auf vier stills erweitert. Machte in den siebziger Jahren des vergangenen Jahrhunderts auch den torfigen Craigduff. 2001 weiterverkauft.		

Abfüllung	ehemaliger Eigentümer (Seagram »Heritage«-Range)
Destillation	
Abfüllung	
Alter	12 Jahre
Stärke	43 %
Fassart	
Besonderheit	

✍	**ohne Wasser**	**mit Wasser (auf 20 % verdünnt)**
Farbe	mittlerer Bernstein (mit Farbstoff)	tendiert zu Gold
Aroma	kräftig und frisch, leichte Süße, etwas Rauch	wird dezenter, aber auch runder
Geschmack	wärmendes Feuer, schön malzig und süßlich, leicht rauchig	deutlich weicher, schöne, malzige Süße
Nachklang	lang und reich	langer, warmer Malzton
Bemerkung		Hoffentlich bieten ihn Pernod Ricard weiter an!

Malz	von Paul's Maltings in Buckie
Wasser	Fons Bullien Well
Mash tuns	1: 4,84 Tonnen (Edelstahl)
Washbacks	11: je 22.500 Liter (Oregon Pine)
Stills	2 wash stills (12.500 Liter) 2 spirit stills (8.500 Liter)
Befeuerung	indirekter Dampf
Fässer	Bourbon und Sherry
Jahresproduktion	2,5 Mio. Liter Alkohol
Hausstil	»Mittlerer bis schwerer Körper, volle, geschmeidige Aromen mit Heu-ähnlichem Bukett und einer angenehmen Nussigkeit.«

✍

Abfüllung	Signatory (»Cask Strength Collection«)
Destillation	4.4.1973
Abfüllung	3.11.2005
Alter	32 Jahre
Stärke	53,9 %
Fassart	Sherry butt Nr. 2514
Besonderheit	die zweite von insgesamt zwei Abfüllungen des torfigen Malts aus Strathisla

✍	**ohne Wasser**	**mit Wasser (auf 20 % verdünnt)**
Farbe	Gold (ungefärbt)	spielt ins Strohgelbe
Aroma	sehr ungewöhnliche Mischung: nasser Karton, Rauch (eher Kohle als Torf), Bittermandeln, dunkle Schokolade	Anklänge von Asche, Marzipan, Espresso, grünem Tee
Geschmack	vor allem: Bitterkeit, grüne Früchte und geräucherte Würstchen	eine gar nicht unangenehme Bitterkeit, Tannine, grasig und torfig
Nachklang	lang und bitter	etwas kürzer
Bemerkung		Ein ganz außergewöhnlicher Malt – wer auch Bitteres genießen kann, wird ihn schön finden. Passt zu Espresso und dunkler Schokolade.

STRATHMILL

[Straß-mill]

Mühle im Tal/Tal mit der Mühle

in Betrieb	
Besitzer	Diageo plc., England
Lizenz	Diageo plc. (bis 2001 Justerini & Brooks, Scotland, Ltd.)
Manager	Randolph Winchester
Adresse	Keith, AB55 5DQ
Telefon	01542 882 295 **E-Mail**
Visitor Centre	nein **Führungen** nein
Lage	im westlichen Teil des Ortes, nahe der B 9014 nach Dufftown
Geschichte	1891 entstanden durch Umbau einer Getreide-Mühle als Glenisla-Glenlivet. Die neuen Besitzer W. & A. Gilbey (Glen Spey) gaben ihr den heutigen Namen, fusionierten 1962 mit Justerini & Brooks zu IDV, die zu Grand Metropolitan kamen, dann zu UDV wurden und später in Diageo umbenannt wurden. Um 1969 von zwei auf vier stills erweitert.

Abfüllung	Signatory
Destillation	
Abfüllung	
Alter	10 Jahre
Stärke	43 %
Fassart	
Besonderheit	Benefizabfüllung für den »Scottish Wildlife Trust«

✍	**ohne Wasser**	**mit Wasser (auf 20 % verdünnt)**
Farbe	helles Gold (ungefärbt)	tendiert zum Weißwein
Aroma	Bourbon-Note, Gerste, Eiche, etwas stumpf	wird flacher, Torfton entwickelt sich
Geschmack	nur Süße, ein bisschen Vanille und eine Spur Malz	etwas derb, schwach süß
Nachklang	kurz	sehr kurz
Bemerkung		Wenig oder kaum Wasser nehmen.

Malz	von fremden Mälzereien
Wasser	Quelle auf dem Destillerie-Gelände
Mash tuns	1: 60.000 Liter
Washbacks	6: je 55.000 Liter
Stills	2 wash stills (10.911 Liter) 2 spirit stills (10.000 Liter)
Befeuerung	Dampf von ölbeheiztem Boiler
Jahresproduktion	1,9 Mio. Liter Alkohol
Hausstil	»Typischer Speyside«

Abfüllung	Gordon & MacPhail (»Connoisseurs Choice«-Serie)
Destillation	1991
Abfüllung	
Alter	
Stärke	40 %
Fassart	
Besonderheit	

	ohne Wasser	**mit Wasser (auf 20 % verdünnt)**
Farbe	etwas hellerer Bernstein als sonst bei G&M (mit Farbstoff)	Gold
Aroma	Eichenholz, Vanille, beide verhalten und zart	verschließt sich, wird etwas müde
Geschmack	etwas zurückhaltend, sanfte würzige Süße, ebenso würzige Schärfe	kaum Süße, leicht metallisch-bitter
Nachklang	mittellang	schneller Abschied
Bemerkung		Selbst Wasser kann ihn (noch?) nicht öffnen, schüchtern.

TALISKER

[Tálisker oder Talísker]

Wasserloch (?)

in Betrieb		**www.malts.com** und **www.classic-malts.de**	
Besitzer	Diageo plc., England		
Lizenz	Diageo plc. (The Talisker Distillery Co. Ltd., seit 1992)		
Manager	Mark Lochhead		
Adresse	Carbost, Isle of Skye, IV47 8SR		
Telefon	01478 614 306	**E-Mail**	
Visitor Centre	ja, mit Shop	**Führungen**	ja (Eintrittsgebühr)
Lage	am Loch Harport an der B 8009, Richtung Carbost		
Geschichte	1831/32 von Hugh und Kenneth MacAskill gegründet. Zeitweilig im Besitz von Roderick Kemp (siehe Macallan). 1898 bildete sich die Dailuaine-Talisker Distilleries Ltd., die 1925 ganz zur DCL kam. Sie beendete die Dreifach-Destillation. 1960 nach Feuer neu gebaut. 1987 von UD übernommen, heute bei Diageo.		

Abfüllung	Eigentümer (»Classic Malts«)
Destillation	
Abfüllung	
Alter	10 Jahre
Stärke	45,8 %
Fassart	
Besonderheit	

✍	**ohne Wasser**	**mit Wasser (auf 20 % verdünnt)**
Farbe	schöner, tiefer Bernstein (mit Farbstoff)	goldene Einschlüsse
Aroma	heftig, teerig-torfig, rauchig und mächtig im Alkohol	eindeutiger Inselgeruch, harmonischer als ohne Wasser
Geschmack	schwer und cremig auf der Zunge, pfeffrig, süß, Kräutertöne, Teer, Salz, Jod	weicher und süßer, weniger ungebärdig, Pfeffer sanfter, aber schön lodernd
Nachklang	wunderbar, Pfeffer und Salz …	lange, würzige Kräuter, malzige Süße
Bemerkung		Stevenson hat recht: ein »king of drinks«.

Malz	von den firmeneigenen Maltings in Muir of Ord
Wasser	Burn am Cnoc nam Speireag
Mash tuns	1: 8 Tonnen (Edelstahl, seit 1997)
Washbacks	6: je 53.000 Liter (Oregon Pine)
Stills	2 wash stills (je 10.000 Liter) 3 spirit stills (je 7.479 Liter)
Befeuerung	Dampf
Fässer	Bourbon, einmal benutzt
Jahresproduktion	1,5 Mio. Liter Alkohol
Hausstil	»Reiches Seetang-Aroma mit süß-torfigem Bukett und anhaltendem, pfeffrigen Nachgeschmack, der am Gaumen explodiert.«

✍

Abfüllung	Adelphi
Destillation	1992
Abfüllung	2006
Alter	13 Jahre
Stärke	53,4 %
Fassart	Ex-Bourbon, Fass Nr. 3209
Besonderheit	309 Flaschen; darf aus wettbewerbsrechtlichen Gründen nicht »Talisker« heißen

✍	**ohne Wasser**	**mit Wasser (auf 20 % verdünnt)**
Farbe	relativ hell (ungefärbt)	bekommt wässrige Ränder
Aroma	unter der Decke von kräftigen Phenolen Süße. Lederduft, Pfeffer	Leder, Schweiß, Orangenschale, Rauch
Geschmack	wow – ölige, cremige Süße, kaum entwickelt, explodiert er schon, wird feurig, spät dann dunkler Rauch	wirkt gebremster, aber auch leichter trinkbar
Nachklang	lang, lang, länger, warm, rauchig, bittersüß	etwas kürzer, aber immer noch erstaunlich präsent
Bemerkung		Der ist definitiv die flüssige Lava, von der die Talisker-Werbung immer spricht…

TAMDHU
[Tamdú]

dunkler Hügel (Busch?)

in Betrieb			
Besitzer	Highland Distillers (The 1887 Company/Edrington Group), Schottland		
Lizenz	Highland Distillers		
Manager	Alistair Anderson		
Adresse	Knockando, Aberlour AB38 7RP		
Telefon	01340 871 471	**E-Mail**	
Visitor Centre	nein	**Führungen**	
Lage	südlich der B 9102 und von Upper Knockando		
Geschichte	1896/97 von einem Konsortium gebaut und schon 1899 von den heutigen Besitzern, Highland Distilleries Co. Ltd., übernommen, die jetzt der Edrington Group und William Grant & Sons gehören. 1972 von zwei auf vier, 1975 auf sechs stills erweitert und umfassend renoviert. Eigene Saladin Maltings, die auch andere Brennereien (z. B. Highland Park) beliefern.		

Abfüllung	Eigentümer
Destillation	
Abfüllung	
Alter	ohne Angabe
Stärke	40 %
Fassart	
Besonderheit	

✍	**ohne Wasser**	**mit Wasser (auf 20 % verdünnt)**
Farbe	mittleres Gold (mit Farbstoff)	Strohgold
Aroma	frisch, sauber, klar, rund und eine Spur Rauch	Eichenholz und Vanille, frisch, Kräutertöne
Geschmack	weich und dennoch feurig, delikate Süße	Süße und Feuer gut im Gleichgewicht, ist viel weicher geworden
Nachklang	schöne Länge, mild und rund	wird deutlich kürzer
Bemerkung		Höchstens ein paar Tropfen Wasser!

Malz	Optic von den eigenen Saladin Maltings
Wasser	Quellen auf dem Destillerie-Gelände
Mash tuns	1: ca. 11 Tonnen
Washbacks	9: je 60.000 Liter (Oregon Pine)
Stills	3 wash stills (je ca. 17.000 Liter)
	3 spirit stills (1 mit 22.000, 2 mit 16.000 Litern)
Befeuerung	indirekte Beheizung mit Dampfkesseln
Fässer	
Jahresproduktion	Zahlen werden nicht veröffentlicht
Hausstil	»Ein duftiger und milder Malt, nicht zu reich.«

✍

Abfüllung	Signatory (alte Fassstärke-Ausstattung)
Destillation	27.06.1994
Abfüllung	23.03.2005
Alter	10 Jahre
Stärke	60,5 %
Fassart	Sherry butt Nr. 1992
Besonderheit	548 Flaschen

✍	**ohne Wasser**	**mit Wasser (auf 20 % verdünnt)**
Farbe	glänzendes Nussbraun (ungefärbt)	dunkle Bronze
Aroma	karamellisierter Rohrzucker, reifer Apfel, Beerenfrüchte	feine Kräuter, fruchtig werdend und frisch, sogar Zitrus, grüner Apfel
Geschmack	cremige Süße, pfeffrige Wärme, Röstaromen, leicht rauchig am Ende	weich und rund, honigsüß, aufkommende Fruchtigkeit
Nachklang	lange, aufglühend	erheblich kürzer
Bemerkung		Schön: Sherry ist da, aber nicht aufdringlich.

TAMNAVULIN

[Tam-na-vú-lin]

Mühle auf dem Berg

geschlossen	
Besitzer	United Breweries of India
Lizenz	Whyte & Mackay Ltd. (Tamnavulin-Glenlivet Distillery Co. Ltd.)
Manager	Willie Tait
Adresse	Tamnavulin, Ballindalloch, AB37 9JA
Telefon	01807 590 285
E-Mail	
Visitor Centre	nein, aber die Dorfbewohner betreiben einen Shop
Führungen	nein
Lage	zwischen Bridge of Avon und Tomintoul an der B 9008
Geschichte	1956/57 gegründet von der Lizenzträgerin, einer Tochter der Invergordon Distillers Group, und mit dieser 1994 von Whyte & Mackay übernommen, deren neue Mutter Fortune Brands/Jim Beam sie im Februar 1995 schlossen. Weitere Geschichte siehe Dalmore.

Abfüllung	Eigentümer
Destillation	
Abfüllung	
Alter	10 Jahre
Stärke	43 %
Fassart	
Besonderheit	

✍	**ohne Wasser**	**mit Wasser (auf 20 % verdünnt)**
Farbe	sehr hell (mit Farbstoff)	fast wässrig
Aroma	nach Sprit und etwas nach Kräutern	etwas dumpf und spritig, leicht
Geschmack	sehr scharf, dabei leicht, malzigbrotig, Kräuterton	spritig am Gaumen, leicht süß
Nachklang	auch im Finish spritig	mittellang
Bemerkung		Im Charakter eher ein Lowland.

Malz	von fremden Mälzereien
Wasser	von unterirdischen Quellen
Mash tuns	1: 10,52 Tonnen (Edelstahl)
Washbacks	8: je 69.000 Liter (Edelstahl)
Stills	3 wash stills (je 25.000 Liter) 3 spirit stills (je 23.200 Liter)
Befeuerung	Dampf
Fässer	
Jahresproduktion	4 Mio. Liter Alkohol
Hausstil	»Leicht, süß, blumige Nase. Der Geschmack ist leicht, süß und zart rauchig, mit delikaten Speyside-Tönen.«

✍

Abfüllung	Signatory
Destillation	3.11.1978
Abfüllung	14.2.2001
Alter	22 Jahre
Stärke	58,2 %
Fassart	Pale Oloroso butt (Nr. 8063)
Besonderheit	548 Flaschen

✍	**ohne Wasser**	**mit Wasser (auf 20 % verdünnt)**
Farbe	in der Tat: Pale Oloroso (ungefärbt)	etwas zarter
Aroma	eindeutig trockener Sherry, charmant!	völlig anders, toastige Holztöne
Geschmack	ein kleiner Hammerschlag: traumhaft fruchtige Süße, kraftvolle Würze, mundfüllend cremig und mächtig	ausladende Süße ohne jede Schärfe, schöne Holztöne
Nachklang	unendlich lang und pfeffrig bei spürbarem Tannin	schön lang, deutlich nach Sherry
Bemerkung		Großer Malt, als großer Aperitif vor einem großen Dinner.

TEANINICH

[Te-ní-nick]

Haus am grünen Strand (?)/Haus am Moor (?)

in Betrieb			
Besitzer	Diageo plc., England		
Lizenz	Diageo plc. (bis 1992 R. H. Thompson Ltd.)		
Manager	Donald Stirling		
Adresse	Alness, IV17 0XB		
Telefon	01349 885 001	**E-Mail**	
Visitor Centre	nein	**Führungen**	nein
Lage	südlich der A 9 am Westrand von Alness, am Cromarty Firth		
Geschichte	1817 von Capt. Hugh Munro gegründet. 1905 von SMD übernommen. 1962 von zwei auf vier, 1971 auf zehn stills erweitert. Danach wurde in der »A side« produziert, die »B« oder »old side« wurde 1974 renoviert. Beide 1985 geschlossen. 1987 von UD übernommen (heute Diageo). 1990 wurde »A side« mit sechs stills (mit einer neu gebauten Tierfutter-Anlage) wiedereröffnet.		

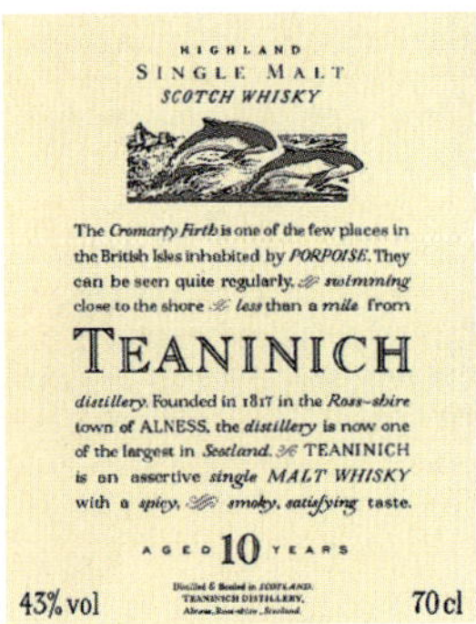

Abfüllung	Eigentümer (»Fauna & Flora«-Serie)
Destillation	
Abfüllung	
Alter	10 Jahre
Stärke	43 %
Fassart	
Besonderheit	

✍	**ohne Wasser**	**mit Wasser (auf 20 % verdünnt)**
Farbe	helles Gold (mit Farbstoff)	blasses Gold
Aroma	fruchtig, frisch, sehr leicht und schwach torfig	noch leichter und duftiger, sehr zart
Geschmack	ganz schwach rauchig-torfig, frisch und sanft würzig	sehr delikat und zart
Nachklang	lang und weich, etwas Rauch	sanft und mittellang
Bemerkung		

Malz	von den Diageo-Maltings in Muir of Ord
Wasser	Dairywell Spring
Mash tuns	1: 12 Tonnen
Washbacks	8: je 63.000 Liter (Lärche)
Stills	3 wash stills (je 16.000 Liter) 3 spirit stills (je 15.000 Liter)
Befeuerung	Dampf
Fässer	
Jahresproduktion	3 Mio. Liter Alkohol
Hausstil	»Leicht, sanft und rund mit einem leicht würzigen Finish.«

✍

Abfüllung
Destillation
Abfüllung
Alter
Stärke
Fassart
Besonderheit

✍	ohne Wasser	mit Wasser
Farbe		
Aroma		
Geschmack		
Nachklang		
Bemerkung		

TOBERMORY

[Toober-móri]

Marias Brunnen

in Betrieb		**www.burnstewartdistillers.com** und **www.tobermory.com**	
Besitzer	CL Financial, Trinidad & Tobago		
Lizenz	Burn Stewart Distillers	**Manager**	Graham Brown
Adresse	Tobermory, Isle of Mull, PA75 6NR		
Telefon	01688 302 645	**E-Mail**	
Visitor Centre	ja, mit Shop	**Führungen**	ja (Eintrittsgebühr)
Lage	am Rand des Hafenstädtchens		
Geschichte	Vermutlich 1795 von John Sinclair gegründet. Komplizierte Eigentumsgeschichte. Seit 1916 bei DCL. Von 1930 an geschlossen. 1972 als Ledaig Distillery (Tobermory) eröffnet. 1975 Konkurs. 1978 von Kirkleavington Property erworben, als Tobermory. 1981–1989 geschlossen. Seit 1990 wieder in Produktion. 1993 von Burn Stewart Distillers		

Abfüllung	Eigentümer
Destillation	
Abfüllung	
Alter	ohne Angabe
Stärke	40 %
Fassart	
Besonderheit	aus ungetorfter Gerste destilliert

✍	**ohne Wasser**	**mit Wasser (auf 20 % verdünnt)**
Farbe	dunkles, nicht strahlendes Gold (mit Farbstoff)	(relativ) brillanter
Aroma	etwas derb, Spur von Torf (vom Wasser?), leicht süß	gewinnt erheblich
Geschmack	schwach süß, Anklang von Rauch und Torf, kaum Inselcharakter	am Ende etwas bitter und eine Spur blumiger
Nachklang	extrem kurz	sehr leicht
Bemerkung		Braucht unbedingt Wasser!

	gekauft. Produziert den kaum getorften Tobermory und den getorften Ledaig (sprich le-dschég).
Malz	von fremden Mälzereien, für Ledaig von Port Ellen
Wasser	Mishnish Loch
Mash tuns	1: 5 Tonnen (Gusseisen)
Washbacks	4: je 27.000 Liter (Oregon Pine)
Stills	2 wash stills (je 18.000 Liter) 2 spirit stills (je 15.500 Liter)
Befeuerung	Dampf
Fässer	Hauptsächlich Bourbon, einige Sherryfässer
Jahresproduktion	1 Mio. Liter Alkohol
Hausstil	»West Highland Island Malt«

✍

Abfüllung	Eigentümer
Destillation	1996
Abfüllung	2006
Alter	10 Jahre
Stärke	42 %
Fassart	
Besonderheit	aus getorfter Gerste destilliert (»peated«)

✍	**ohne Wasser**	**mit Wasser (auf 20 % verdünnt)**
Farbe	golden (mit Farbstoff)	goldene Reflexe
Aroma	Teer in der Räucherkammer, Lakritz beim Zahnarzt	teerig, phenolig, angebrannter Gummi
Geschmack	süß, medizinisch, rauchig, pfeffrig-scharf	deutlich torfig, Hauch von Süße, etwas bitter am Ende
Nachklang	Pfeffer haftet	deutlich weicher
Bemerkung		Von Mull aus kann man Islay sehen, aber nur grade so …

TOMATIN

[Tómatin oder Tomátn]

Wacholderhügel

in Betrieb		**www.tomatin.co.uk**	
Besitzer	Takara Shuzo, Japan		
Lizenz	Tomatin Distillery Co Ltd.		
Manager	Douglas Campbell und Polly MacDonald		
Adresse	Tomatin, Inverness-shire, IV13 7YT		
Telefon	01808 511 444	**E-Mail**	info@tomatin.co.uk
Visitor Centre	ja, mit Shop	**Führungen**	ja (kostenlos)
Lage	an der A 9 ca. 20 km südlich von Inverness		
Geschichte	1897 von Tomatin Spey District Distillery Co. gebaut, die bald in Konkurs gingen. 1909 von der New Tomatin Distillers Co. wiedereröffnet. Von 1956–1986 Erweiterung zur größten Brennerei Schottlands mit einer Vollkapazität von 12,5 Millionen Liter: stufenweise von zwei auf (1986) 23 stills, von denen heute zwölf in Betrieb sind. Nach Konkurs 1975 als erste Brennerei Schottlands völlig in japanischem Besitz.		

Abfüllung	Eigentümer
Destillation	
Abfüllung	
Alter	10 Jahre
Stärke	43 %
Fassart	
Besonderheit	

	ohne Wasser	mit Wasser (auf 20 % verdünnt)
Farbe	Bernstein (mit Farbstoff)	kräftiges Gold
Aroma	zurückhaltend, karamellige Süße, Hauch von Rauchigkeit	frisch, schwach süßlich, leichter Alkoholton
Geschmack	leichte Süße, dann relativ scharf, leichter Rauchton	Malzcharakter in der Süße deutlicher, etwas trocken und bitter
Nachklang	ziemlich kurz	sehr kurz
Bemerkung		

Malz	von den Diageo-Maltings in Burghead und Muir of Ord
Wasser	Allt-na-Frithe (The Burn of Free)
Mash tuns	2, in Produktion 1 mit 8 Tonnen (Edelstahl)
Washbacks	24, in Produktion 12 mit je 41.000 Litern (Edelstahl)
Stills	12 wash stills, in Produktion 6 (je 16.000 Liter) 11 spirit stills, in Produktion 6 (je 16.000 Liter)
Befeuerung	Dampf von zwei ölbeheizten Boilern
Fässer	Bourbon, Sherry, europäische Eiche
Jahresproduktion	z. Zt. 2,5 Mio. Liter Alkohol
Hausstil	»Highland, leicht getorft.«

✍

Abfüllung	Gordon & MacPhail (»Connoisseurs Choice«-Serie)
Destillation	1968
Abfüllung	
Alter	
Stärke	40 %
Fassart	
Besonderheit	

✍	**ohne Wasser**	**mit Wasser (auf 20 % verdünnt)**
Farbe	klassischer G&M-Bernstein (mit Farbstoff)	bekommt Glanz
Aroma	kraftvoll süß, frisch, fruchtig und blumig, Beerenobst	Röstaromen (zwischen Toast und Kaffee), Vanille
Geschmack	beginnt mit Torf und Rauch, dann würzig-fruchtige Süße, kleine Schärfe, Sandelholznote	Süße und Pfeffer, Holz und Toast
Nachklang	guter Stand, süßlich und frisch	sehr gut, deutlich vanillige Holztöne
Bemerkung		Elegant, mit und ohne Wasser ein schöner Whisky.

TOMINTOUL

[Tomin-tul]

Hügel mit der Scheune

in Betrieb		**www.angusdundee.co.uk**	
Besitzer	Angus Dundee Distillers plc., England		
Lizenz	Angus Dundee	**Manager**	Robert Fleming
Adresse	by Tomintoul, Ballindalloch, AB37 9AQ		
Telefon	01807 590 274	**E-Mail**	rfleming@tomintouldistillery.co.uk
Visitor Centre	nein	**Führungen**	nein
Lage	am Avon und an der B 9136 Richtung Glenlivet und – weiter – Richtung Aberlour		
Geschichte	1964/65 von den Whisky-Brokern Hay & MacLeod Ltd und W. & S. Strong Ltd gebaut. 1973 von dem im Besitz von Lonro befindlichen Scottish & Universal Investment Trust gekauft. 1974 von zwei auf vier stills erweitert. Durch Übernahmen, Umfirmierungen etc. im Besitz von Whyte & Mackay, dann Jim Beam. 2000 an den heutigen Besitzer verkauft. Macht einen zweiten, rauchigen, Malt: Old Ballantruan.		

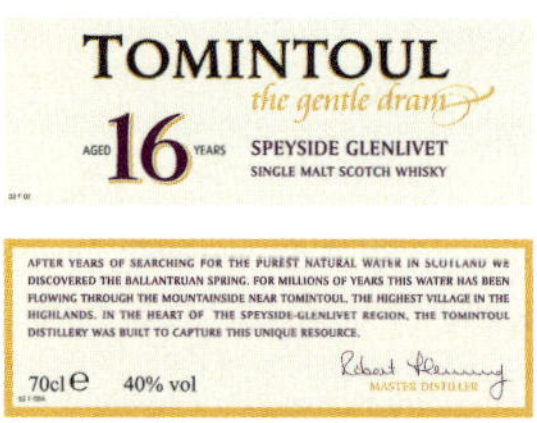

Abfüllung	Eigentümer
Destillation	
Abfüllung	
Alter	16 Jahre
Stärke	40 %
Fassart	
Besonderheit	

✍	**ohne Wasser**	**mit Wasser (auf 20 % verdünnt)**
Farbe	poliertes Mahagoni (gefärbt?)	stabil und kaum verändert
Aroma	frisch, Kräuter (Minze?), Zitrus, schwach Torfrauch	ebenso stabil, Kräuter deutlicher wahrnehmbar, Holztöne
Geschmack	frische Süße am Anfang, dann Schärfe, kleiner Angriff von Bitterkeit (Tannin)	weich und samtig, rund, ausgewogen, sahnige Süße
Nachklang	sehr gut, lang, im Mund sanft glühend	erstaunlich konstant bei leichter Süße
Bemerkung		Gut gelungen. »Nackt« oder reduziert: je nach Situation.

Malz	Optic von fremden Mälzereien
Wasser	Ballantruan Spring
Mash tuns	1: 11,2 Tonnen (Edelstahl)
Washbacks	9: je 44.000 Liter (Edelstahl)
Stills	2 wash stills (je 22.048 Liter) 2 spirit stills (je 19.661 Liter)
Befeuerung	Dampf
Fässer	Bourbon und (weniger) Oloroso Sherry
Jahresproduktion	bis zu 2,7 Mio. Liter Alkohol
Hausstil	»Duftige, üppige Nase. Sanfte holzige, würzige Töne im Geschmack, die den Speyside-Charakter reflektieren.«

✍

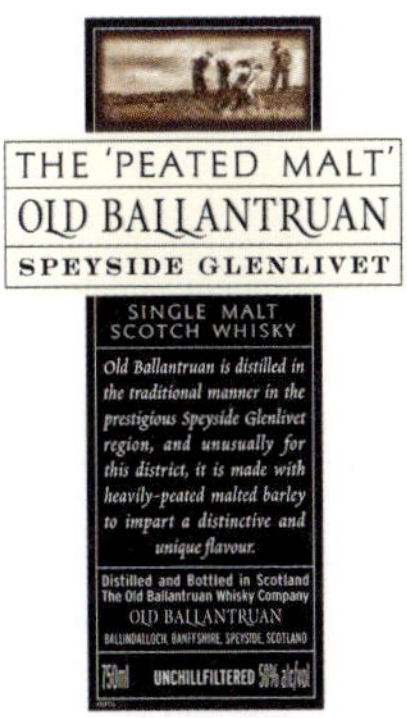

Abfüllung	Eigentümer (The Old Ballantruan Whisky Company)
Destillation	
Abfüllung	
Alter	keine Angabe
Stärke	50 %
Fassart	
Besonderheit	The »Peated Malt«, unchillfiltered

✍	**ohne Wasser**	**mit Wasser (auf 20 % verdünnt)**
Farbe	Blütenhonig (gefärbt?)	Inkagold
Aroma	malzig, fruchtig, blumig, süßer Rauch	Rauch mehr im Vordergrund, gut eingebunden in blumige Süße
Geschmack	reich und cremig, frisch, Rauch und Süße in vollendeter Harmonie	Rauch eher im Hintergrund, Zitrusfrische und malzige Süße
Nachklang	lang, weich und honigsüß	stabil und präsent
Bemerkung		Eine Entdeckung und ein kleines Meisterstück.

TORMORE

[Tormór]

großer Hügel

in Betrieb		**www.tormore.com**	
Besitzer	Group Pernod Ricard, Frankreich		
Lizenz	Chivas Brothers Ltd. (früher: James Burrough Distillers Ltd.)		
Manager	Stuart Pirie		
Adresse	Advie, by Grantown-on-Spey, PH26 3LR		
Telefon	01807 510 244	**E-Mail**	
Visitor Centre	nein	**Führungen**	evtl. nach Vereinbarung
Lage	an der A 95 zwischen Grantown-on-Spey und Bridge of Avon		
Geschichte	1958–1960 von der Seager Evans-Tochter Long John Distillers Ltd. gebaut. 1956 an Schenley Industries Inc., USA, verkauft. 1972 von vier auf acht stills erweitert. 1975 an die Brauerei Whitbread verkauft, über die sie in den Besitz von Allied Domecq kam, die sie 2005 an den französischen Konzern verkauften.		

Abfüllung	Eigentümer
Destillation	
Abfüllung	
Alter	12 Jahre
Stärke	40 %
Fassart	
Besonderheit	verkostet wurde ein »preproduction sample«

✍	**ohne Wasser**	**mit Wasser (auf 20 % verdünnt)**
Farbe	mittleres Kupfer (mit Farbstoff)	glänzendes Gold
Aroma	fruchtige Süße (rote Äpfel?), Vanille, Karamell	Toffee, Kernobst (Birne), Vanille, leichter Rauch
Geschmack	voll und vollmundig, mundfüllende, schmelzende Süße, allmählich …	wird etwas flacher bei einer kleinen, malzigen Süße
Nachklang	… leicht adstringierend; haftend	kaum spürbar
Bemerkung		Wasser macht das Aroma schön, macht den Geschmack zunichte.

Malz	von Robert Kilgour in Kirkcaldy
Wasser	Achvochkie Burn
Mash tuns	1: 10 Tonnen
Washbacks	8: je 48.600 Liter (Edelstahl)
Stills	4 wash stills (je 12.150 Liter) 4 spirit stills (je 8.621 Liter)
Befeuerung	Dampf von ölbeheiztem Boiler
Fässer	Bourbon
Jahresproduktion	3,7 Mio. Liter Alkohol
Hausstil	»Die Nase ist weich, rund, von honigartiger Süße. Delikater Körper, leicht, süß und aromatisch. Ein Gegensatz zum üblichen Speyside-Muster.«

✍

Abfüllung	Signatory
Destillation	11.5.1989
Abfüllung	20.2.2001
Alter	11 Jahre
Stärke	43 %
Fassart	refill Sherry butt (Nr. 920.260)
Besonderheit	962 Flaschen

✍	**ohne Wasser**	**mit Wasser (auf 20 % verdünnt)**
Farbe	sehr helles Stroh (ungefärbt)	wird ein bisschen ölig
Aroma	wunderbar fein, sanft salzige Nase, Sherry spürbar und behutsam, Torf	Torf und Phenol stärker, Lebkuchen-gewürze
Geschmack	feine Gewürze, sehr ausgewogen und harmonisch, Phenol	dominierende Süße, gefolgt von Pfeffernote, Gerbsäure
Nachklang	gute Länge, leicht nach Torf	schnell, bei harmonischer Balance von Gewürzen/Pfeffer
Bemerkung		Ein sanfter Begleiter an wärmeren Tagen.

TULLIBARDINE

[Tulli-bárdin]

Warn-Hügel (hill of warning)

in Betrieb		**www.tullibardine.com**	
Besitzer	Tullibardine Ltd., Michael Beamish und Douglas Ross, Schottland		
Lizenz	ebenso	**Manager**	John Black
Adresse	Stirling Street, Blackford, by Auchterarder, PH4 1QG		
Telefon	01764 682 252	**E-Mail**	info@tullibardine.com
Visitor Centre	ja, mit Shop und Restaurant		
Führungen	ja (Eintrittsgebühr)		
Lage	zwischen Stirling und Auchterarder, nahe Blackford, an der A 9		
Geschichte	Die heutige Brennerei wurde 1949 unter Einbeziehung einer ehemaligen Brauerei durch Delmé Evans gebaut. Der Nachfolgebesitzer wurde 1971 von Invergordon übernommen. 1973/74 von zwei auf vier stills vergrößert. 1994 von Whyte & Mackay gekauft, deren Mutter Fortune Brands/Jim Beam sie 1995 schloss. Von 2001–2003 kurzzeitig im Besitz von Kyndal, dann weiterverkauft.		

Abfüllung	Eigentümer
Destillation	1993
Abfüllung	
Alter	
Stärke	43 %
Fassart	unbekannt
Besonderheit	

✍	**ohne Wasser**	**mit Wasser (auf 20 % verdünnt)**
Farbe	strahlend-polierter Bernstein (sehr wahrscheinlich gefärbt)	fast nicht verändert
Aroma	klarer Birnenduft, kräftig, stechender Alkohol	Birne, jetzt als Kompott, mit Zimt bestreut
Geschmack	auch hier die Birne, dabei feurig und scharf	verliert stark: leicht süßlich und plötzlich etwas trocken werdend
Nachklang	erstaunlich kurz, dann eine leichte, süße Schärfe entwickelnd	hinter dem Kehlkopf geht's nicht weiter …
Bemerkung		Wer diesen Malt hat, braucht keine Schwarzwälder Williamsbirne.

Malz	Optic von Muntons in Kirkcaldy
Wasser	vom Danny Burn in den Ochill Hills
Mash tuns	1: 5,52 Tonnen (Edelstahl)
Washbacks	6: je ca. 38.000 Liter
Stills	2 wash stills (je 21.581 Liter)
	2 spirit stills (je 16.392 Liter)
Befeuerung	Dampf
Fässer	Bourbon, Oloroso hogsheads und butts
Jahresproduktion	bis zu 2,2 Mio. Liter Alkohol, z. Zt. 120.000 Liter
Hausstil	»Leicht und weich mit einem fruchtigen Aroma, wodurch er leicht zu trinken ist«.

✍

Abfüllung	Signatory
Destillation	30.5.1973
Abfüllung	20.3.2000
Alter	26 Jahre
Stärke	49,6 %
Fassart	refill Sherry (Fass Nr. 2401)
Besonderheit	278 Flaschen

✍	**ohne Wasser**	**mit Wasser (auf 20 % verdünnt)**
Farbe	schönes kräftiges Altgold (ungefärbt)	poliertes, glänzendes Gold
Aroma	trockener Sherry, Schokolade-Rosinenaroma, sauber	trotz Alter harmonisch und sauber, verführerisch
Geschmack	üppig und fleischig, Anklänge an Fruchtlikör, süßer Weißwein, Salz und Pfeffer	bleibt stabil und ausbalanciert, süßer, feines Eichenholz
Nachklang	ausdauernd, süß-fruchtige Länge	ein schöner, langer, konzentrierter Abschied
Bemerkung		Das erste Glas macht Lust auf das zweite usw.

OLD BUSHMILLS

[Búsch-mills]

Mühle am River Bush

in Betrieb			**www.bushmills.com** bzw. **www.bushmills.de**
Besitzer	Diageo plc., England		
Lizenz	The »Old Bushmills« Distillery Co. Ltd.		
Manager	Colum Egan		
Adresse	Bushmills, Co. Antrim, North Ireland BT57 8XH		
Telefon	048207 31 521		
Visitor Centre	ja, mit Shop	**Führungen**	ja (Eintrittsgebühr)
Lage	im Dorf Bushmills, in der Distillery Road		
Geschichte	Eine 1608 von König James I. an Sir Thomas Phillips vergebene Lizenz begründet Bushmills Anspruch, älteste Brennerei der Welt zu sein. Die heutige wurde erst 1784 neugegründet. 1885 durch Feuer zerstört. Mehrere Hände, dann bei Seagrams. Dann kauften (IDG) Irish Distillers, 1966 gegründet, 1972; sie hatten dann alle irischen Destillerien unter		

Abfüllung	Eigentümer
Destillation	
Abfüllung	
Alter	10 Jahre
Stärke	40 %
Fassart	
Besonderheit	dreifach destilliert

✍	**ohne Wasser**	**mit Wasser (auf 20 % verdünnt)**
Farbe	dunkles Stroh, goldbraun (mit Farbstoff)	Gold
Aroma	frisch, leicht, fast lieblich, Spur von Rauch	sehr aromatisch, Kräutertöne (Melisse?)
Geschmack	schöne cremige Süße bei einem Hauch von Pfeffer, sehr weich	Schärfe verschwunden, wie ein Strauß von Kräutern, auch Hustenbonbon, sehr rund
Nachklang	ziemlich lang	gute Länge, sehr aromatisch
Bemerkung		Das Wasser tut ihm spürbar gut!

	ihrer Kontrolle. IDG gehörte dann Pernod Ricard, die sie 2006 an Diageo verkauften.
Malz	von verschiedenen irischen Mälzereien
Wasser	Saint Columb's Rill
Mash tuns	1: 9 Tonnen (Gusseisen)
Washbacks	10: je 65.000 Liter (Edelstahl)
Stills	2 wash stills (je 15.920 Liter) 5 spirit stills (1: 8.360 Liter, 4 je 10.456 Liter)
Befeuerung	außenliegende Dampfbeheizung
Fässer	
Jahresproduktion	2,5 Mio. Liter Alkohol
Hausstil	»Warme, süße Nase mit Sherry-, Vanille- und Honigtönen. Durch Dreifachdestillation und Weglassen von Torf geschmeidig und reichmalzig. Langes, leicht trockenes Finish mit Toffee und Schoko-Vanille. After-Dinner-Drink, mit Wasser nehmen!«

✍

Abfüllung	Eigentümer
Destillation	
Abfüllung	
Alter	16 Jahre
Stärke	40 %
Fassart	»Three woods«
Besonderheit	dreifach destilliert

✍	**ohne Wasser**	**mit Wasser (auf 20 % verdünnt)**
Farbe	mittleres Braun mit Kastanienglanz (gefärbt?)	wirklich: wie ein frisch polierter spirit safe
Aroma	leicht, luftig, weich, weinig, sanft nach Honig und Rosinen	plötzlich deutliche Holztöne, Karamell, Kräuter (Maggi)
Geschmack	elegant und schmiegsam, Rosinen, Schokolade, feine Süße, schöne Harmonie	Süße wird runder, üppiger, alles andere etwas sanfter
Nachklang	mittellang bei schmeichlerischer Sanftheit	überraschend lange
Bemerkung		Sanfte Weichheit, auch mit Wasser ein großer Genuss.

COOLEY
[Cúulie]

Eigenname

in Betrieb	
Besitzer	Cooley Distillery plc
Lizenz	Cooley Distillery plc
Manager	David F. Hynes
Adresse	Riverstown, Dundalk, Co Louth, Ireland
Telefon	042 76 102 **E-Mail**
Visitor Centre	ja, aber nicht in Riverstown, sondern in Kilbeggan, im Distillery Museum (Tel. 0506 32 183), das an Werktagen von 9–17 Uhr geöffnet ist
Geschichte	1987 von John Teeling gegründet. Produziert wird in einer zur Malt- und Grain-Brennerei umgebauten ehemaligen Spritdestille, gelagert wird in der ehemaligen John Locke's Distillery in Kilbeggan. Der erste Alkohol floss am Ostersonntag 1989. Hergestellt werden viele Malts, die beiden wichtigsten sind »Tyrconnell« und der getorfte (!) »Connemara«.

Abfüllung	Eigentümer
Destillation	
Abfüllung	
Alter	15 Jahre
Stärke	46 %
Fassart	Single cask No. 351/92
Besonderheit	

✍	**ohne Wasser**	**mit Wasser (auf 20 % verdünnt)**
Farbe	erinnert an Olivenöl, mit leicht grünem Schimmer (gefärbt?)	die grünen Akzente werden intensiver
Aroma	Vanille, Fudge, Brioche, Blumen	Vanillepudding, Honig
Geschmack	cremig, pfeffrig, Custard (Vanillesauce)	verliert erheblich, schwache Honigsüße, etwas bitter werdend
Nachklang	gute Länge, feurig	kurz
Bemerkung		Einfach, gradlinig, sympathisch!

Malz	von fremden Mälzereien in Irland
Wasser	Quellen am Slievenaglough
Mash tuns	1: 6,5 Tonnen
Washbacks	4: je 43.000 Liter
Stills	1 wash still (16.000 Liter) 1 spirit still (16.000 Liter)
Befeuerung	indirekter Dampf
Jahresproduktion	800.000 Liter Alkohol
Hausstil	Tyrconnell – »Delikater, süßer, süffiger Malt… Frische, zitrusfruchtige, malzige Nase. Weicher, süßer Geschmack, malzig. Delikates, trockenes Finish.« Connemara – »Das torfige Gegenstück… Charakteristische rauchig-torfige Nase mit malzigen Untertönen. Gleichgewicht von Malz, Torf und süßen Tönen… Delikates trockenes Finish, dazu ein torfiger Effekt.«

✍

Abfüllung	Eigentümer
Destillation	
Abfüllung	
Alter	12 Jahre
Stärke	40 %
Fassart	
Besonderheit	

✍	**ohne Wasser**	**mit Wasser (auf 20 % verdünnt)**
Farbe	mittleres Gold (gefärbt?)	nur unwesentlich heller
Aroma	torfige, maritime, aber auch nussig-cremige Noten	wird verhaltener, zarter, aber wunderbar ausbalanciert zwischen der zarten Rauchigkeit und den süßlichen Komponenten
Geschmack	rund, weich, ausgewogen zwischen der Marzipan-Süße und dem Torfgeschmack	sehr gefällig, zurückhaltend, behutsam und einfach großartig
Nachklang	gute, eher rauchige Länge	Rauch kommt zurück
Bemerkung		Kein Islay-Plagiat, sondern ein wunderschöner, ganz eigenständiger Ire!

DIE PRODUKTION VON MALT

Übersicht am Beispiel Bowmore*

Malting	steeping/Einweichen (36 Stunden)
(7 Tage)	drying/Trocknen (4 Tage)
	kilning/Dörren (48 Stunden)
Brewing	milling/Mahlen
	mashing (8 Stunden)
	filling the wash backs (7 Stunden)
	adding the yeast
	fermenting/Gären (bis zu 60 Stunden)
Distilling	first distillation (8,5 Stunden)
	second distillation (8 Stunden):
	• foreshot (30 Minuten)
	• middle cut (2,5 Stunden)
	• feints (5 Stunden)
Maturing	(mindestens 3 Jahre)

* mit Zeitangaben von James »Jim« McEwan, der als Küferlehrling bei Bowmore begann, später ihr Manager wurde und heute Direktor von Bruichladdich ist.

Verzeichnis der Malts, deren Namen von dem der Destillerien abweichen

An Cnoc
→ Knockdhu

Arran
→ Isle of Arran

Ballechin
→ Edradour

Braes of Glenlivet
→ Braeval

Brechin
→ North Port

Connemara
→ Cooley

Dufftown
→ Singleton

Drumguish
→ Speyside

Glen Deveron
→ Macduff

Glencraig
→ Glenburgie

Hazelwood
→ Kininvie

Hillside
→ Glenesk

Inchmurrin
→ Loch Lomond

Inverleven
→ Lomond

Killyloch
→ Glenflagler

Ledaig
→ Tobermory

Lomond
→ Inverleven

Longrow
→ Springbank

Mosstowie
→ Miltonduff

Old Ballantruan
→ Tomintoul

Old Fettercairn
→ Fettercairn

Old Pulteney
→ Pulteney

Old Rhosdhu
→ Loch Lomond

PC 5 (Port Charlotte)
→ Bruichladdich

Singleton
→ Auchroisk

Singleton
→ Dufftown

Tyrconnell
→ Cooley

VERZEICHNIS DER MALTS, DIE FÜR DIESES BUCH VERKOSTET WURDEN

Aberfeldy
Aberlour
Allt A'Bhainne
An Cnoc
→ Knockdhu
Ardbeg
Ardmore
Arran
→ Isle of Arran
Auchentoshan
Aultmore

Balblair
Ballechin
→ Edradour
Balmenach
Balvenie
Banff
Ben Nevis
Ben Wyvis
Benriach
Benrinnes
Benromach
Bladnoch
Blair Athol
Bowmore
Braes of Glenlivet
→ Braeval
Brechin
→ North Port
Brora
Bruichladdich
Bunnahabhain
Bushmills

Caol Ila
Caperdonich
Cardhu
Clynelish
Coleburn
Connemara
→ Cooley
Convalmore
Cragganmore
Craigellachie

Dailuaine
Dallas Dhu
Dalmore
Dalwhinnie
Deanston
Drumguish
→ Speyside
Dufftown
→ Singleton
Edradour

Glen Albyn
Glen Deveron
→ Macduff
Glen Elgin
Glen Garioch
Glen Grant
Glen Keith
Glen Mhor
Glen Moray
Glen Ord
Glen Scotia
Glen Spey
Glenallachie
Glenburgie
Glencadam
Glencraig
→ Glenburgie
Glendronach
Glendullan
Glenesk
Glenfarclas
Glenfiddich
Glenflagler
Glenglassaugh
Glengoyne
Glenkinchie
Glenlivet
Glenlochy
Glenlossie
Glenmorangie
Glenrothes
Glentauchers
Glenturret
Glenugie
Glenury Royal

Hazelwood
→ Kininvie
Highland Park

ABKÜRZUNGSVERZEICHNIS

Co. Ltd. Company Limited. Die Company Limited entspricht in etwa einer deutschen GmbH.

G&M Gordon & MacPhail. In Elgin ansässige, 1895 gegründete Firma, die zahlreiche so genannte »unabhängige« Abfüllungen anbietet und einen Feinkostladen in Elgin hat.

IDV International Distillers & Vintners Ltd. Ehemals Tochter von Grand Metropolitan plc, Mutter von Justerini & Brooks (Scotland) Ltd.

J & B Justerini & Brooks, siehe IDV.

DCL Distillers Company Ltd., gegründet 1877, Mutter von SMD, 1987 von Guinness plc übernommen und in United Distillers plc umbenannt.

plc Public Limited Company. Entspricht in etwa einer deutschen AG (Aktien-Gesellschaft).

SMD Scottish Malt Distillers Ltd. 1914 aus dem Zusammenschluss von fünf Lowland-Destillerien (Rosebank, Glenkinchie, St. Magdalene, Grange und Clydesdale) entstanden; die für Malt-Aktivitäten verantwortliche DCL-Tochter.

UK United Kingdom

UD United Distillers plc. Tochter von Guinness plc, nach deren Fusion mit Grand Metropolitan zu Diageo mit IDV vereinigt und in UDV umbenannt. Danach wurde für kurze Zeit der Name Guinness/UDV benutzt, ehe seit 2002 nur noch Diageo verwendet wird.

UDV Siehe UD

UMGD United Malt & Grain Distillers Ltd. Die für alle schottischen Whisky-Aktivitäten (Malting, Distilling, Bottling) zuständige Tochter von UD.

Dank

Andrew Symington von Signatory, **Dieter Kirsch** von The House of Whiskies, **Ian Urquhart** von Gordon & MacPhail, **David Stewart** von W. Grant & Sons, **Barbara Scholl** von Semper idem Underberg, **Eckehard Nau**, **Audrey Haas** von Diageo, **Michael Unkel**, damals **Allied Domecq**, jetzt Maxxium, **Gerald Erdrich** von Kammer-Kirsch und **Henrik Schatz** von Borco, die die Proben zur Verfügung gestellt haben;

Wulf Weissbach, **Rüdiger Albert** und **Rainer Meier**, die zusammen mit dem Autor viele Single Malts verkostet haben, den Whiskyhändlern **Matthias Hilgering**, **Manfred Kröger**, **Matthias Orthmann** und **Norbert Weiser**, bei deren Tastings ich zusammen mit ihren Gästen viele der hier beschriebenen Malts verkostet habe, **Albrecht Kurbjuhn**, seiner Frau und seinen Mitarbeitern im »Polar-Stern« Bad Kühlungsborn und **Horst Kroll** und seiner Crew auf dem »Whisky Castle« Kyrburg, die die beiden Teams während der Verkostungen für die grundlegenden beiden ersten Auflagen betreut haben;

meinen Söhnen **Michael**, der mich auch bei diesem Buch immer wieder aus Computernöten gerettet, und **Lucas**, der meine Entwürfe kritisch gegengelesen hat, **Otto Steudel** und **Werner Hertwig**, die bei der Erstausgabe geholfen haben, Fehler zu finden, **Tom Wolf**, der das wunderschöne Bild mit den Flaschen photographiert hat, conceptdesign und besonders **Daniel Hartmann**, die das Layout entworfen, den Umschlag und die Diagramme der vorigen Ausgabe gestaltet haben;

Alan S. Gray, der Informationen zur Whiskyindustrie, **Michael S. Moss**, der historische Details zur Verfügung stellte, dem leider früh verstorbenen **Alan Bruford**, **Mairi Carmichael** und **Dr. Michelle MacLeod**, die philologische Hilfestellung leisteten, **Michael Aschke** von Connaisseur Kommunikationsberatung, **Angela Borowski** von Borowski Communications, **Bill und Maggie Miller** vom Scotch Single Malt Circle, **Grant Carmichael**, der lange Jahre auf Islay für die Brennereien Lagavulin, Caol Ila und Port Ellen verantwortlich war und der mir unendlich viele Details über die Kunst des Whiskymachens beigebracht hat und jetzt, als Kolumnist der »Whisky Watch«, sozusagen mein Mitarbeiter geworden ist, **David Stewart**, der mir viele Geheimnisse über die Reifung der Malts und den Umgang mit ihnen beigebracht hat,

Jim McEwan, der Malt Whisky in allen seinen Facetten kennt, der es vom Küfer-Lehrling in Bowmore über den Job des Master Blenders und Firmen-Botschafters zum Mitinhaber von Bruichladdich gebracht hat, meiner *local distillery*, der fast unmittelbar neben mir wohnt und dem ich viele gute Gespräche und durch sie viele Einsichten in die Geheimnisse des Malt im Besonderen und des Lebens im Allgemeinen verdanke.

In Schottland haben sehr viele Menschen geholfen, Informationen zusammenzutragen, Fragebögen ausgefüllt zurückzuschicken und Labels zur Verfügung gestellt zu bekommen, Manager (und immer häufiger Managerinnen) in den Destillerien und in den Büros der Firmen, die Whisky machen und verkaufen, Master Blender, Product Manager, PR Manager und manchmal sogar der CEO oder der Chairman. In der 1. und 2. Auflage dieses Buches habe ich volle zwei Seiten gebraucht, um sie alle aufzuzählen. Lässt man alle diese Namen Revue passieren, merkt man, dass viele sozusagen nicht mehr da sind: Whisky in Schottland, das ist eine schnelllebige Industrie, Menschen kommen und gehen, manchmal, weil sie einen besseren Job außerhalb bekommen, manchmal, weil sie ihn bei einer Übernahme verlieren, manchmal, weil sie in Ruhestand gehen, und manchmal auch, weil sie leider verstorben sind. Neue Menschen sind natürlich dazugekommen. Ihnen und denen, die ich schon lange kenne, bin ich sehr zu Dank verpflichtet. Ohne ihre Hilfe könnte man ein solches Buch (oder gar mein »Whiskylexikon«) nicht verfassen. Ich verzichte diesmal darauf, sie alle aufzuzählen, aber ich weiß, dass jede und jeder weiß, dass ich froh bin, sie zu kennen und mich an sie wenden kann, wenn ich Hilfe brauche.

Gewidmet ist dieses Buch den beiden Rekord-Haltern **Claive Vidiz**, der bis 2008 in Sao Paolo die größte Sammlung von Scotch Whisky Flaschen der Welt besaß, und **Claudio Bernasconi**, der in St. Moritz die größte Whisky-Bar der Welt besitzt, und den Keepers of the Quaich.

Walter Schobert, im Juli 2008

SCHOTTISCHE MALTDESTILLERIEN UND IHRE BESITZER

per September 2008

* in Betrieb
° geschlossen
† Abgebaut
\# zeitweise in Betrieb

Angus Dundee
- Glencadam*
- Tomintoul*

James Aykroyd & Co.
- Speyside Distillers
  - Speyside*

Asahi Breweries
- Nikka Whisky Distilling
  - Ben Nevis*

Bacardi
- John Dewar & Sons
  - Aberfeldy*
  - Aultmore*
  - Craigellachie*
  - Royal Brackla*
- William Lawson
  - Macduff*

Bruichladdich Distillery Co. Ltd.
- Bruichladdich*

A. Bulloch
- Loch Lomond Distillery
  - Glen Scotia*
  - Loch Lomond*

CL Financial
- CL Brands
  - Burn Stewart
    - Bunnahabhain*
    - Deanston*
    - Tobermory*

Co-ordinated Development Services
- Raymond Armstrong
  - Bladnoch*

Diageo

Auchroisk*	Dalwhinnie*	Linkwood*
Benrinnes*	Dufftown*	Mannochmore*
Blair Athol*	Glen Elgin*	Mortlach*
Brora†	Glen Ord*	Oban*
Caol Ila*	Glen Spey*	Pittyvaich°
Cardhu*	Glendullan°	Rosebank†
Clynelish*	Glenesk/Hillside†	Royal Lochnagar*
Coleburn°	Glenkinchie*	Strathmill*
Cragganmore*	Glenlossie*	Talisker*
Dailuaine*	Inchgower*	Teaninich*
Dallas Dhu (Museum)	Knockando*	
Dalwhinnie*	Lagavulin*	(Old Bushmills*)

Edrington Group

The 1887 Company (70 %)

Highland Distillers

- Glenrothes*
- Glenturret*
- Highland Park*
- Macallan*
- Tamdhu*

Fortune Brands

Jim Beam Global Wines & Spirits

- Ardmore*
- Laphroaig*

Francis and Ian Cuthbert

- Daftmill*

Gordon & MacPhail

- Benromach*

J. & G. Grant

- Glenfarclas*

William Grant & Sons

- Ailsa Bay*
- Balvenie*
- Convalmore†
- Glenfiddich*
- Kininvie*

The 1887 Company (30 %)

Gruppo Campari

- Glen Grant*

Isle of Arran Distillers

Isle of Arran*

J. & A. Mitchell

Glengyle#

Springbank*

Kilchoman Distillery Co. Ltd.

Kilchoman*

LVMH (Moët Hennessy Louis Vuitton)

Glenmorangie Ltd.

Ardbeg*

Glenmorangie*

La Martiniquaise

Glen Moray*

Group Pernod Ricard

Chivas Brothers

Aberlour*

Allt A'Bhainne*

Braeval (Braes of Glenlivet)*

Caperdonich°

Glen Keith*

Glenallachie*

Glenburgie*/Glencraig†

Glenlivet*

Glentauchers*

Imperial°

Lomond†/Inverleven*

Miltonduff*/Mosstowie†

Longmorn*

Scapa*

Strathisla*

Tormore*

P R Brands

Benriach*

Glendronach*

Peter J. Russell

Ian McLeod

Glengoyne*

Scaent Group

Glenglassaugh

Signatory

Edradour*

Suntory

- Morrison Bowmore
  - Auchentoshan*
  - Bowmore*
  - Glen Garioch*
- Macallan* (25 %)

Takara Shuzo

- Tomatin*

Thai Beverages

- Inver House
  - Balblair*
  - Balmenach*
  - Knockdhu*
  - Pulteney*
  - Speyburn*

United Breweries of India

- Whythe & Mackay
  - Dalmore*
  - Fettercairn*
  - Isle of Jura*
  - Tamnavulin°

Zerstörte Destillerien

- Banff (DCL/UD)
- Ben Wyvis (Invergordon)
- Glen Albyn (DCL)
- Glen Mhor (DCL)
- Glenflagler (Inver House)
- Glenlochy (DCL/UD)
- Glenugie (DCL/UD)
- Glenury Royal (DCL/UD)
- Killyloch (Inver House)
- Kinclaith (Whitbread/Allied)
- Ladyburn (W. Grant & Sons)
- Littlemill (Loch Lomond Dist.)
- Lochside (Allied)
- Millburn (DCL)
- North Port (DCL/UD)
- Port Ellen (DCL)
- St. Magdalene (DCL)

Tullibardine Ltd.

- Tullibardine*

BÜCHER FÜR GENIESSER

Bourbon Whiskey at it's best! Jim Murray, der »World Guru of Whiskey« (BBC) schreibt über die wunderbare Neue Welt amerikanischer Whiskeys. Alles über Bourbon, Tennessee Whiskey, Rye, Corn und Blended Whiskeys: Marken und Geschmack von A bis Z

Classic Bourbon
Tennessee & Rye Whiskey

von Jim Murray. Deutsche Bearbeitung von Walter Schobert. 272 Seiten mit 160 Fotos und Etiketten, 978-ISBN 3-7750-0329-2.

Cocktails und Dekotipps eines vielfach ausgezeichneten Barchefs sowie elegante Fingerfood-Rezepte von Harald Wohlfahrt, Deutschlands langjährigem 3-Sterne-Koch. Edles Barbuch mit neuen Rezepten und Klassikern sowie Tipps für die Hausbar.

All about Cocktails & Barfood

von Harald Wohlfahrt, Bernhard Stöhr und Maria Hoffmann. 110 Seiten, 100 Farbfotos, ISBN 978-3-7750-0475-6.

Schottland in flüssiger Form genießen, in Bildern schwelgen, über literarische Zitate und Anekdoten schmunzeln, Grundkenntnisse über schottischen Whisky erwerben – das Buch bietet entspannende Lektüre und Genüsse für Augen und Gaumen.

Scotch Whisky
Wasser des Lebens

von Walter Schobert. 96 Seiten, 65 Farbfotos und 12 s/w-Abbildungen, ISBN 978-3-7750-0487-9.

Weitere Informationen über Genussbücher bei:

HÄDECKE Walter Hädecke Verlag | Postfach 1203 | 71256 Weil der Stadt | Deutschland
Telefon +49(0) 70 33 / 13 80 80 | Fax +49(0) 70 33 / 138 08 13

E-Mail info@haedecke-verlag.de

21
PRINGBANK
SCOTCH WHISKY
J Archibald Mitchell
PRODUCE OF SCOTLAND
BOWMORE
Islay Single M
SCOTCH WHISK
Distilled in
1969
Matured in specially selected Sherry Casks and warehoused in the Distillery
DISTILLED AND BOTTLED IN SCOTLAND
75CL
43% VOL
BOTTLED BY THE PROPRIETOR
THE GLENDRONACH DISTILLERY Co LIMITED
LICENSED SINCE 1826
The
Eighteen Year
SINGLE HIGHLAND
SCOTCH WHISK
18
MATURED IN SHERRY CA
Vintage 1968
Single Highland Malt Scotch
75cl